2025年度版

富山県の
養護教諭

過 去 問

協同教育研究会 編

協同出版

本書には，富山県の教員採用試験の過去問題を収録しています。各問題ごとに，以下のように5段階表記で，難易度，頻出度を示しています。

難 易 度

非常に難しい	☆☆☆☆☆
やや難しい	☆☆☆☆
普通の難易度	☆☆☆
やや易しい	☆☆
非常に易しい	☆

頻 出 度

◎	ほとんど出題されない
◎◎	あまり出題されない
◎◎◎	普通の頻出度
◎◎◎◎	よく出題される
◎◎◎◎◎	非常によく出題される

※本書の過去問題における資料，法令文等の取り扱いについて

　本書の過去問題で使用されている資料や法令文の表記や基準は，出題された当時の内容に準拠しているため，解答・解説も当時のものを使用しています。ご了承ください。

はじめに〜「過去問」シリーズ利用に際して〜

　教育を取り巻く環境は変化しつつあり，日本の公教育そのものも，教員免許更新制の廃止やGIGAスクール構想の実現などの改革が進められています。また，現行の学習指導要領では「主体的・対話的で深い学び」を実現するため，指導方法や指導体制の工夫改善により，「個に応じた指導」の充実を図るとともに，コンピュータや情報通信ネットワーク等の情報手段を活用するために必要な環境を整えることが示されています。

　一方で，いじめや体罰，不登校，暴力行為など，教育現場の問題もあいかわらず取り沙汰されており，教員に求められるスキルは，今後さらに高いものになっていくことが予想されます。

　本書の基本構成としては，出題傾向と対策，過去5年間の出題傾向分析表，過去問題，解答および解説を掲載しています。各自治体や教科によって掲載年数をはじめ，「チェックテスト」や「問題演習」を掲載するなど，内容が異なります。

　また原則的には一般受験を対象としております。特別選考等については対応していない場合があります。なお，実際に配布された問題の順番や構成を，編集の都合上，変更している場合があります。あらかじめご了承ください。

　最後に，この「過去問」シリーズは，「参考書」シリーズとの併用を前提に編集されております。参考書で要点整理を行い，過去問で実力試しを行う，セットでの活用をおすすめいたします。

　みなさまが，この書籍を徹底的に活用し，教員採用試験の合格を勝ち取って，教壇に立っていただければ，それはわたくしたちにとって最上の喜びです。

協同教育研究会

CONTENTS

第 1 部

富山県の
養護教諭
出題傾向分析

富山県の養護教諭　傾向と対策

　富山県では例年，記述・選択式の問題数6問程度の試験が課される。基礎知識から深い専門知識までを要求する設問が混在しているが，知識・用語を記述する設問が中心であるため，計画的に広い範囲の学習を進めることができれば十分対処可能である。出題分野に関しては，例年，学校保健安全法など頻出の分野が4問程度，年度ごとに違った分野から2～3問が出題される。

　法規・答申では，学校保健安全法が頻出である。2024年度は学校保健安全法施行規則から感染症名と出席停止期間について出題された。例年，施行令・施行規則とあわせて，さまざま条文から出題されている。養護教諭にとって，学校保健安全法は重要法規の1つである。学習の際は，施行令・施行規則をあわせて学習しておくこと。施行令・施行規則は法の細則であり，細則だけが独立して存在することは一般的にないからである。また，学校教育法や医師法等からも出題されている。これらも保健及び養護教諭にとって重要な条文なので，覚えておくとよい。

　保健管理では，健康診断や感染症，環境衛生が中心に出題されている。2024年度は健康診断から身長の測定方法について，成長曲線，肥満度の活用，感染症から法規と絡めて感染証明と出席停止期間について出題された。健康診断については「児童生徒等の健康診断マニュアル」，環境衛生については「学校環境衛生管理マニュアル」，感染症については「学校において予防すべき感染症の解説」などから出題されるため，必ず目を通し学習しておくこと。感染症は，近年関心が高まっている事項であるため，文部科学省から出されている資料，通知等を参考に学習し，正しい知識と理解を深めておきたい。これらについては確実に答えられるようにしておくこと。また，健康相談と保健活動から，2024年度は「教職員のための子供の健康相談及び保健指導の手引―令和3年度改訂―」から出題された。過去には「改訂『生きる力』を育む小学校保健教育の手引き」からの出題実績，学校安全から，「『生きる力』をはぐくむ学校での

4

安全教育」よりの出題実績がある。それぞれ確認しておくこと。

保健室は，2024年度は骨折時や，歯の外傷時の救急処置についての出題があった。2023年度，2022年度は出題されなかったが，過去の出題実績では，「学校の危機管理マニュアル作成の手引」(文部科学省)から頭頸部外傷への対応について，「性同一性障害や性的志向・性自認に係る，児童生徒に対するきめ細かな対応等の実施について(教職員向け)」(文部科学省)から相談体制について，気管支ぜん息の発作が起きた場合の救急処置に関する出題があった。救急処置に関する問題は出題頻度が高いので，一次救命などは確実に答えられるように学習しておくこと。また，医薬品では，学校の薬品管理に関して過去に出題されている。

疾病等では，例年，解剖から1問とアレルギー，熱中症，虐待，その他疾病と幅広い範囲から1問以上が出題される。2024年度は手の解剖と災害時の心のケアについて出題された。2023年度は熱中症，腎臓の構造，食中毒，児童虐待について，2022年度は心臓の構造及び血液循環，不整脈について，2021年度は耳の構造と滲出性中耳炎について，食物アレルギーについて出題されている。幅広い知識が求められるので，ニュース等で話題となっている疾病や環境省・厚生労働省などの刊行物を中心に，基礎知識として学習しておくこと。

保健教育については，近年学習指導要領からの出題が頻出である。2024年度は2023年度に引き続き出題は無かったが，2022年度は「高等学校学習指導要領解説　保健体育編」から，2021年度は「中学校学習指導要領解説　保健体育編」から，2020年度は「小学校学習指導要領　総則」から出題されている。学習指導要領は改訂されて日が浅いので，養護教諭としては小学校・中学校などすべての学校種についての理解が求められるが，特に総則，保健体育，特別活動からは頻出なので，十分に学習しておくこと。さらに，2022年度は「外部講師を活用したがん教育ガイドライン」及び「がん教育推進のための教材」より，がん教育についても出題された。

それぞれの大問は各種マニュアルからの出題が多いので，まずは頻出のマニュアルで確実に得点するための知識固めをしておきたい。記述式に対しては，誤字・脱字に十分注意した丁寧な学習を心がけることが必

出題傾向分析

要である。

過去5年間の出題傾向分析

☆：3題以上出題　●：2題出題　○：1題出題

分類	主な出題事項	2020年度	2021年度	2022年度	2023年度	2024年度
法規・答申	学校保健安全法	○	☆	●	☆	○
	中央教育審議会答申					
	発達障害者支援法					
	法規				○	
保健管理	環境衛生検査	●			☆	
	健康診断	●			●	☆
	感染症	●		☆	○	○
	健康観察					
	健康相談と保健活動		○	☆		●
	学校保健計画					
	歯科保健					
	学校保健委員会					
	学校安全			☆		
保健室	保健室経営計画					
	健康相談活動					
	救急処置		●			●
	心肺蘇生					
	日本スポーツ振興センター					
	養護教諭の職務	☆				
	医薬品					
疾病等	ノロウイルス				○	
	解剖	○	○	○	○	○
	生理			○		
	疾病	○	○	○	☆	
	虐待				●	
	アレルギー		●			
	災害(PTSDを含む)					○
	熱中症	●			☆	
保健教育	学習指導要領	○	●	☆		
	薬物乱用		☆			
	喫煙・飲酒					
	生徒指導概要					

第 2 部

富山県の
教員採用試験
実施問題

2024年度　実施問題

【1】「児童生徒等の健康診断マニュアル(平成27年度改訂　公益財団法人日本学校保健会　文部科学省スポーツ・青少年局学校健康教育課　監修)」に示されている健康診断の方法，技術的基準及び評価について，次の各問いに答えよ。

(1)　次の図は，身長の測定に用いる身長計の構造を表したものである。また，表は，身長の測定の実際についてまとめたものである。図の　①　，　②　の名称を答えよ。また，表中の(A)～(G)に当てはまる語句を答えよ。ただし，同じ番号には同じ語句が入るものとする。

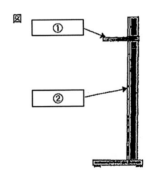

図

表

準　備	身長の測定は，身長計を用いて行う。 　事前に　②　は（ A ）されているか，　①　は滑らかに動くか点検しておく。 　測定場所は，（ B ）な床を選び，　②　が（ C ）に立つことを確認する。
方　法	1　測定の際は必ず（ D ）で行う。 2　身長計の踏み台に上がらせ，両かかとをよくつけて直立させる。 3　　②　には，両かかと，臀部，（ E ）の一部が触れた状態とする。 4　上肢は（ F ）に垂れさせる。 5　頭位を正位（眼耳水平位）に保つため，軽く（ G ）を引かせる。

(2)　次の文は，成長曲線等を描くことの意義について示された文の抜

粋である。次の(①)〜(⑥)に当てはまる適切な語句を以下の【語群】ア〜シから選び答えよ。ただし，同じ番号には同じ語句が入るものとする。

成長曲線等を描くことの意義

・一人一人の児童生徒等特有の(①)を評価できる。

・「肥満」や「(②)」といった栄養状態の変化，それに加えて(③)，高身長，特に(④)といって一時的に身長の伸びがよく，児童生徒等本人や保護者も(⑤)身長のことを喜んでいると，早期に身長の伸びが止まって，最終的には極端な(③)になるといった病気等を早期に見つけることができる。

・成長曲線パターンの変化は目で見て分かるので，児童生徒等及び保護者がその(⑥)を容易に理解できる。

・成長曲線と肥満度曲線を併せ用いることで，肥満や(②)の状態を分かりやすく評価できる。

【語群】

ア　急速に伸びる	イ　低体重	ウ　保健調査票
エ　変化の様子	オ　人より高い	カ　性早熟症
キ　やせ	ク　成長期	ケ　低身長
コ　成長特性	サ　性遅発症	シ　肥満度

(3) 次の文は，肥満の分類について示した部分をまとめたものである。次の(①)〜(③)に当てはまる適切な語句を答えよ。ただし，同じ番号には同じ語句が入るものとする。※成長曲線基準図の基準線と基準線の間をチャンネルと呼ぶ。

・成長曲線に基づいて，肥満を(①)的肥満，(②)性肥満，(③)性肥満に分類することができる。

・成長曲線と肥満度曲線がチャンネルに沿っているものは，(①)的肥満である。

・体重成長曲線がチャンネルを横切って上向きになっているが，身長成長曲線がチャンネルに沿っているものは，(②)性肥満である。

・身長成長曲線がチャンネルを横切って下向きになっているにもかかわらず，体重成長曲線が上向きになっているものは，（　③　）性肥満である。

(☆☆☆☆◎◎)

【２】次の表は「学校保健安全法施行規則第19条」に示されている感染症名と出席停止の期間についてまとめたものである。（　Ａ　）～（　Ｋ　）に入る適切な語句又は漢数字を答えよ。

感染症名	出席停止の期間
インフルエンザ (特定鳥インフルエンザ及び新型インフルエンザ等感染症を除く)	発症した後（　Ｄ　）日を経過し，かつ，解熱した後（　Ｅ　）日（幼児にあつては，三日）を経過するまで。
新型コロナウイルス感染症	発症した後（　Ｆ　）日を経過し，かつ，症状が軽快した後（　Ｇ　）日を経過するまで。
（　Ａ　）	解熱した後三日を経過するまで。
（　Ｂ　）	発しんが消失するまで。
水　痘	すべての発しんが（　Ｈ　）するまで。
流行性耳下腺炎	耳下腺，（　Ｉ　）腺又は舌下腺の腫脹が発現した後（　Ｊ　）日を経過し，かつ，（　Ｋ　）が良好になるまで。
（　Ｃ　）	主要症状が消退した後二日を経過するまで。

(☆◎◎◎◎◎)

【３】手の骨について，次の各問いに答えよ。

(1)　次の図は，右手の骨格図である。　①　～　⑥　に当てはまる名称を記入せよ。

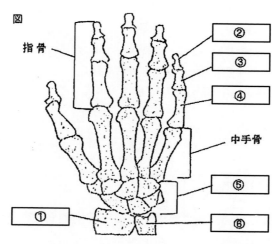

図

指骨　②　③　④

中手骨

①　⑤　⑥

(2) 手のひらをついて転び，手首に強い痛みを訴えて保健室に来室した児童生徒に対し，養護教諭が行う観察や処置について，次の各問いに答えよ。

① この児童生徒にショック症状が認められる場合，骨折を疑い医療機関への搬送を判断する必要がある。骨折の際にみられる特徴的なショック症状を5つ答えよ。

② 次の各文で，養護教諭が行う観察や処置として正しいものには○を，誤っているものには×を付けよ。

　A　わずかな腫れも見逃さないよう，左右の手を比較してしっかり観察する。

　B　触診は，まず患部と思われる部位に示指をもって軽く圧迫していく。

　C　他動運動検査を行う際は，痛いほうの手を持って，静かに色々な方向に動かして痛みの有無を確認する。

　D　三角巾で腕を吊る際は，手掌を上にし，肘より指が高位になるような角度にする。

(☆☆☆☆◎◎)

【4】次の表は，「子どもの心のケアのために－災害や事件・事故発生時を中心に－(平成22年7月)文部科学省」から自然災害時の心のケアに関する養護教諭の役割を抜粋したものである。次の（　A　）～（　G　）に当てはまる適切な語句を以下の【語群】ア～ツから選び答えよ。ただし，同じ記号には同じ語句が入るものとする。

表

	災害から学校再開まで	学校再開から1週間まで	再開1週間後から6か月
	安否確認・（A）の把握と組織体制の確立	心身の（A）の把握と支援活動	中・長期的な心のケア
基本的な実施事項	① 安否の確認と心身の（A）の把握 ・家庭訪問，避難所訪問 ・（B）の強化 ・教職員間での（C）の共有 ・担任等との連携等 ② （D）の状況確認と整備 ③ 管理職との連携 ④ 学校医，学校歯科医との連携 ⑤ 心のケアに関する啓発資料の準備 ☆ 障害や慢性疾患のある子どもへの対応	① 心身の（A）の把握 ・（B）の強化 ・心のケアの質問紙調査，相談希望調査等 ・教職員間での（C）の共有 ② 心のケア等の啓発資料の配布 ③ 管理職との連携 ④ 心のケアに関する保健指導の実施 ⑤ 健康相談の実施 ⑥ 学校医，（F），専門機関等との連携 ⑦ （G）の予防対策 ☆ 障害や慢性疾患のある子どもへの対応	① 心身の（A）の把握 ・（B）の強化 ・心のケアの質問紙調査，相談希望調査等 ② 教職員間での（C）の共有 ③ 心のケアの継続支援・校内組織との連携 ④ （E）等の啓発資料の配布 ⑤ 心のケアに関する保健指導の実施 ⑥ 健康相談の実施 ⑦ 心のケアに関する校内研修の企画・実施 ⑧ 学校医，（F），専門機関等との連携 ⑨ （G）の予防対策 ☆ 障害や慢性疾患のある子どもへの対応

【語群】

ア　学校歯科医　　イ　生徒指導
ウ　肥満　　　　　エ　保健だより
オ　職員室　　　　カ　コミュニケーション
キ　う歯　　　　　ク　情報
ケ　保健室　　　　コ　児童相談所
サ　口腔ケア　　　シ　家庭
ス　健康状態　　　セ　スクールカウンセラー
ソ　健康観察　　　タ　健康診断
チ　健康問題　　　ツ　感染症

(☆☆◎◎◎◎)

【5】「「生きる力」を育む学校での歯・口の健康づくり(令和元年度改訂　公益財団法人　日本学校保健会)」について，次の各問いに答えよ。
　(1)　次の文は，むし歯発生のメカニズムについて示した部分をまとめたものである。（　①　）～（　⑦　）に当てはまる語句又は数字を答

えよ。ただし，同じ番号には，同じ語句が入るものとする。

・歯の表面に付着した(①)菌が，口腔内に食物としてとられた(②)を利用し多糖を合成する。

・多糖は粘着性が強く，他の細菌を付着させて細菌の塊を作り上げる。この細菌の塊を(③)と呼ぶ。

・(②)を始めとした各種の糖類が(③)中に浸透し，(④)が作られる。

・(③)内の(④)の蓄積により，酸性度(pH)が5.5以下になると，(⑤)質が溶け始める。このことを(⑥)という。

・食事のたびに唾液の力などで酸性度(pH)は元に戻り，歯の表面は修復される。このことを(⑦)といい，この(⑦)と(⑥)のバランスが崩れ，(⑥)の方が大きくなると，歯の表面が溶け出してむし歯を起こす。

(2) 次の文は，歯・口の外傷の応急処置について示した部分の抜粋である。(①)～(⑥)に当てはまる語句や数字を答えよ。ただし，同じ番号には同じ語句が入るものとする。

歯の脱臼はできる限り早急に歯科医療機関で再植する。この際，(①)部を持つように注意し，(②)を持たないようにする。再植を可能とするには，(②)周囲の組織が必要なので，(②)には手を触れないことが原則となる。泥などで汚れた場合も洗いすぎない，こすらないようにする。また，(③)させたり(④)につけたりするとおおむね(⑤)分程度しか再植可能時間がないといわれる。直ちに対応できないときは(③)させないよう「市販の保存液」，あるいは「(⑥)」に保存して，可及的速やかに歯科医療機関を受診する。

---

(3) A中学校では，生徒140名が歯科検診を受け，結果は次の表のとおりであった。この結果をもとに，一人平均DMF歯数を答えよ。なお，計算式を記し，DMF歯数は小数第2位までを求めること。

表

乳歯処置歯数	25 本
乳歯未処置歯数	13 本
乳歯要注意歯数	10 本
永久歯未処置歯数	24 本
永久歯処置歯数	130 本
う歯が原因の喪失歯数	6 本

(☆☆○○○○)

【6】次の文は，「教職員のための子供の健康相談及び保健指導の手引(令和3年度改訂　公益財団法人　日本学校保健会)」から抜粋したものである。(Ａ)～(Ｊ)に当てはまる適切な語句を答えよ。

(1) 健康相談の目的

　　健康相談の目的は，児童生徒の(Ａ)に関する課題について，児童生徒や(Ｂ)等に対して，関係者が連携し相談等を通して課題の解決を図り，(Ｃ)によりよく適応していけるように支援していくことである。

　　(Ａ)課題を解決する過程で，自分自身で解決しようとする人間的な成長につながることから，健康の保持増進だけではなく(Ｄ)的意義が大きい。

(2) 健康相談実施上の留意点

① (Ｅ)に健康相談を位置付け，計画的に実施する。また，状況に応じて計画的に行われるものと(Ｆ)に行われるものとがある。

② 学校医・学校歯科医・学校薬剤師等の医療的見地から行う健康相談・保健指導の場合は，事前の打合せを十分に行い，相談の結果について養護教諭，学級担任等と(Ｇ)を図り，連携して支援を進めていくことが必要である。

③ 健康相談の実施について周知を図るとともに，児童生徒，(Ｂ)等が相談しやすい(Ｈ)を整える。

④ 相談場所は，相談者の(Ｉ)が守られるように十分配慮する。

16

⑤　継続支援が必要な者については，（　J　）及び必要に応じて関係機関と連携して実施する。

(☆☆☆☆◎◎◎◎)

解答・解説

【1】(1)　①　横規　　②　尺柱　　A　固定　　B　水平　　C　垂直　D　裸足　　E　背　　F　体側　　G　顎　　(2)　①　コ　　②　キ　③　ケ　　④　カ　　⑤　ア　　⑥　エ　　(3)　①　体質　　②　単純　　③　症候

〈解説〉(1)　身長の測定においては，正面から見て身体の正中線と尺柱が重なっていることを確認し，目盛りを読むときは必ず視線を水平にして行う必要がある。身長は，身体の成長を評価する基本的な指標である。身長成長曲線を用いて，経年での変化も参考にするため，測定者によって測定値にばらつきが生じないように検査方法についても定められている。　(2)　成長曲線とは，それぞれの年齢に応じた平均やばらつきを曲線グラフに表したものであり，個人の結果を曲線に示すことで，成長の様子を視覚的に確認できることが利点である。一人一人の児童生徒特有の発育特性を評価することができる。「児童生徒等の健康診断マニュアル」(日本学校保健会)によると，描かれた成長曲線は大きく9つのグループに分けて示されているが，肥満ややせのほか，思春期早発症(性早熟症)や甲状腺機能低下症などの病的状態である可能性が高いグループが含まれており，注意して検討する必要がある。　(3)　体重はそれだけで評価できるものではない。体重成長曲線のほかに，計算によって導き出される肥満度を活用し，身長と対比して適正であるかを評価する。曲線に照らし合わせて肥満を分類した際，特に症候性肥満は他の病気が隠れていることがあるため，学校医と相談し，必要であれば専門医療機関への受診が勧められる。肥満ややせ

の状態については，成長曲線と肥満度曲線を併せて用いることで，より正確に評価することができる。やせについては，体質性やせ，病的やせ，そして重大な病気と考えられるやせがある。

【2】A　麻しん　　　B　風しん　　　C　咽頭結膜熱　　　D　五(5)
E　二(2)　　F　五(5)　　G　一(1)　　H　痂皮化　　I　顎下
J　五(5)　　K　全身(の)状態

〈解説〉感染症の出席停止期間は，感染様式と疾患の特性を考慮して，人から人への感染が起こりうるほどに病原体が排出されている期間を基準としている。学校保健安全法施行規則第19条第2項には，第二種の感染症における出席停止の期間の基準が個別に示されている。第一種の感染症の出席停止期間については，同条第1項に「治癒するまで」と，一律に示されている。なお，感染症法上第一種の感染症とみなされていた新型コロナウイルス感染症が，第二種の感染症として位置付けが見直されたことに伴い，令和5(2023)年4月の学校保健安全法施行規則一部改正で，新型コロナウイルス感染症に係る出席停止期間の基準を「発症した後五日を経過し，かつ，症状が軽快した後一日を経過するまで」とする規定が追加された。

【3】(1)　①　橈骨　　　②　末節骨　　　③　中節骨　　　④　基節骨
⑤　手根骨　　　⑥　尺骨　　　(2)　①　(解答例)　顔面蒼白，冷汗，呼吸不全，虚脱，脈拍触知不能　　②　A　○　B　×　C　○
D　×

〈解説〉(1)　手は小さな骨の集まりであり，それぞれが有効に働くことで細かな手の動きが可能になっている。手の指は，手根骨(8個)，中手骨(5個)，指骨(14個)で構成されている。指骨は，第2指(示指)から第5指(小指)にかけては基節骨，中節骨，末節骨の3つの骨で構成され，第1指(母指)では中節骨がなく，基節骨，末節骨の2つの骨だけで構成されている。手の付け根部分の骨は手根骨といい，8つの骨で構成されている。手首をついたときに骨折しやすい部位である。前腕骨は親指側が橈骨であ

り，小指側が尺骨である。　(2)　①　骨折により，骨折部位の内出血や痛みによる神経の過剰な興奮により，全身の循環バランスが崩れてしまうことがあり，循環血液減少性ショックを引き起こす場合がある。ショックの兆候として5Pと言われる顔面蒼白，冷汗，呼吸不全，虚脱，脈拍触知不能のほか，特に抹消の皮膚が冷たくなったり，血液低下や意識障害，呼吸促迫などが起こることがある。　②　A・C　骨折のアセスメントの際は，手の左右差を見て変形や腫れの程度を確認することや，痛みの有無を確認することが必要である。　B　患部を触診する際は，痛みのある部位に最初に触れると，その後の触診の内容に影響が生じるため，周辺から実施する。なお，患部と思われる場所に限局した痛みの場合は，骨折の可能性が高い。　D　三角巾で腕をつる際は，手のひらを下に向けないようにして，肘と指が同じくらいの高さで固定する。

【4】A　ス　　B　ソ　　C　ク　　D　ケ　　E　エ　　F　セ　　G　ツ
〈解説〉災害時は，平時と比べて恐怖や喪失体験などの心理的ストレスにより，心の症状だけでなく身体の症状も現れやすい。養護教諭はそれらの特徴を踏まえた上で，災害や事件・事故発生時には，担任と連携して健康観察等により速やかに子供の異変に気づき，教職員間での情報共有を行い，問題の性質を見極めて，必要に応じて外部機関と連携するなど，校内で組織的に支援にあたることが重要である。

【5】(1)　①　ミュータンス　　②　砂糖(ショ糖，糖，ブドウ糖)
③　歯垢(プラーク)　　④　酸　　⑤　エナメル　　⑥　脱灰
⑦　再石灰化　　(2)　①　歯冠　　②　歯根　　③　乾燥　　④　水
⑤　30　　⑥　牛乳　　(3)　計算式…(24＋130＋6)÷140　　DMF歯数
…1.14
〈解説〉(1)　むし歯は，口の中の細菌によって作られた酸によって，エナメル質や象牙質が破壊されていく病気である。むし歯になりやすいのは，歯が生えてからエナメル質が向上していくまでの2～4年間の時

期とされている。すなわち永久歯のむし歯は6〜17歳くらいが最もなりやすく，学齢期に歯と口の健康について健康教育を行うことは，生涯にわたる健康づくりの基礎となる。　(2)　脱臼は，完全に歯が脱落する完全脱臼と，ずれが生じる不完全脱臼に分けられる。見た目では変化が見られなくても，歯にぐらつきが見られる場合は早急に受診する。完全脱臼により脱落した歯は，歯の保存方法や治療までの時間等の応急処置により，元通りに定着する可能性がある。最も大切なのは，歯根膜という歯の付け根の部分を乾燥させずに歯科医院まで運ぶことである。水道水で洗うことは，歯根膜が取り除かれてしまう可能性があるので禁忌である。　(3)　DMF歯数とは，永久歯のう蝕経験を示す指標の一つであり，未治療，欠損，治療済みの頭文字を取って付けられている。一人平均DMF歯数は，「全被験者のDMF歯の数値合計／全被験者数」で求められる。

【6】(1)　A　心身の健康　　B　保護者　　C　学校生活　　D　教育
(2)　E　学校保健計画　　F　随時　　G　共通理解　　H　環境
I　プライバシー　　J　校内組織
〈解説〉(1)　健康相談は従来，学校医・学校歯科医によって行われるものとされてきたが，平成20(2008)年の学校保健安全法改正により，養護教諭や学級担任が行う健康相談や保健指導が法律上明記された。学校における健康観察は，子供の心の健康問題の早期発見・早期対応につながることから，その重要性が高まっている。学校においては，養護教諭を中心に，担任などの関係職員と連携し，健康相談や日常の健康観察等により児童生徒の心身の健康状態を把握するとともに，組織的な保健指導をすることが求められている。また，保護者へ必要な助言を行うなど，家庭と連携した保健指導も求められている。　(2)　健康相談は，児童生徒の発達に即して一緒に心身の健康課題を解決していく過程で，自己理解を深め自分自身で解決しようとする人間的な成長につながることから，学校教育において重要な役割を担っている。健康相談として最も重要なことは，健康課題にはカウンセリングで解

決できるものと，医療的な対応が必要であるものがあるので，課題の
本質を見極めなければならないことである。学校保健計画は，児童生
徒等及び教職員の心身の健康問題を解決し，健康を保持増進するため
の計画であり，健康相談も保健管理の一項目として位置付け，計画的
に実施する必要がある。

2023年度　実施問題

【1】健康診断に関する次の各問いに答えよ。

(1) 次の文が定められている法令と第何条に定められているか答えよ。

> 　学校においては，別に法律で定めるところにより，幼児，児童，生徒及び学生並びに職員の健康の保持増進を図るため，健康診断を行い，その他その保健に必要な措置を講じなければならない。

(2) 次の表は，「学校保健安全法(昭和33年4月10日法律第56号)」，「学校保健安全法施行令(昭和33年6月10日政令第174号)」，「学校保健安全法施行規則(昭和33年6月13日文部省令第18号)」に示されている健康診断の実施主体と実施時期についてまとめたものである。(①)～(⑥)に当てはまる語句をそれぞれ答えよ。なお，同じ番号には同じ語句が入るものとする。

	就学時健康診断	児童生徒等の健康診断	職員の健康診断
実施主体	市町村教育委員会	学　校	(①)
実施時期	当該市町村の教育委員会において(②)が作成された後翌学年の初めから(③)(同令第5条，第7条，第11条，第14条，第15条，及び第18条の2に規定する就学に関する手続の実施に支障がない場合にあっては，3月前)までの間に行うものとする。	毎学年，(④)までに行うものとする。ただし，(⑤)その他やむを得ない事由によって当該期日に健康診断を受けることのできなかった者に対しては，その事由のなくなった後すみやかに健康診断を行うものとする。	第5条の規定を準用する。この場合において，同条第1項中「(④)までに」とあるのは，「(①)が定める(⑥)に」と読み替えるものとする。

(3) 「学校保健安全法施行令(昭和33年6月10日政令第174号)」第2条に示されている就学時の健康診断における検査の項目である。(①)～(⑥)に当てはまる語句を答えよ。

> (検査の項目)
> 第2条　就学時の健康診断における検査の項目は，次のとおりとする。
> 　一　(①)

二 （ ② ）及び（ ③ ）の疾病及び異常の有無

三 （ ④ ）及び聴力

四 眼の疾病及び異常の有無

五 耳鼻咽頭疾患及び（ ⑤ ）疾患の有無

六 歯及び（ ⑥ ）の疾病及び異常の有無

七 その他の疾病及び異常の有無

(4) 次の文は，「就学時の健康診断マニュアル　平成29年度改訂」(公益財団法人　日本学校保健会)の「1　就学時の健康診断の実施　(5) 方法及び技術的基準　サ　その他の疾病及び異常」に示されている「(ア)　検査の目的と意義」である。（ ① ）～（ ⑧ ）に当てはまる語句を以下の【語群】から選び，記号で答えよ。

　　　知的機能の遅れ又は行動や（ ① ），コミュニケーションなどの発達の課題の背景に知的障害や発達障害などの障害が想定される場合があることから，就学時の健康診断においては，その可能性がある幼児に気づき，その後の（ ② ）や医療機関などにつなげることが大切である。

　　　障害を早期発見することによって，例えば，子供の気になる行動は，障害の特性によるものであると保護者が気づくことで，（ ③ ）するのではなく，（ ④ ）の良い面を褒めることができるなど，子供の自己肯定感の低下を防ぐことが期待でき，また，障害に対する周囲からの不適切な対応による（ ⑤ ）な課題が生じないようにするためである。

　　　知的障害や発達障害の可能性がある幼児に就学時の健康診断のみで気づくことは困難なことから，教育委員会においては，就学時の健康診断前までに，発達に課題があり，（ ⑥ ）や配慮を必要とする幼児の（ ⑦ ）からの気づきに努めることが大切である。そのために，（ ⑧ ）と連携をとり，就学時の健康診断前までに気づき・支援につなげる体制を構築する必要がある。

【語群】

ア　経済的支援　　イ　叱責　　　　ウ　学校

エ　一次的　　　　オ　行動　　　　カ　家庭

キ　早期　　　　　ク　観察　　　　ケ　教育相談

コ　社会性　　　　サ　二次的　　　シ　環境

ス　性格　　　　　セ　児童相談所　ソ　保健・福祉部局

タ　特別な支援　　チ　療養　　　　ツ　主体性

(☆☆☆☆◎◎◎◎)

【２】次の表は，「熱中症環境保健マニュアル2022」(令和4年3月　環境省)に記載されている「熱中症予防運動指針(出典：日本スポーツ協会)」の抜粋である。以下の各問いに答えよ。

暑さ指数 (ア)	熱中症予防運動指針	
A	運動は原則中止	特別の場合以外は運動を中止する。特に子供の場合は中止すべき。
B	厳重警戒 (激しい運動は中止)	激しい運動や持久走など体温が上昇しやすい運動は避ける。 10～ イ 分おきに休憩をとり，水分・塩分を補給する。暑さに弱い人は運動を軽減または中止。
C	警戒 (積極的に休憩)	積極的に休憩をとり，適宜，水分・塩分を補給する。 激しい運動では， ウ 分おきぐらいに休憩をとる。
D	注意 (積極的に水分補給)	熱中症の兆候に注意するとともに，運動の合間に積極的に水分・塩分を補給する。

(1)　 ア に当てはまる暑さ指数をアルファベット4文字で記せ。

(2)　表中のA～Dに当てはまる暑さ指数の範囲として正しい組み合わせを①～④から一つ選び，番号で答えよ。

①　A　33以上　　B　30～33　　C　27～30　　D　23～27

②　A　31以上　　B　28～31　　C　25～28　　D　21～25

③　A　30以上　　B　27～30　　C　24～27　　D　20～24

④　A　29以上　　B　26～29　　C　23～26　　D　19～23

(3)　表中の イ ， ウ に当てはまる数字をそれぞれ答えよ。

(4)　次の文は，表中下線部の「水分・塩分を補給」についての説明である。文中[　①　]～[　⑥　]に適する語句または数字を答えよ。

24

　　最適の水分摂取量を決定する最も良い方法は，運動の前と後に体重を測ることです。運動前後で体重減少が[　①　]%以内になるように水分を摂取します。汗をたくさんかく場合には，塩分の補給も必要です。[　②　]〜[　③　]%程度の食塩水が適当です。

　　運動中の水分補給に冷たい水が良い理由は2つあります。1つは，冷たい水は[　④　]を下げる効果があるからで，もう1つは，[　⑤　]にとどまる時間が短く，水を吸収する器官である[　⑥　]に速やかに移動するからです。

(☆☆☆◎◎◎)

【3】学校環境衛生について，次の各問いに答えよ。

(1)　次の表は，「学校環境衛生管理マニュアル」(平成30年度改訂，令和4年一部改正　文部科学省)に示されている「教室等の環境(換気及び保温等)に係る学校環境衛生基準」の検査項目，基準である。(①)〜(⑨)に適する語句または数字を答えよ。

検査項目		基準
換気及び保温等	(1) 換気	換気の基準として，(④)は，(⑤) ppm 以下であることが望ましい。
	(2) 温度	18℃以上，(⑥)℃以下であることが望ましい。
	(3) 相対湿度	(⑦) %以上，80%以下であることが望ましい。
	(4) 浮遊粉じん	0.10mg/m³以下であること。
	(5) (①)	0.5m/秒以下であることが望ましい。
	(6) 一酸化炭素	6ppm以下であること。
	(7) (②)	0.06ppm以下であることが望ましい。
	(8) 揮発性有機化合物	
	ア. (③)	100μg/m³以下であること。
	イ. トルエン	260μg/m³以下であること。
	ウ. キシレン	(⑧) μg/m³以下であること。
	エ. パラジクロロベンゼン	240μg/m³以下であること。
	オ. エチルベンゼン	3800μg/m³以下であること。
	カ. スチレン	220μg/m³以下であること。
	(9) ダニ又はダニアレルゲン	(⑨) 匹/m²以下又はこれと同等のアレルゲン量以下であること。

(2)　上の表の検査項目(1)～(7)については，毎学年何回定期に検査を行うか答えよ。

(3)　上の表の検査項目(8)及び(9)については，毎学年何回定期に検査を行うか答えよ。

(4)　上の表(8)揮発性有機化合物の臨時検査が必要となるときはどのようなときか，具体例を2つ答えよ。

(5)　上の表(9)ダニ又はダニアレルゲンの検査方法等の解説について，次の文中の(　①　)～(　④　)に適する語句または数字を答えよ。

【検査場所】保健室の(　①　)，(　②　)の教室等において検査を行う。

【検体の採取法】内部に細塵捕集用フィルターを装着した電気掃除機で，(　③　)m²の範囲を(　④　)分間吸引し，室内塵を捕集する。

(☆☆☆◎◎)

【4】「学校検尿のすべて　令和2年度改訂(公益財団法人　日本学校保健会)」の内容について，次の各問いに答えよ。

(1)　学校保健安全法施行規則に記載されている尿検査において，次の文中の(　①　)～(　③　)に当てはまる語句を答えよ。同じ番号には同じ語句が入るものとする。

> 尿は，尿中の蛋白，(　①　)等について(　②　)法により検査する。ただし，(　③　)においては，(　①　)の検査を除くことができる。

(2)　尿検査について述べた次のア～オの各文のうち，正しいものに○，誤っているものに×を記入せよ。×の場合は不適切な語句を抜き出し，正しい語句に訂正せよ。

ア　中間尿を用いた検査は，体位性蛋白尿による尿蛋白陽性者を除外できるため推奨されている。

イ　正常な尿の比重は1.002～1.040である。

ウ　通常，体の中のpH値を保つために，ややアルカリ性の尿を排泄
　　するが，食事内容により変動する。

エ　尿の潜血反応は尿中の赤血球が壊れて出たヘモグロビンを調べ
　　る方法である。

オ　検査の前日にはカリウムを多く含む食品やサプリメントの摂取
　　を控える。

(☆☆☆◎◎◎)

【5】次の図は腎臓の構造を表したものである。表は各部位を説明したも
　のである。　　ア　　～　　オ　　の各部位の名称と(　カ　)に当てはまる語
　句をそれぞれ答えよ。同じ記号には同じ語句が入るものとする。

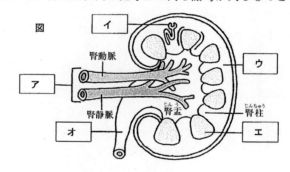

図

表

記　号	説　明
ア	腎動脈、腎静脈、（　オ　）が出入りする。
イ	腎小体と尿細管で構成される。 腎小体は、（　カ　）とボウマン（ボーマン）嚢で構成される。
ウ	腎臓の外側（表面に近いところ）
エ	円錐状の塊十数個で形成される。
オ	膀胱につながる部位。

(☆☆◎◎◎◎)

【6】食中毒について，次の各問いに答えよ。

（1）　次の表は，食中毒の分類を示したものである。　　ア　　～　　オ　
　　に当てはまる語句をそれぞれ答えよ。

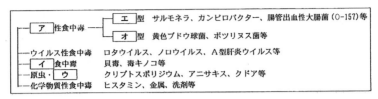

(2)　サルモネラ，カンピロバクター，ノロウイルス，腸管出血性大腸菌(O−157)について，その【主な居場所・特徴】を次の①〜⑤から，また，それによって引き起こされる【食中毒の症状】を以下の⑥〜⑩から，当てはまるものをそれぞれ1つずつ選び，記号で答えよ。

【主な居場所・特徴】

①　動物の腸管内におり，犬や猫等のペット，ミドリガメ等の爬虫類にもいる。

②　動物の腸管内におり，感染力が強く，ベロトキシン(VT)を産生する。

③　動物の腸管内に広く存在し，特に鶏肉が原因となることが多い。熱や乾燥に弱い。

④　人の腸管の細胞で増え，人から人へ直接感染することがある。食品中では増えない。

⑤　海水中に存在し，サバ，アジ，タコ，イカなどの表面やエラ，内臓などに付着する。真水や熱，酸に弱い。

【食中毒の症状】

⑥　潜伏期間は1〜2日で，吐き気，嘔吐，下痢，腹痛等が起こり，後遺症は残らない。

⑦　激しい胃腸炎(下痢，腹痛，嘔吐)と高熱が特徴である。重症化することや敗血症になることもある。

⑧　発熱，だるさ，頭痛，めまい，筋肉痛が起こる。敗血症，髄膜炎，ギラン・バレー症候群を起こすことがある。

⑨　重症になると血便や溶血性尿毒症症候群又は脳症等の合併症を起こすことがある。

⑩　潜伏期間は8〜36時間で，吐き気，嘔吐，筋力低下，脱力感等

の他，視力障害等の神経症状を起こすことがある。

(3) 厚生労働省が示している食中毒の予防の3原則を答えよ。

(☆☆☆◎)

【7】児童虐待について，次の各問いに答えよ。

(1) 次の表は，「養護教諭のための児童虐待対応の手引」(平成19年10月発行　文部科学省)の「児童虐待と心身の健康との関連性　(1)心身の健康への影響」からの抜粋である。表中(ア)～(ケ)に当てはまる語句を答えよ。同じ記号には同じ語句が入るものとする。

精神面に現れる影響	説　明
(ア)障害	人に対する信頼感や(ア)を持つことが難しくなる。少しでも受け容れられないと感じると極端にかかわりを避けてしまうなど，適切な人間関係を保てなくなる。
(イ)	虐待が繰り返されると，その苦痛に立ち向かうことが困難になり，苦しい場面の記憶を自分から切り離そうとする心の動きが現れる（心的外傷への自己防衛）。
(ウ)	自尊感情が損なわれ，無力感をもっている子どもは，将来への夢をもてず，何も楽しむことができない状況に追いやられる。学業への意欲がもてない，級友とかかわることを避けたがるなどのほか，睡眠障害など，身体症状を伴うこともある。
(エ)発達の障害	(エ)な発達には，子どもの健全な好奇心と適切な刺激が不可欠である。放置されたり暴力的な環境の場に置かれたりすると，安心して人とかかわれなかったり，新しいことへ挑戦する意欲が失われる。このような精神的な活動が抑え込まれると，(エ)な発達の遅れを残すことがある。

行動面に現れる影響	説　明
(オ)性	虐待を受けた子どもの多くは落ち着きがなく，(オ)的な行動をとりやすい。
(カ)性	背景には，無力感，低い自己肯定感など，自分を肯定的に見ることができないなどのことがある。また，不満，怒りを感じたときに暴力を振るうようになりやすい。
(キ)の異常	心を満たされていない思いが，過食など異常な(キ)に結びつく場合がある。
リストカットなどの(ク)	「自分の存在価値がない」と感じたときに，自分が生きている存在であると感じるために，また，周囲の注意を引くために(ク)に及ぶ子どももいる。
(ケ)行動	自らを受け容れてもらいたいという欲求を強くもっている。少しでも，受け容れてもらえると感じる大人と出会うとき，どこまで自分を受け容れてくれるか，拒絶されるのかを確かめる行動をとるようになる。

(2) 児童虐待の防止等に関する法律　第2条で定められている児童虐待の種類を4つ答えよ。

(☆☆☆◎◎)

解答・解説

【1】(1)　学校教育法　　第12条　(2)　①　学校の設置者　　②　学齢簿　　③　4月前　　④　6月30日　　⑤　疾病　　⑥　適切な時期　(3)　①　栄養状態　　②脊柱　　③　胸郭　　④　視力　　⑤　皮膚　　⑥　口腔　(4)　①　コ　　②　ケ　　③　イ　　④　オ　　⑤　サ　　⑥　タ　　⑦　キ　　⑧　ソ

〈解説〉(1)　学校教育法において健康診断について記された条文は第12条のみである。　(2)　各健康診断の実施主体は学校保健安全法　第11条，第13条，第15条に，実施時期等は学校保健安全法施行令　第1条，および学校保健安全法施行規則　第5条，第12条で明確に定められている。　(3)　解答参照。　(4)　就学時健康診断において，障害の早期発見は特別な支援や配慮につなげる体制構築のために重要である。

【2】(1)　WBGT　(2)　②　(3)　イ　20　　ウ　30　(4)　①　2　②　0.1　　③　0.2　　④　深部体温　　⑤　胃　　⑥　小腸

〈解説〉(1)　暑さ指数はWet Bulb Globe Temperature (湿球黒球温度)で表される。　(2)　解答参照。　(3)　暑さ指数が高いほど，体温の上昇や脱水を防ぐため連続して運動する時間を短くした方がよい。　(4)　運動時の給水量の目安は体重を指標にして行うとよい。運動時には発汗により塩分が排出されるため，少量の食塩を同時に摂取することが望ましい。また，深部体温(体内の温度)の低下と運動時の吸収効率の面から常温や温めた水よりも5～15℃程度の冷たい水の方が良いとされている。

【3】(1)　①　気流　　②　二酸化窒素　　③　ホルムアルデヒド　④　二酸化炭素　　⑤　1500　　⑥　28　　⑦　30　　⑧　200　⑨　100　(2)　2〔回〕　(3)　1〔回〕　(4)　・学校の新築・改築・改修等(壁面のペンキ塗装等を含む)があったとき　　・机，いす，

コンピュータ等新たな学校用備品を導入したとき　　(5)　①　寝具
②　カーペット敷　　③　1　　④　1

〈解説〉(1)　解答参照。　　(2)　問題の項目の定期検査は毎学年2回行う。
実施についてどの時期が適切かは，気温や湿度など地域の特性を考慮
した上，学校で計画立案して実施する。　　(3)　揮発性有機化合物，ダ
ニアレルゲンの定期検査は毎学年1回，実施についてどの時期が適切
かは，気温や湿度など地域の特性を考慮した上，学校で計画立案して
実施する。　　(4)　学校保健安全法施行規則第1条により必要があると
きは，臨時に環境衛生検査を行うものとされている。揮発性有機化合
物については，学校内において揮発性有機化合物の発生のおそれがあ
る場合に臨時で行う必要がある。　　(5)　学校においては，ダニは保健
室の寝具や教室等のカーペットで発生しやすい。

【4】(1)　①　糖　　②　試験紙　　③　幼稚園　　(2)　ア　×　　不
適切な語句…中間尿　　正しい語句…早朝(第一)尿　　イ　○
ウ　×　　不適切な語句…アルカリ(性)　　正しい語句…酸(性)
エ　○　　オ　×　　不適切な語句…カリウム　　正しい語句…ビタ
ミンC

〈解説〉(1)　健康診断における尿の検査の項目について，学校保健安全
法施行規則　第7条　第7項に記されている。　　(2)　ア　尿検査では，
運動等の影響を除外し，検査精度を高めるために濃縮尿である早朝尿
を用いて検査を行う。　　ウ　通常尿のpHは6.0程度の弱酸性である。
ただし，長時間放置すると細菌によって尿素が分解されアンモニアが
増加しアルカリ性に変化する。　　オ　ビタミンCは還元作用をもつた
め，潜血反応検査で陽性の場合でも陰性の結果(偽陰性)となるおそれ
がある。

【5】ア　腎門　　イ　ネフロン(腎単位)　　ウ　皮質　　エ　腎錐体(髄
質)　　オ　尿管　　カ　糸球体

〈解説〉腎動脈と腎静脈，尿管など，尿生成に関係する管が集合する脊柱

に向いた腎臓の中央のくぼみを腎門という。腎臓は被膜に近い外側の腎皮質と内側の腎髄質に分けられる。腎皮質と腎髄質には，血液から液をろ過するためのボーマン嚢と糸球体が合わさった腎小体と尿細管が収まっている。腎小体と尿細管を合わせた単位をネフロンという。腎臓は尿管を通じて膀胱につながっている。

【6】(1)　ア　細菌　　イ　自然毒　　ウ　寄生虫　　エ　感染　オ　毒素　　(2)　・サルモネラ　主な居場所・特徴…①　　症状…⑦　・カンピロバクター　主な居場所・特徴…③　　症状…⑧　　・ノロウイルス　主な居場所・特徴…④　　症状…⑥　　・腸管出血性大腸菌(O-157)　主な居場所・特徴…②　　症状…⑨　　(3)　・細菌やウイルスを食べ物に「付けない」　　・食べ物に付着した細菌を「増やさない」　　・食べ物や調理器具に付着した細菌やウイルスを「やっつける」

〈解説〉(1)　食中毒は原因によって，細菌性食中毒，ウイルス性食中毒，自然毒食中毒，原虫・寄生虫食中毒，化学物質性食中毒に分けられる。このうち細菌性食中毒は，その性質によって，感染性食中毒と毒素性食中毒に分類される。　(2)　解答参照。　(3)　食中毒の予防の原則は細菌・ウイルスなどを付着させないこと，細菌の増殖を抑え・ウイルスの場合は食べ物や調理器具に拡散させないこと，調理器具や食物に付着した細菌・ウイルスを滅菌・消毒することである。

【7】(1)　ア　愛着　　イ　解離　　ウ　抑うつ　　エ　知的　オ　衝動　　カ　攻撃　　キ　食行動　　ク　自傷行為　　ケ　ためし　　(2)　・身体的虐待　　・性的虐待　　・ネグレクト　　・心理的虐待

〈解説〉(1)　児童虐待によって児童に現れる影響はそれぞれ異なるがいずれにおいても，成長不全や知的発達の阻害，対人関係の障害など心身面に深刻な影響を及ぼす。　(2)　児童虐待は，児童虐待の防止等に関する法律　第2条によって規定されており，児童に殴る蹴るなどで

身体に外傷を生じる，またはその恐れのある暴行を加える「身体的虐待」，児童にわいせつな行為をする又は子どもをしてわいせつな行為をさせることなどの「性的虐待」，保護者としての監護を著しく怠るなどの「ネグレクト」，児童に対する暴言・拒絶的な反応など子どもに著しく心理的外傷を与える言動を行う「心理的虐待」に分類される。

2022年度　実施問題

【1】「学校において予防すべき感染症の解説」(平成30年3月発行　公益財団法人日本学校保健会)及び学校保健安全法施行規則の内容について，次の各問いに答えよ。

(1) 感染症の主な感染経路として示されているものを「空気感染」以外に4つ答えよ。

(2) 感染症成立のための三大要因を「感染経路」以外に2つ答えよ。

(3) 次のAのア～ケの感染症を第一種，第二種，第三種の感染症に分類して記号で答えよ。また，Bの出席停止の期間の基準について，(①)～(④)にあてはまる語句を答えよ。

A　ア　細菌性赤痢　　イ　ジフテリア
　　ウ　咽頭結膜熱　　エ　急性灰白髄炎
　　オ　百日咳　　　　カ　腸管出血性大腸菌感染症
　　キ　結核　　　　　ク　痘そう
　　ケ　流行性角結膜炎

B　出席停止の期間の基準
　　第一種：(①)まで
　　第三種：症状により(②)その他の(③)において(④)
　　　　　　と認めるまで

(4) 標準予防策(スタンダード・プリコーション)について説明せよ。

(☆☆☆☆☆○○○○○)

【2】学校安全資料「『生きる力』をはぐくむ学校での安全教育」(平成31年3月改訂　文部科学省)について，次の各問いに答えよ。

(1) 学校安全の領域として，3つの領域が挙げられる。3つ全て答えよ。

(2) 学校保健安全法では，「学校における安全に関する事項について計画」(学校安全計画)を策定することとされているが，第何条に示

34

されているか。数字で答えよ。

(3) 次の文は学校保健安全法(昭和33年法律第56号)の第29条を抜粋したものである。(①)～(⑤)にあてはまる語句を答えよ。ただし,同じ番号には同一の語句が入るものとする。

((①)対処要領の作成等)
第29条 学校においては,児童生徒等の安全の確保を図るため,当該学校の実情に応じて,(①)において当該学校の職員がとるべき措置の具体的内容及び手順を定めた対処要領を作成するものとする。

2 校長は,(①)対処要領の職員に対する(②),(③)の実施その他の(①)において職員が適切に対処するために必要な措置を講ずるものとする。

3 学校においては,事故等により児童生徒等に危害が生じた場合において,当該児童生徒等及び当該事故等により(④)その他の(⑤)に対する影響を受けた児童生徒等その他の関係者の(⑤)を回復させるため,これらの者に対して必要な支援を行うものとする。この場合においては,第10条の規定を準用する。

(☆☆☆☆◎◎◎◎◎)

【3】「改訂『生きる力』を育む小学校保健教育の手引(平成31年3月)文部科学省」に記載されている保健教育について,次の(1)～(3)の問いに答えよ。

(1) 学校における保健教育を効果的に進めるには,主として,留意すべき三つの点があげられる。(①)～(④)にあてはまる語句を答えよ。

第1に,教育課程の編成及び実施における教職員の(①)である。
第2に,教科等(②)に立った各教科等の関連を図った指導である。
第3に,(③)・(④)との連携である。

(2)　保健の学習内容の体系化として，次の図の　①　～　⑤　にあてはまる語句を答えよ。

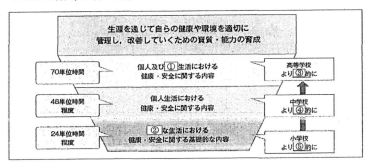

(3)　疾病予防の考え方として，一次予防，二次予防，三次予防がある。(①)～(⑧)にあてはまる語句を答えよ。

一次予防・・・適切な食事や(①)の解消，喫煙，ストレス(②)といった健康的な(③)づくりの取組や(④)，環境改善など

二次予防・・・検診等による病気の(⑤)と(⑥)など

三次予防・・・適切な(⑦)により病気や障害の(⑧)を防ぐこと

(☆☆☆○○○○○)

【４】心臓について，次の各問いに答えよ。

(1)　次の図は心臓のつくりを示したものである。図中の　ア　～　ク　の名称をそれぞれ答えよ。ただし，　オ　～　ク　は弁を指し示している。また，同じ記号には同一の名称が入るものとする。

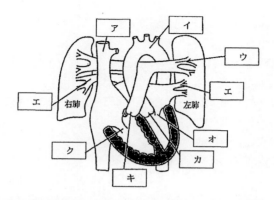

(2)　血液循環の流れについて正しいものをA〜Dから一つ選び，記号
　　で答えよ。

　　A　全身(静脈血)　→　左心房　→　左心室　→　肺　→　右心房
　　　　→　右心室　→　全身(動脈血)

　　B　全身(静脈血)　→　右心房　→　右心室　→　肺　→　左心房
　　　　→　左心室　→　全身(動脈血)

　　C　全身(静脈血)　→　右心室　→　右心房　→　肺　→　左心室
　　　　→　左心房　→　全身(動脈血)

　　D　全身(静脈血)　→　左心室　→　左心房　→　肺　→　右心室
　　　　→　右心房　→　全身(動脈血)

(3)　次のア〜カについて，「危険のほとんどない不整脈」と「注意す
　　べき不整脈」に分類せよ。

　　ア　左脚ブロック　　　イ　第1度房室ブロック
　　ウ　洞性不整脈　　　　エ　QT延長症候群
　　オ　上室期外収縮　　　カ　ブルガダ症候群

(☆☆☆☆○○○○○)

【5】「高等学校学習指導要領(平成30年告示)解説　保健体育編　体育編」
　(以下，「学習指導要領解説」とする)について，次の各問いに答えよ。
(1)　次の文は「現代社会と健康」の「精神疾患の予防と回復」につい

ての抜粋である。文中の(　①　)～(　⑩　)にあてはまる語句を以下の【語群】から選び，記号で答えよ。

⑦　精神疾患の特徴

　　精神疾患は，精神機能の基盤となる(　①　)，(　②　)，または社会的な機能の障害などが原因となり，(　③　)，(　④　)，行動などの不調により，精神活動が不全になった状態であることを理解できるようにする。

⑦　精神疾患への対処

　　精神疾患の予防と回復には，身体の健康と同じく，適切な(　⑤　)，食事，(　⑥　)及び睡眠など，(　⑦　)のとれた生活を実践すること，早期に心身の不調に気付くこと，心身に起こった反応については(　⑧　)の運動などの(　⑨　)の方法で(　⑩　)を緩和することなどが重要であることを理解できるようにする。

【語群】

a	体つくり	b	休息	c	ストレス
d	トレーニング	e	栄養	f	調和
g	有酸素	h	心理的	i	情動
j	認知	k	バランス	l	休養
m	生物的	n	イライラ	o	運動
p	体ほぐし	q	生理的	r	リラクセーション
s	環境	t	体調	u	精神的
v	生育歴	w	情緒		

(2)　学習指導要領解説では，精神疾患の1つとして「うつ病」が示されているが，それ以外に学習指導要領解説に示されている精神疾患を3つ答えよ。

(3)　精神疾患の特徴として，「適切な対処により回復し生活の質の向上が可能であること」が示されているが，それ以外に学習指導要領解説に示されている特徴を2つ答えよ。

(☆☆☆◎◎◎◎)

【6】 がん教育について次の各問いに答えよ。

(1) 次の文は，「外部講師を活用したがん教育ガイドライン」(文部科学省　令和3年3月一部改訂)からの抜粋である。(①)〜(⑦)にあてはまる語句を答えよ。ただし，同じ番号には同一の語句が入るものとする。

近年，疾病構造の変化や高齢社会など，児童生徒を取り巻く社会環境や生活環境が大きく変化してきており，(①)もそれに対応したものであることが求められている。学校における(①)は，生涯を通じて自らの健康を適切に管理し改善していく資質や能力を育成することを目指して実施されている。生涯のうち国民の(②)人に一人がかかると推測されるがんをめぐる状況を踏まえると，学校における(①)においてがん教育を推進することは(①)を推進する上で意義のあることである。

また，我が国におけるがん対策は，(③)法(平成18年法律第98号)の下，政府が策定した第3期の(④)基本計画(平成30年3月)に基づいて行われている。同計画には，「がん教育・がんに関する知識の普及啓発」について，「健康については，子どもの頃から教育を受けることが重要であり，子どもが健康と(⑤)の大切さについて学び，自らの健康を適切に管理するとともに，がんに対する(⑥)，(⑦)への理解及び(⑤)の大切さに対する認識を深めることが大切である」「これらをより一層効果的なものとするため，医師や(⑦)・経験者等の外部講師を活用し，子どもに，がんの(⑥)や(⑦)・経験者の声を伝えることが重要である」と示されている。

(2) 「がん教育推進のための教材」(令和3年3月一部改訂　文部科学省)に記載されている「がん」について，次の各問いに答えよ。

① ア〜オの各文のうち，正しいものには○を，誤っているものに

は×を記入せよ。×の場合は，誤っている部分を抜き出し，正しい表現に訂正せよ。

ア　正常な細胞の小胞体に傷がついてできる異常な細胞のかたまりの中で悪性のものを「がん」という。

イ　男性のがんの約50％，女性のがんの約30％は，喫煙や大量の飲酒，不適切な食事，運動不足といった生活習慣病や，細胞・ウイルスなどの感染が原因と考えられている。

ウ　がんは，1981年から，日本人の死因の第1位となっている。日本人の死因の約3割はがんとなっている。

エ　がんの罹患率は年齢が上がるにつれて増加している。生涯では，男性の方が女性より少ない。

オ　国は平成19年より，がん検診の受診率を70％とすることを目標としている。

② 次の表は，我が国における主ながんの死亡数の順位(2019年人口動態調査によるがん死亡データ)を記載したものである。(ア)～(カ)にあてはまる臓器等を以下の【語群】から選び，答えよ。ただし，同じ記号には，同一の臓器等が入るものとする。

	1位	2位	3位	4位	5位
男性	(ア)	(ウ)	(イ)	(エ)	(オ)
女性	(イ)	(ア)	(エ)	(ウ)	(カ)
男女計	(ア)	(イ)	(ウ)	(エ)	(オ)

【語群】

脳　　胃　　膀胱　　肝臓　　膵臓　　小腸　　大腸
子宮　乳房　腎臓　　肺　　前立腺

(☆☆☆◎◎◎◎)

解答・解説

【1】(1) 飛沫感染，接触感染，経口感染(糞口感染)，節足動物媒介感染
(2) 病原体(感染源)，感受性宿主(宿主)　　　(3) 第一種…イ，エ，ク
第二種…ウ，オ，キ　　　第三種…ア，カ，ケ　　①　治癒する
②　学校医　　③　医師　　④　感染のおそれがない　　(4) (解答
例)　感染症の有無に関わらず，「汗を除くすべての血液，体液，分泌
物，損傷のある皮膚・粘膜は感染性病原体を含む可能性がある」とい
う原則に基づき，手指衛生や個人防護具（マスクやガウン他）の着用
などを行い，感染リスクを減少させる予防策を示す。

〈解説〉(1)　病原体が宿主の体内に侵入して増殖することを「感染」と
いい，その結果生じる疾病が「感染症」である。病原体が宿主に伝播
する経路を「感染経路」という。　(2)　病原体とは，「感染症を引き
起こす細菌やウイルスのこと」である。感染症対策には，例として，
感染源(病原体で汚染された部分)の消毒などがある。感受性宿主とは，
「病原体が増殖する生き物(人や動物)のこと」である。感受性宿主対策
には，例として，予防接種などがある。　(3)　第一種の感染症は「感
染症の予防及び感染症の患者に対する医療に関する法律」の一類感染
症と結核を除く二類感染症である。第二種の感染症は，空気感染又は
飛沫感染するもので，学校において流行を広げる可能性が高い感染症
である。第三種の感染症は，第一種，二種以外の，学校教育活動を通
じ，学校において流行を広げる可能性がある感染症である。なお，第
二種の感染症の出席停止期間はそれぞれの感染症毎の基準にしたが
う。　(4)　標準予防策(スタンダード・プリコーション)は，従来は病
院内の感染予防策として用いられていたものだが，近年は病院に限ら
ず，学校や介護施設等でも用いられるようになった。

【2】(1)　生活安全，交通安全，災害安全(防災)　　(2)　27(第27条)
(3)　①　危険等発生時　　②　周知　　③　訓練　　④　心理的外傷

⑤　心身の健康

〈解説〉(1)　「生活安全」は，学校・家庭など日常生活で起こる事件・事故について取り扱う。「交通安全」は，様々な交通場面における危険と安全，事故防止について取り扱う。「災害安全」は，自然災害や火災等を取り扱う。　(2)　学校安全計画は，学校において必要とされる安全に関する具体的な実施計画であり，毎年度作成される。必要な記載事項として，①学校の施設設備の安全点検，②児童生徒等に対する通学を含めた学校生活その他の日常生活における安全指導，③教職員に対する研修に関する事項がある。　(3)　解答参照。

【３】(1)　①　共通理解　　②　横断的(な)視点　　③　家庭　　④　地域　　(2)　①　社会　　②　身近　　③　総合　　④　科学　　⑤　実践　　(3)　①　運動不足　　②　コントロール　　③　生活習慣　　④　予防接種　　⑤　早期発見　　⑥　早期治療　　⑦　治療　　⑧　進行

〈解説〉(1)　学校における保健教育の目標は，「生活環境の変化に伴う新たな健康課題を踏まえつつ，児童生徒が積極的に心身の健康の保持増進を図っていく資質・能力を身に付け，生涯を通じて健康・安全で活力ある生活を送るための基礎を培うこと」である。この目標を達成していくために，設問の三点について留意する必要がある。　(2)　小学校体育科保健領域，中学校保健体育科保健分野，高等学校保健体育科「科目保健」の学習は，児童生徒の発達段階に応じて学習内容が体系的に位置付けられている。　(3)　がんや精神疾患といった現代的な健康課題の解決のために，一次予防，二次予防，三次予防についての内容を充実させていくことが，学校における保健教育に求められている。

【４】(1)　ア　(上)大静脈　　イ　大動脈　　ウ　肺動脈　　エ　肺静脈　　オ　僧帽弁(二尖弁)　　カ　大動脈弁　　キ　肺動脈弁　　ク　三尖弁　　(2)　B　　(3)　危険のほとんどない不整脈…イ，ウ，オ　　注意すべき不整脈…ア，エ，カ

〈解説〉(1)　心臓は，右心房，右心室，左心房，左心室の4つに分かれて
おり，それぞれが一定のリズムで収縮と弛緩を繰り返し，全身に血液
を送っている。心房や心室や血管の間には，逆流を防ぎ，血液が混ざ
らないようにする弁がある。右心室と右心房の間にある弁を三尖弁，
右心房と肺動脈の間にある弁を肺動脈弁，左心房と左心室の間にある
弁を僧帽弁，左心房と大動脈の間にある弁を大動脈弁という。
(2)　全身から戻ってきた血液は，大静脈から右心房→右心室へ流れ，
肺動脈を通って肺へ流れ込む。肺で酸素を取り込んだ後，肺静脈から
左心房→左心室へ流れ，強い収縮力を受けて大動脈から全身に送り出
される。よって，右心房，右心室は静脈血が，左心房，左心室は動脈
血が流れている。　(3)　危険のほとんどない不整脈に分類されたもの
はいずれも，心電図に異常は見られるが，無症状であることも多い。
注意すべき不整脈の左脚ブロックは，左心室内で興奮が途絶えたり，
遅延したりする疾患である。QT延長症候群は，心電図上QT時間(＝心
室興奮の始まりから興奮が消退するまでの時間)が長く，かつ，突然，
特有の心室頻拍や心室細動が出現する可能性のある不整脈である。ブ
ルガダ症候群は，心電図上ST上昇が見られ，安静時に突然，心室細動
が出現する可能性のある不整脈である。

【5】(1)　①　h　　②　m　　③　j　　④　i　　⑤　o　　⑥　l
⑦　f　　⑧　p　　⑨　r　　⑩　c　　(2)　統合失調症，不安症，摂
食障害　　(3)　・誰もが罹患しうること　　・若年で発症する疾患が
多いこと
〈解説〉(1)　解答参照。　(2)　学習指導要領解説では，「うつ病」，「統合
失調症」，「不安症」，「摂食障害」を適宜取り上げることが求められて
いる。いずれも，児童生徒等にも多い疾患である。　(3)　解答参照。

【6】(1)　①　健康教育　　②　二　　③　がん対策基本　　④　がん
対策推進　　⑤　命　　⑥　正しい知識　　⑦　がん患者
(2)　①　ア　×　　誤…小胞体　　正…遺伝子　　イ　○　　ウ　○

エ　×　　誤…少ない(男性の方が女性より少ない)　　正…多い(女性の方が男性より少ない)　　オ　×　　不適切な語句…70%→正しい語句…50%　　②　(ア)　肺　　(イ)　大腸　　(ウ)　胃　　(エ)　膵臓　(オ)　肝臓　　(カ)　乳房

〈解説〉(1)　「第1章　外部講師を活用したがん教育の必要性」の「1　がん教育の背景」中の文章から，空欄補充の問題である。学校におけるがん教育の意義についてまとめられた文章であるため，原文を確認しておくとよい。　　(2)　①　エについて，がんの罹患率は，女性より男性が多い。喫煙や過度の飲酒等のリスクを高める生活習慣が男性に多いことが原因であると考えられている。　　②　がんの死亡数は，男性は肺，胃，大腸，膵臓，肝臓の順で多く，女性は大腸，肺，膵臓，胃，乳房の順で多い。全体で最も死亡数が多いのは肺がんである。罹患率では，男性は前立腺が，女性は乳房が最も多く，死亡数と異なる。

2021年度　実施問題

【1】次の文は，学校保健安全法(平成21年4月施行)の抜粋である。空欄
（　①　）～（　⑬　）に当てはまる語句をそれぞれ答えよ。ただし，同じ
記号には，同一の語句が入るものとする。

第8条　学校においては，児童生徒等の心身の健康に関し，（　①　）を
　　　行うものとする。

第9条　養護教諭その他の職員は，相互に連携して，（　①　）又は児童
　　　生徒等の健康状態の日常的な（　②　）により，児童生徒等の心身
　　　の状況を（　③　）し，健康上の問題があると認めるときは，遅滞
　　　なく，当該児童生徒等に対して必要な（　④　）を行うとともに，
　　　必要に応じ，その（　⑤　）(学校教育法第16条に規定する（　⑤　）
　　　をいう。第24条及び第30条において同じ。)に対して必要な
　　　（　⑥　）を行うものとする。

第10条　学校においては，救急処置，（　①　）又は（　⑦　）を行うに当
　　　たつては，必要に応じ，当該学校の所在する地域の医療機関そ
　　　の他の関係機関との連携を図るよう努めるものとする。

第20条　（　⑧　）は，感染症の予防上必要があるときは，（　⑨　）に，
　　　学校の全部又は一部の（　⑩　）を行うことができる。

第27条　学校においては，児童生徒等の安全の確保を図るため，当該
　　　学校の施設及び設備の（　⑪　），児童生徒等に対する（　⑫　）を
　　　含めた学校生活その他の日常生活における安全に関する
　　　（　④　），職員の（　⑬　）その他学校における安全に関する事項
　　　について計画を策定し，これを実施しなければならない。

(☆☆☆◎◎◎)

【2】次の図は耳のつくりを示したものである。次の(1)，(2)の各問いに
答えよ。

(1)　図中 ア ～ サ の名称をそれぞれ答えよ。

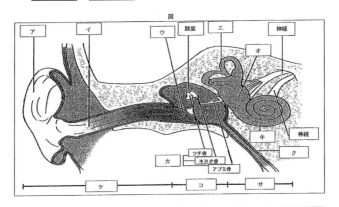

図

(2)　「滲出性中耳炎」は，図中の ケ ， コ ， サ のどこに貯留液がたまるか一つ選び，記号で答えよ。

(☆☆☆◎◎◎)

【3】「学校のアレルギー疾患に対する取り組みガイドライン(令和元年度改訂)」(公益財団法人　日本学校保健会発行)に記載されているアレルギー疾患について，次の(1)～(3)の各問いに答えよ。

(1)　次の眼科疾患のうち，アレルギー性結膜疾患に分類される疾患を下記のア～キの中から3つ選び，記号で答えよ。

　　ア　流行性角結膜炎　　　　　イ　咽頭結膜熱
　　ウ　アトピー性角結膜炎　　　エ　春季カタル
　　オ　麦粒腫　　　　　　　　　カ　巨大乳頭結膜炎
　　キ　急性出血性結膜炎

(2)　気管支ぜん息について，次の各文①～③中の(　　)内にある〈語群〉の中のA，Bから適切なものを1つ選び，それぞれ記号で答えよ。

　　①　発作が起きた場合，呼吸を楽にさせるために(〈語群〉A　座らせる　　B　寝かせる)とよい。

　　②　発作が起きた場合，(〈語群〉A　胸式呼吸　　B　腹式呼吸)を

46

するように促すとよい。

③　狭くなった気管支を拡げる効果のある治療薬は(〈語群〉A　ベータ遮断薬　　B　ベータ刺激薬)の吸入である。

(3)　食物アレルギーにおける緊急性が高い症状として，全身の症状，呼吸器の症状をそれぞれ4つずつ，消化器の症状を2つ答えよ。

(☆☆☆◎◎)

【4】現行の「薬物乱用防止五か年戦略(平成30年8月策定)」(薬物乱用対策推進会議)について，次の(1)〜(3)の各問いに答えよ。

(1)　現行の薬物乱用防止五か年戦略は，第何次の五か年戦略か，漢数字で答えよ。

(2)　五か年戦略には，5つの目標が設定されている。次の(　ア　)〜(　オ　)に当てはまる語句をそれぞれ答えよ。

目標1　(　ア　)を中心とした広報・啓発を通じた国民全体の規範意識の向上による薬物乱用未然防止

目標2　薬物乱用者に対する適切な治療と効果的な(　イ　)支援による再乱用防止

目標3　薬物密売組織の壊滅，(　ウ　)に対する取締りの徹底及び多様化する乱用薬物等に対する迅速な対応による薬物の流通阻止

目標4　(　エ　)の徹底による薬物の密輸入阻止

目標5　(　オ　)の一員としての国際連携・協力を通じた薬物乱用防止

(3)　次の文は，学校における薬物乱用防止教育及び啓発の充実について示された文の抜粋である。(　ア　)〜(　ク　)に当てはまる語句をあとの【語群】のA〜Qから1つずつ選び，記号で答えよ。ただし，同じ記号には，同一の語句が入るものとする。

・学校における薬物乱用防止教育は，小学校の体育科，中学校及び高等学校の保健体育科，特別活動の時間はもとより，(　ア　)，総合的な学習の時間等の学校の(　イ　)を通じて指導が行われる

よう引き続き周知を図る。

・児童生徒が，薬物乱用の（　ウ　）・有害性のみならず，薬物乱用
　は，（　エ　），投げやりな気持ち，過度のストレスなどの心理状
　態，断りにくい人間関係，宣伝・広告や入手しやすさなどの
　（　オ　）環境などによって助長されること，また，それらに適切
　に対処する必要があることを理解できるようにするため，指導方
　法の工夫が行われるよう一層の周知を図る。

・薬物乱用防止教室は，（　カ　）に位置付け，すべての中学校及び
　高等学校において年（　キ　）回は開催するとともに，（　ク　）の
　実情に応じて小学校においても開催に努める。

【語群】

A	社会	B	学校安全計画
C	3	D	カリキュラム・マネジメント
E	好奇心	F	家庭
G	保護者	H	1
I	習慣性	J	反社会性
K	学級活動	L	道徳
M	教育活動全体	N	2
O	学校保健計画	P	危険性
Q	地域		

(☆☆☆◎◎◎)

【5】「学校の危機管理マニュアル作成の手引」(平成30年2月　文部科学
省)の頭頸部外傷への対応について述べた次のア〜オの各文のうち，正
しいものに○，誤っているものに×を記入せよ。×の場合は誤ってい
る部分を抜き出し，正しい表現に訂正せよ。

ア　コンタクトスポーツ(ラグビー，柔道，サッカー等)や回転運動，
　飛び込みを伴う競技を行う場合，転倒や投げ技で投げられて，地面
　や畳に頭部を強打したり，脳が激しく揺さぶられたりすること(加
　速損傷)により，「脳震盪」「急性硬膜下血種」「頸髄・頸椎損傷」等

を引き起こす可能性があります。

イ　頭頸部外傷事故は，男子に多く，体格の発達や運動能力の向上に伴って減少します。また，部活動においては，競技経験の浅い初心者に事故が起こりやすいことが明らかになっています。

ウ　脳震盪の一項目である意識消失(気を失う)から回復した場合も，翌日受診し医師の指示を仰ぐことが重要です。

エ　頭部打撲の場合，その後，3時間くらいは急変の可能性があるため，帰宅後の家庭での観察も必要となります。

オ　頸髄・頸椎の損傷が疑われる場合は，平らな床に速やかに寝かせた後，意識の状態，運動能力(まひ，筋力低下)，感覚異常(しびれ，異常感覚)，呼吸の状態の4つを確認することが必要であり，動かさないで速やかに救急車を要請するのが原則です。

(☆☆☆◎◎◎)

【6】「中学校学習指導要領(平成29年告示)解説　保健体育編」について，次の(1)，(2)の各問いに答えよ。

(1)　「健康な生活と疾病の予防」は，平成20年改訂の学習指導要領では第3学年で指導することと示されていたが，現行の学習指導要領では指導する学年が別に示された。指導する学年について最も適切なものをア〜オから1つ選び，記号で答えよ。

ア　第1学年　　　　イ　第2学年　　　ウ　第1〜2学年
エ　第2〜3学年　　オ　第1〜3学年

(2)　次の文は，「健康な生活と疾病の予防」の内容についての一文である。(A)〜(I)にあてはまる語句をそれぞれ答えよ。

> (ア)　健康は，主体と環境の(A)の下に成り立っていること。また，疾病は，主体の要因と環境の要因が関わり合って発生すること。
>
> (イ)　健康の保持増進には，(B)，生活環境等に応じた運動，食事，休養及び睡眠の調和のとれた生活を続ける必要があること。

(ウ)　生活習慣病などは，運動不足，食事の（　C　）の偏り，休養や睡眠の不足などの（　D　）が主な要因となって起こること。また，生活習慣病の多くは，適切な運動，食事，休養及び睡眠の調和のとれた生活を実施することによって予防できること。

(エ)　喫煙，飲酒，薬物乱用などの行為は，（　E　）に様々な影響を与え，健康を損なう原因となること。また，これらの行為には，個人の心理状態や人間関係，社会環境が影響することから，それぞれの要因に適切に対処する必要があること。

(オ)　感染症は，（　F　）が主な要因となって発生すること。また，感染症の多くは，発生源をなくすこと，（　G　）を遮断すること，主体の（　H　）を高めることによって予防できること。

(カ)　健康の保持増進や疾病の予防のためには，個人や社会の取組が重要であり，保健・医療機関を有効に利用することが必要であること。また，（　I　）は，正しく使用すること。

(☆☆☆◎◎◎)

【7】次の文は，「性同一性障害や性的指向・性自認に係る，児童生徒に対するきめ細かな対応等の実施について(教職員向け)」(平成28年4月文部科学省)の抜粋である。（　①　）に入る語句を答えよ。また，（　②　）〜（　⑩　）に入る語句をあとの【語群】のA〜Rから1つずつ選び，記号で答えよ。ただし，同じ記号には，同一の語句が入るものとする。

性同一性障害に係る児童生徒や「（　①　）」とされる児童生徒に対する相談体制等の充実

○　学級・ホームルームにおいては，いかなる理由でもいじめや（　②　）を許さない適切な(　③　)・人権教育等を推進することが，

悩みや不安を抱える児童生徒に対する支援の土台となること。

○　教職員としては，悩みや不安を抱える児童生徒の良き(　④　)となるよう努めることは当然であり，このような悩みや不安を受け止めることの必要性は，性同一性障害に係る児童生徒だけでなく，「(　①　)」とされる児童生徒全般に共通するものであること。

○　性同一性障害に係る児童生徒や「(　①　)」とされる児童生徒は，自身のそうした状態を(　⑤　)しておきたい場合があること等を踏まえつつ，学校においては，日頃より児童生徒が相談しやすい環境を整えていくことが望まれること。このため，まず教職員自身が性同一性障害や「(　①　)」全般について心ない(　⑥　)を慎むことはもちろん，例えば，ある児童生徒が，その(　⑦　)の性別によく見られる(　⑧　)や髪型等としていない場合，性同一性障害等を理由としている可能性を考慮し，そのことを一方的に否定したり(　⑨　)したりしないこと等が考えられること。

○　教職員が児童生徒から相談を受けた際は，当該児童生徒からの(　⑩　)を踏まえつつ，まずは悩みや不安を聞く姿勢を示すことが重要であること。

【語群】

A　社会的	B　理解者	C　服装	D　虐待
E　応援者	F　態度	G　戸籍上	H　言動
I　生徒指導	J　応援	K　揶揄(やゆ)	L　秘匿
M　信頼	N　特有	O　差別	P　生物学上
Q　事実	R　保健指導		

(☆☆☆◎◎◎)

解答・解説

【1】① 健康相談　② 観察　③ 把握　④ 指導　⑤ 保護者　⑥ 助言　⑦ 保健指導　⑧ 学校の設置者　⑨ 臨時　⑩ 休業　⑪ 安全点検　⑫ 通学　⑬ 研修

〈解説〉平成20(2008)年6月に学校保健法が学校保健安全法に改正され(平成21年4月1日施行)，この改正において，学校保健に関することでは第9条及び第10条が，学校安全に関することでは第27条等が新設された。学校保健安全法第9条は，保健指導に関する規定で，学校で行われている保健指導が法律上明記された。同法第10条は，地域の医療機関等との連携に関する規定で，学校において救急処置や健康相談，保健指導を行う際には，必要に応じ地域の医療機関等との連携を図るように努めるものとしたことが新たに盛り込まれた。同法第27条は，学校安全計画の策定等に関する規定で，学校において学校安全計画の策定と実施が義務付けられた。同法第8条は，健康相談に関する規定である。同法第20条は，臨時休業に関する規定である。なお，同法第19条には，感染症にかかっている又はその疑いがある児童生徒等に対する出席停止が規定されている。

【2】(1) ア 耳介　イ 外耳道　ウ 鼓膜　エ (三)半規管　オ 前庭　カ 耳小骨　キ 蝸牛(蝸牛管，うずまき管)　ク 耳管　ケ 外耳　コ 中耳　サ 内耳　(2) コ

〈解説〉(1)　耳は大別すると，外耳，中耳，内耳の3つの部分に分けられる。外耳の耳介で音を集め，外耳道は音を中耳に伝える。音は鼓膜を振動させ，鼓膜の振動が中耳に伝わる。鼓膜からは中耳で，音は鼓膜につながっている3つの耳小骨を経由して，内耳に伝わっていく。内耳は聴覚を担当する蝸牛と平衡感覚をつかさどる前庭からできている。三半規管は回転運動を感知し，その信号は前庭神経に伝わる。なお，外耳から中耳までは音を振動として伝える働きをすることから伝

音系と呼び，内耳は振動を電気信号に変換させて神経・脳へと伝えて音として感知・認識することから感音系と呼ぶ。　(2)　中耳炎の一種であるから，コである。中耳腔内で炎症が起こると，中耳腔の細胞から炎症性の水(滲出液)が滲み出てきて，通常は中耳と鼻の奥をつなぐ耳管から喉の方へ排出されるが，何らかの原因で滲出液が排出されずに中耳腔内に留まると，耳の詰まった感じや難聴が生じる滲出性中耳炎を発症する。多くは子どもが発症する。滲出性中耳炎が高度な場合は，聴力が低下してきて，この難聴が長期化すると，言語関連の発達に影響を与える可能性がある。

【3】(1)　ウ，エ，カ　　(2)　①　A　　②　B　　③　B
(3)　(解答例)　全身の症状…・唇や爪が青白い　　・脈が触れにくい・不規則　　・意識がもうろうとしている　　・ぐったりしている・尿や便を漏らす　から4つ　　呼吸器の症状…・のどや胸が締め付けられる　　・声がかすれる　　・犬が吠えるような咳　　・持続する強い咳込み　　・ゼーゼーする呼吸　　・息がしにくい　から4つ消化器の症状…・繰り返し吐き続ける　　・持続する強い(我慢できない)おなかの痛み

〈解説〉(1)　ア　流行性角結膜炎は，ウィルス性の角膜炎と結膜炎が合併する目の感染症である。　イ　咽頭結膜熱は，発熱，結膜炎，咽頭炎を主症状とする感染症で，プール熱とも言われる。　オ　麦粒腫は，細菌に感染してまぶたが赤く腫れる病気である。　キ　急性出血性結膜炎は，目の結膜に出血を起こすのが特徴の目の感染症である。
(2)　気管支ぜん息が起きた場合の対処としては，衣類をゆるめ，座布団などで背もたれをつくって座らせる。安静にして水分を与える。腹式呼吸で深く息を吸い，咳を誘発して痰出しをする。発作や突然の悪化に備えるために，ステロイド薬やベータ2刺激薬を携帯しておくと役に立つ。ベータ遮断薬は，不整脈，心疾患，高血圧などで処方される薬品である。　(3)　アレルギー疾患を有する子どもに緊急性の高い症状が一つでも見られたら，「エピペン®」(商品名)の使用や119番通報

による救急車の要請など，速やかな対応をすることが求められる。ただし，「エピペン®」は体重15kg未満の子どもには処方されない。

【４】(1)　第五次　　(2)　ア　青少年　　イ　社会復帰　　ウ　末端乱用者　　エ　水際対策　　オ　国際社会　　(3)　ア　Ｌ　　イ　Ｍ　ウ　Ｐ　　エ　Ｅ　　オ　Ａ　　カ　Ｏ　　キ　Ｈ　　ク　Ｑ

〈解説〉(1)　政府においては，平成10(1998)年5月に策定した「薬物乱用防止五か年戦略」を皮切りに，これまで4度にわたり同戦略を策定してきた。　(2)　ア　薬物乱用を未然に防止するため，特に青少年を中心に薬物乱用の危険性・有害性を正しく認識させるために，学校等と連携した薬物乱用防止教室の開催等を通じた積極的な広報・啓発が必要不可欠である。　イ　薬物乱用者が社会復帰し，薬物の再乱用を防止するためには，認知行動療法等を中心とした薬物依存症の適切な治療と社会復帰に向けた効果的な指導・支援の両輪によって対策を講じる必要がある。　ウ　乱用薬物の流通等を阻止するためには，薬物の供給源となる薬物密売組織を壊滅するとともに，末端乱用者に対する取締りを徹底する需給両面からの対策が必要である。　エ　我が国への薬物密輸を阻止するため，水際対策の徹底を引き続き図るとともに，密造に用いられるおそれのある原料物質についても適切な貿易管理を行うことが必要である。　オ　違法薬物は大陸や海洋を跨ぎ世界規模で取引されており，我が国の薬物乱用防止の観点からも，国際的な薬物取締網を構築，強化することが急務である。　(3)　ア，イ　改訂された学習指導要領では，小学校の「体育」，中学校の「保健体育」，高等学校の「保健体育」において，内容や内容の取扱いで薬物が健康を損なうことについて，校種ごとの表現で触れている。また，学習指導要領の総則にある体育・健康に関する指導の中で，「心身の健康の保持増進に関する指導については，保健体育科，家庭科及び特別活動の時間はもとより，各教科・科目及び総合的な学習の時間などにおいてもそれぞれの特質に応じて適切に行うよう努めること」が示されている。この内容に関して，中学校や高等学校の学習指導要領解説総則編

(平成29〜30年)では，薬物乱用防止等の指導の一層の重視の必要性を示している。　ウ　「有害性」と並列に並ぶ語句であることから，「危険性」である。　エ　薬物乱用に陥る心理状態の一つであることから，「好奇心」が適切である。　オ　選択肢としては「家庭」「社会」「地域」であり，文脈から「社会」が適切である。　カ，キ　年度初めの職員会議等で，「学校保健計画」に基づいて薬物乱用防止教室の開催予定を周知することになっている。　ク　薬物乱用防止教室の開催状況は，平成29(2017)年度において，小学校が79.1%，中学校が91.0%，高等学校が86.4%となっている(文部科学省調べ)。

【5】ア　○　イ　×　誤…減少　正…増加　ウ　×　誤…翌日　正…速やかに(すぐに，直ちに)　エ　×　誤…3(時間)　正…6(時間)　オ　○

〈解説〉イ　頭頸部外傷事故における死亡事故や重傷事故は，体育授業等では水泳，陸上競技，体操等が多く，運動部活動では柔道，ラグビー，ボクシング等が多くなっている。　ウ　コンタクトスポーツ(アメリカンフットボール，ラグビー，柔道など)では，約20%の競技者が1シーズンに1回は脳震盪を起こすと推定されている。　エ　頭部打撲のうちで頭蓋内出血型の場合は，打撲した直後の意識障害及び脳の局所症状が軽いか無かったものが，時間の経過とともに急激に増悪するか，新たに出現する場合がある。

【6】(1)　オ　　(2)　A　相互作用　　B　年齢　　C　量や質
D　生活習慣の乱れ　　E　心身　　F　病原体　　G　感染経路
H　抵抗力　　I　医薬品

〈解説〉(1)　「健康な生活と疾病の予防」の「ア　知識」は，「(ア)　健康の成り立ちと疾病の発生要因」と「(イ)　生活習慣と健康」は第1学年，「(ウ)　生活習慣病などの予防」と「(エ)　喫煙，飲酒，薬物乱用と健康」は第2学年，「(オ)　感染症の予防」と「(カ)　健康を守る社会の取組」は第3学年，「イ　思考力，判断力，表現力等」は第1〜3学年で取

り扱うものとされている。　(2)　A　(ア)のねらいには，健康は主体と環境を良好な状態に保つことによって成り立っていることや，疾病は主体の要因と環境の要因とが相互に関わりながら発生すること等の理解がある。　B　(イ)のねらいには，健康を保持増進するためには，年齢や生活環境等に応じて運動を続けることや休養及び睡眠をとる必要があること，年齢や運動量等に応じて栄養素のバランスや食事の量などに配慮すること等を理解することがある。　C，D　(ウ)のねらいには，運動不足，食事の量や質の偏り，休養や睡眠の不足，喫煙，過度の飲酒などの不適切な生活行動を続けることによって，やせや肥満，心臓や脳などの血管における動脈硬化や，歯肉の炎症，歯を支える組織の損傷など，様々な生活習慣病のリスクが高まること等の理解がある。　E　(エ)のねらいには，喫煙，飲酒，薬物乱用などの行為によって，好奇心，なげやりな気持ち，過度のストレスなどの心理状態等によって助長されること等の理解がある。　F，G，H　(オ)のねらいには，感染症は病原体が環境を通じて主体へ感染することで起こる病気であることがある。また，感染症を予防するには，消毒や殺菌等によって発生源をなくすこと，周囲の環境を衛生的に保つことにより感染経路を遮断すること，栄養状態を良好にしたり，予防接種の実施により免疫力をつけたりするなど，身体の抵抗力を高めることが有効であること等の理解がある。　I　(カ)のねらいには，医薬品には，主作用と副作用があること及び，使用回数，使用時間，使用量などの使用法があり，正しく使用する必要があること等の理解がある。

【7】①　性的マイノリティ　　②　O　　③　I　　④　B　　⑤　L　⑥　H　　⑦　G　　⑧　C　⑨　K　　⑩　M
〈解説〉平成15(2003)年に，性同一性障害者の性別の取扱いの特例に関する法律が議員立法により制定され，文部科学省では平成22(2010)年，「児童生徒が抱える問題に対しての教育相談の徹底について」を発出し，性同一性障害に係る児童生徒については，その心情等に十分配慮した対応を要請してきた。このような経緯の下，文部科学省では，平

成27(2015)年4月に「性同一性障害に係る児童生徒に対するきめ細かな対応の実施等について」を通知し，学校における性同一性障害に係る児童生徒の状況や，学校等からの質問に対する回答をQ＆A形式にして，「性同一性障害や性的指向・性自認に係る，児童生徒に対するきめ細かな対応等の実施について(教職員向け)」(平成28年4月　文部科学省)をとりまとめた。　①「自殺総合対策大綱」(平成29年7月25日閣議決定)においては，「自殺念慮の割合等が高いことが指摘されている性的マイノリティについて，無理解や偏見等がその背景にある社会的要因の一つであると捉えて，理解促進の取組を推進する」とされている。　②　いかなる理由でも許さない言葉として「いじめ」と並列で並ぶ言葉であることから，「差別」が当てはまる。　③「人権教育」と並列する語句であることから，教育に関連した言葉の「生徒指導」が当てはまる。　④「悩みや不安を抱える児童生徒の良き」に続く言葉であることから，「理解者」が当てはまる。　⑤「性的マイノリティ」であることの性格上考えられることから，「秘匿」が当てはまる。⑥「心ない」に続く言葉であることから「言動」が当てはまる。

⑦　いわゆる体の性を表す別の表現の言葉を探すと，「戸籍上」が該当する。　⑧　髪型と並列する言葉であることから，「服装」が当てはまる。　⑨　一方的にしないこととして，「否定」することと並列する言葉であることから，「揶揄(やゆ)」があてはまる。　⑩　悩みや不安を抱える子供が相談しやすいような信頼関係をつくることが重要である。②以降は，並列する言葉や文脈等から当てはまる語句を判断することが可能である。

２０２０年度　実施問題

【1】次の文は，学校保健安全法の学校環境衛生基準についての条文の抜粋である。学校環境衛生基準について，下の(1)，(2)の各問いに答えよ。

第(　①　)条
　(　②　)は，学校における(　③　)，(　④　)，照明，(　⑤　)，清潔保持その他環境衛生に係る事項(中略)について，児童生徒等及び(　⑥　)の健康を保護する上で維持されることが望ましい基準(以下この条において「学校環境衛生基準」という。)を定めるものとする。

2　(　⑦　)は，学校環境衛生基準に照らしてその設置する学校の適切な環境の維持に努めなければならない。

3　(　⑧　)は，学校環境衛生基準に照らし，学校の環境衛生に関し適正を欠く事項があると認めた場合には，(　⑨　)，その改善のために必要な措置を講じ，又は当該措置を講ずることができないときは，当該(　⑦　)に対し，その旨を申し出るものとする。

---

(1)　上記の(　①　)～(　⑨　)にあてはまる語句を次の【語群】から1つずつ選び，記号で答えよ。ただし，同じ記号には，同一の語句が入るものとする。

【語群】

ア	環境大臣	イ	学校の設置者	ウ	保温
エ	乳幼児	オ	九	カ	給食
キ	学校医	ク	採光	ケ	文部科学大臣
コ	水質	サ	安全	シ	遅滞なく
ス	職員	セ	騒音	ソ	必要に応じて
タ	五	チ	換気	ツ	まぶしさ

テ　厚生労働大臣　　ト　六　　　　　　ナ　学校薬剤師
ニ　校長　　　　　　ヌ　すみやかに

(2)　「学校環境衛生管理マニュアル『学校環境衛生基準』の理論と実践〔平成30年度改訂版〕(平成31年3月発行　文部科学省)」に示されている定期検査，日常点検について，次の文中の(　A　)〜(　F　)にあてはまる語句をそれぞれ答えよ。

> 　　定期検査は，それぞれの検査項目についてその実態を(　A　)，科学的な方法で定期的に把握し，その結果に基づいて(　B　)を講ずるためのものである。
> 　　日常点検は，点検すべき事項について，(　C　)の(　D　)，授業中，又は授業終了時等において，主として(　E　)によりその環境を点検し，その点検結果を定期検査や(　F　)に活用したり，必要に応じて(　B　)を講じたりするためのものである。

(☆☆☆◎◎◎)

【2】「『学校において予防すべき感染症の解説』〈平成30(2018)年3月発行〉公益財団法人　日本学校保健会」及び「『学校における結核対策マニュアル』〈平成24年3月発行　文部科学省〉」に示されている「結核」について次の(1)〜(5)の各問いに答えよ。
(1)　結核の主な感染経路を答えよ。
(2)　結核の発症予防，重症化予防のために接種するワクチンの名称を答えよ。
(3)　小・中学校の児童生徒に対する定期健康診断時の結核検診において問診項目の1つに「自覚症状(，健康状態)」がある。それ以外の問診項目を5つ答えよ。
(4)　結核の問診において，特に気を付けなければいけない「自覚症状(，健康状態)」を具体的に答えよ。
(5)　結核の出席停止の期間の基準が規定されている法令の名称及び第

何条に規定されているか答えよ。

(☆☆☆◎◎◎)

【３】次の図は肺と肺の周辺のつくりを示したものである。図中の
（　ア　）～（　オ　）の名称をそれぞれ答えよ。ただし，同じ記号には，
同一の語句が入るものとする。

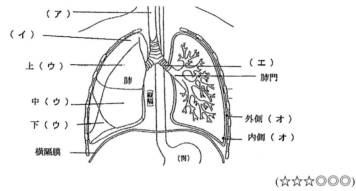

(☆☆☆◎◎◎)

【４】次の文は，「小学校学習指導要領(平成29年告示)平成29年3月告示」
の第1章「総則」第1「小学校教育の基本と教育課程の役割」の中に示
されている「学校における体育・健康に関する指導」についての文で
ある。文中の(　ア　)～(　シ　)にあてはまる語句をそれぞれ答えよ。
ただし，同じ記号には，同一の語句が入るものとする。

　　学校における体育・健康に関する指導を，児童の(　ア　)を考
　慮して，学校の(　イ　)を通じて適切に行うことにより，健康で
　(　ウ　)な生活と豊かなスポーツライフの実現を目指した教育の
　充実に努めること。特に，学校における(　エ　)並びに(　オ　)
　に関する指導，(　ウ　)に関する指導及び(　カ　)の(　キ　)に
　関する指導については，(　ク　)，家庭科及び(　ケ　)の時間は
　もとより，各教科，道徳科，外国語活動及び総合的な学習の時
　間などにおいてもそれぞれの特質に応じて適切に行うよう努め

ること。また，それらの指導を通して，（　コ　）や地域社会との連携を図りながら，（　サ　）において適切な体育・健康に関する指導の実践を促し，生涯を通じて健康・（　ウ　）で活力ある生活を送るための（　シ　）が培われるよう配慮すること。

(☆☆☆☆◎◎◎)

【5】「現代的健康課題を抱える子供たちへの支援～養護教諭の役割を中心として～(平成29年3月)文部科学省」に示されている「児童生徒が生涯にわたって健康な生活を送るために必要な力」や「学校における児童生徒の課題解決の基本的な進め方」について，次の(1)，(2)の各問いに答えよ。

(1)　次の文は現代的な健康課題に関わる養護教諭の役割について示したものである。文中の下線部「健康な生活を送るために必要な力」の1つは，「自己肯定感・自己有用感(自尊感情)」である。それ以外の3つについて，下の【語群】①～③の語句をそれぞれ1つずつ用いて答えよ。

　　　現代的な健康課題に関わる養護教諭の役割としては，児童生徒の健康課題を的確に早期発見し，課題に応じた支援を行うことのみならず，全ての児童生徒が生涯にわたって健康な生活を送るために必要な力を育成するための取組を，他の教職員と連携しつつ日常的に行うことが重要である。

【語群】　①　知識・技能　　②行動選択　　③　他者

(2)　次の表は，学校における児童生徒の課題解決の基本的な流れについて，4つのステップで示したものである。

	ステップ	養護教諭の主な役割
1	対象者の把握	関係機関と連携のための（　ア　）的な役割。管理職や学級担任等と情報を共有し，他の教職員や児童生徒、保護者、学校医等からの情報を収集する。
2	課題の背景の把握	（　イ　）
3	支援方針・支援方法の検討と実施	専門性を生かし、具体的な長期目標、短期目標等について助言する。児童生徒の心身の状態を把握し、必要に応じ支援する。
4	児童生徒の状況確認及び支援方針・支援方法等の再検討と実施	支援方針・支援方法を再検討するにあたり、専門性を生かし、助言する。

① 表中の(ア)にあてはまる適切な語句を答えよ。

② 表中の(イ)の養護教諭の主な役割は2つあるが，それぞれについて，「分析」，「校内委員会」の語句を1つずつ用いて，簡潔に答えよ。

(☆☆☆◎◎◎◎)

【6】「発達障害を含む障害のある幼児児童生徒に対する教育支援体制整備ガイドライン～発達障害等の可能性の段階から，教育的ニーズに気付き，支え，つなぐために～(平成29年3月)文部科学省」に示されている養護教諭の役割について，次の(1)～(3)の各問いに答えよ。

(1) 次の文は，各学校の特別支援教育の校内体制における養護教諭の役割について示された部分の抜粋である。(ア)～(ケ)にあてはまる語句をそれぞれ答えよ。ただし，同じ記号には，同一の語句が入るものとする。

① 児童等の(ア)等を行う専門家としての役割

養護教諭は，日々の(イ)や保健調査及び健康診断結果等から一人一人の(ウ)を把握しています。また，(中略)児童等を取り巻く日々の生活状況，他の児童等との関わり等に関する情報を得やすい立場にあります。

② (エ)との連携と校内委員会への協力

養護教諭は，職務の特質から，児童等の心身の健康課題を発見しやすい立場にあります。(中略)情報収集に当たっては，(エ)と事前に協議し，校内での効果的な情報の共有を図ることを心掛けます。

③ 教育上特別の支援を必要とする児童等に配慮した健康診断及び(オ)の実施

養護教諭は，教育上特別の支援を必要とする児童等に配慮した健康診断及び(オ)を実施する必要があります。

健康診断における困難さとして，例えば，LDがあり，ランドルト環方式の(カ)が苦手だったり，ADHDがあり，聴力検査

や心電図検査が円滑にできなかったりすることが挙げられます。

④ （ キ ）への相談及び（ ク ）との連携

養護教諭は，児童等の心身の健康課題を把握し，（ ク ）への受診の必要性等について，（ キ ）に相談を行います。

（中略）なお，（ ケ ）が必要な児童等に対する支援に当たって，（ エ ）が（ ク ）等の専門家と連携を図る必要がある場合には，積極的に協力することが望ましいと考えられます。

(2) 上記(1)の③文中の下線部，LDとADHDの一般的な特徴について答えよ。

(3) 上記(1)の③の健康診断の実施にあたり，事前にどのようなことを実施しておいたらよいか2つ答えよ。

(☆☆☆◎◎◎)

【7】「熱中症環境保健マニュアル2018(平成30年3月改訂)環境省」に示されている熱中症について，次の(1)，(2)の各問いに答えよ。

(1) 熱中症は気温が高いときになりやすいが，それ以外にどのような環境で起こりやすいか3つ答えよ。

(2) 次の表は，熱中症の症状(一部抜粋)と重症度分類を表したものである。

分類（重症度）	症状	症状から見た診断
Ⅰ度	（①）・（②）・こむら返り	（⑧）、（⑨）
Ⅱ度	（③）・（④）・（⑤）	（⑩）
Ⅲ度	Ⅱ度の症状に加え（⑥）・（⑦）	（⑪）

(日本救急医学会分類2015より)

(i) 表の（ ① ）～（ ⑪ ）に最も適する語句を次の【語群】からそれぞれ1つずつ選び，記号で答えよ。

【語群】

ア 意識障害　　イ 頭痛　　　　ウ めまい

エ 熱失神　　　オ 熱けいれん　カ 気分の不快

キ 熱疲労　　　ク 高体温　　　ケ 熱射病

コ 吐き気　　　サ 倦怠感

 (ii)　Ⅰ度の症状「こむら返り」は，どうして生じるのか具体的に答えよ。

 (iii)　日本救急医学会では，「具体的な治療の必要性」の観点から重症度を分類している。重症度Ⅲ度は「入院して集中治療の必要性のある重症」である。Ⅰ度及びⅡ度について，具体的に答えよ。また，マニュアルでは，重症度を判断するポイントを3つ挙げている。そのうちの1つは「意識がしっかりしているか」であるが，それ以外のポイントを2つ答えよ。

(☆☆☆◎◎◎)

解答・解説

【1】(1)　①　ト　　②　ケ　　③　チ　　④　ク　　⑤　ウ
　　⑥　ス　　⑦　イ　　⑧　ニ　　⑨　シ　　(2)　A　客観的
　　B　事後措置　　C　毎授業日　　D　授業開始時　　E　官能法
　　F　臨時検査

〈解説〉(1)　学校保健安全法では，国・地方公共団体，学校の設置者，学校または校長の責務が第3条～第6条に定められている。学校環境衛生基準に関しては，国(文部科学大臣)は「学校環境衛生基準の策定」つまり，学校における環境衛生に係る事項について児童生徒等及び職員の健康を保護する上で維持されることが望ましい基準を定めることが規定されている。学校の設置者は「設置する学校について，学校環境衛生基準に照らした適切な環境維持」，学校は「学校環境衛生検査の計画及び実施，並びに学校環境衛生基準に照らして適正を欠く事項があった場合の対応」が責務として示されている。なお，本問題の第6条第1項の規定に基づいて，学校環境衛生基準の一部が改正，公布され，平成30年4月1日から施行されている。改正の概要で押さえておきたいのは，教室等の環境に係る学校環境衛生基準関係では，教室の望

ましい温度の基準を「17℃以上，28℃以下」に見直したことである。その他，普通教室において照度の基準規定を見直したこと，温度・相対湿度・気流の検査方法について見直したこと，浮遊粉じんの検査方法について，次回からの検査について省略することができる規定を設けたこと等である。 (2) 学校環境衛生基準に示された検査には，定期検査，日常検査，臨時検査がある。本マニュアルの日常点検の教室などの環境点検の「明るさとまぶしさ」の項目では，黒板面や机上の文字がよく見える明るさがあること，黒板面，机上面について見え方を邪魔するまぶしさがないこと，「換気」については，外部から教室に入ったとき，不快な刺激や臭気がないこと，換気が適切に行われていること，等が検査基準として示されている。点検は，官能法以外には，同マニュアル「第1　教室等の環境に係る学校環境衛生基準」に掲げる検査方法に準じた方法で行う。臨時検査については，学校保健安全法施行規則第1条第2項で「学校においては，必要があるときは，臨時に，環境衛生検査を行うものとする。」と規定されており，感染症又は食中毒のおそれがあるとき及び発生したときは，飲料水に関する施設・設備，校舎内外の施設・設備，便所，ごみ等に付いて検査を行うこと，その他，風水害等による環境の悪化では，前述の検査以外に，飲料水の水質，排水の施設・設備，状況により黒板についても検査することが臨時検査を実施する主な例としてあげられている。

【2】(1)　空気感染(飛沫核感染)　　(2)　BCGワクチン　　(3)　・本人の結核り患歴　　・本人の潜在性結核治療歴(予防投薬(内服)歴)　　・家族等の結核り患歴　　・結核高まん延国での居住歴　　・BCG接種歴　　(4)　2週間以上続く咳や痰　　(5)　学校保健安全法施行規則第十九条

〈解説〉(1)(2)　結核は主として感染した患者からの空気感染により感染する。特に乳幼児では家庭内感染が多い。平成25年からBCG接種の対象は「生後1歳に至るまでの間にある乳児(生後5月に達した時から生後8月に達するまでの期間を標準的な接種期間)」へ変更されている。乳

児期の予防接種や治療法の進歩で死亡率は低くなっている，なお，平成24年度以降に就学する児童は，BCGの直接接種が導入された後に出生している者であるため，未接種児であっても学校での結核検診の精密検査の対象とする必要はない。　(3)　2つの資料では，結核検診時の問診で6つの事項が示されており，その中の，高まん延国での居住歴については，過去3年以内に結核高まん延国で6ケ月以上の居住歴がある場合，入学時または転入時に1回の精密検査(胸部X線検査等)の対象となる。　(4)　自覚症状として2週間以上続く咳・痰の症状がありまだ受診していない場合は，速やかに医療機関を受診させるよう指導する。　(5)　学校保健安全法施行規則の第18条〜第21条は，感染症の予防についての規定である。第19条は出席停止の期間についてで，第3項で結核，髄膜炎菌性髄膜炎及び第三種の感染症について規定されている。第18条は感染症の種類についての規定で，学校において予防すべき感染症が第1種〜第3種に分類されている。なお，結核が発生した場合，診断した医師から保健所に届出が出され，保健所が感染症法に基づいて対策を行うこととなる。学校で結核が発生した場合，感染症法第17条，学校保健安全法第13条第2項に基づき臨時の健康診断が検討される。

【3】ア　気管　イ　肺尖　ウ　(肺)葉　エ　気管支　オ　胸膜
〈解説〉空気は鼻と口から呼吸器系へ入り，咽頭を下って喉頭を通過する。喉頭の入り口は喉頭蓋で覆われており，ものを飲み込むときにはこれが自動的に閉じて食べものや飲みものが気道に入るのを防ぐ。一番太い気道が気管で，それが左右の主気管支に分かれて肺に入る部分を肺門，肺門以外の肺の本体部分を肺野という。肺野の一番上の部分を肺尖という。左右の肺はそれぞれ葉と呼ばれる部分に分かれており，右肺は3つの葉，左肺は2つの葉から成り立っている。左胸部のスペースは心臓と共有されているため，左の肺は右の肺より少し小さくなっている。肺は，胸腔の中にあり，胸膜という二重の膜で包まれている。内側の胸膜は肺の表面を包み，外側の胸膜は胸壁と接していて，その

間を胸水が満たしている。

【4】ア　発達の段階　　イ　教育活動全体　　ウ　安全　　エ　食育の
推進　　オ　体力の向上　　カ　心身の健康　　キ　保持増進
ク　体育科　　ケ　特別活動　　コ　家庭　　サ　日常生活
シ　基礎

〈解説〉教育基本法第2条第1項で，教育の目的として「健やかな身体を養
う」ことが規定されている。本項は，体育・健康に関する指導を，児
童の発達の段階を考慮して，学校の教育活動全体として取り組むこと
により，健康で安全な生活と豊かなスポーツライフの実現を目指した
教育の充実に努めることを示している。体力は，健康の維持のほか意
欲や気力といった精神面の充実に大きく関わっており，「生きる力」
を支える重要な要素である。児童の心身の調和的発達を図るためには，
運動を通して体力を養うとともに，食育の推進を通して望ましい食習
慣を身に付けるなど，健康的な生活習慣を形成することが必要となる。

【5】(1)　①　心身の健康に関する知識・技能　　②　自ら意志決定・
行動選択する力　　③　他者と関わる力　※①～③順不同
(2)　①　コーディネーター　　②　・収集した情報を基に課題の背景
について分析を行う。　　・校内委員会において専門性を生かして意
見を述べる。

〈解説〉(1)　本資料には，「健康な生活を送るために，児童生徒に必要な
力」として，1，心身の健康に関する知識・技能，2，自己有用感・自
己肯定感(自尊感情)，3，自ら意思決定・行動選択する力，4，他者と
関わる力，の4つが挙がっている。たとえば，「自己有用感・自己肯定
感(自尊感情)」を育成するために養護教諭は，委員会活動の中で健康
に関する発表を行うことや1年間を通しての活動で児童生徒に成果や
達成感を感じさせる取組を行うことが考えられる。「心身の健康に関
する知識・技能」を育成するためには，授業を行う教諭とは別に，保
健教育にティーム・ティーチングで参加・協力する，個別の保健指導

を実施する，保健だよりや掲示物等により児童生徒に対する啓発を行うなどの取組を行うことが考えられる。その他，児童生徒への健康相談や保健指導を通して，気持ちのコントロール方法，ストレスへの対処方法などを学習してもらう，保健室来室の際，自分の体の状態を伝えられるように保健指導する，保健室での健康相談を通して，友達など他者と円滑にコミュニケーションを図る能力を育てるために助力する，といった取組も考えられる。　(2)　本表は，様々な健康課題を抱える児童生徒が，どの学校においても課題解決に向けた支援を確実に受けるため，養護教諭が果たす役割についてまとめたものである。①で，アを含む文は，心身の健康に関して課題を抱えた児童生徒を学校で確実に把握するため，養護教諭は，健康観察で児童生徒を把握し，全教職員・保護者に対して周知すること。また，学校内・地域の教育関係機関・保健福祉機関・医療機関等との連携について，体制を整備しておく役割があることが示されている。②は，ステップ1で対象となった児童生徒について，支援方針・支援方法の検討のため課題の背景をより詳細に把握することが重要である。学級担任や養護教諭は様々な方法で情報収集に努め，その情報をそれぞれの立場から分析することが必要となる。養護教諭は，校内委員会では，児童生徒の健康課題の背景を正確に把握するため，専門性を生かし疑問点について必要に応じ発言したり確認したり，意見を述べたりすることが必要である。

【6】(1)　ア　健康相談　　イ　健康観察　　ウ　健康状態　　エ　特別支援教育コーディネーター　　オ　保健指導　　カ　視力検査　キ　学校医　　ク　医療機関　　ケ　医療的ケア　　(2)　解答略　(3)　解答略

〈解説〉(1)　まず，平成17年の発達障害者支援法の施行，平成19年度から，全ての学校で特別支援教育の本格的な開始，平成26年1月に批准した障害者の権利に関する条約を踏まえた特別支援教育の推進など，発達障害や障害により教育上特別の支援を必要とする幼児児童生徒に

対する教育支援体制が大きく進歩した。また，平成28年度には，発達障害者支援法の大幅な改正が行われ，公立義務教育諸学校の学級編制及び教職員定数の標準に関する法律(義務標準法)が改正されている。今回の学習指導要領改訂では，通級による指導を受ける児童生徒や特別支援学級に在籍する児童生徒について，個別の教育支援計画や個別の指導計画を全員作成することなども示され，特別支援教育を取り巻く状況が大きく変化しているという流れを押さえておくこと。本ガイドラインも平成29年に，各観点から見直しがなされ，養護教諭に関しては，学校内での教育支援体制の整備に求められる役割が追記されている。そこでは，「養護教諭は，各学校の特別支援教育の校内体制の中で，児童等の心身の健康課題を把握し，児童等への指導及び保護者への助言を行うなど，重要な役割を担」うことが示されている。エの特別支援教育コーディネーターは，学校内で指名されるもので，校務分掌に明確に位置付けされている。特別支援教育推進のため，校内委員会・校内研修の企画・運営，関係機関・学校との連絡・調整，保護者の相談窓口等の役割を担う。　(2)　LD(学習障害)とは，知的発達の遅れは見られないが，特定の能力に著しい困難を示すもの。ADHD(注意欠陥多動性障害)とは，発達段階に不釣り合いな注意力や衝動性，多動性を特徴とする行動の障害である。両者ともに脳などの中枢神経系に何らかの機能障害があると推定され，発達障害に分類される。LD，ADHDについては，平成18年度から，通常の学級の中で十分な配慮を行った上で，必要であれば，通級による指導を行うことができるようになった。　(3)　LD，ADHDの児童生徒が在籍する場合，校内委員会等において健康診断及び保健指導の計画の立案等を積極的に行い，方針を決めること，その上で，事前に保護者と相談を行いながら健康診断を実施すること，が重要である。

【7】(1)　湿度が高い，風が弱い，日差しが強い，急に暑くなった日，閉めきった室内，エアコン等がない　から3つ　　(2)　(i)　①　ウ　②　カ　③　イ　④　コ　⑤　サ　⑥　ア　⑦　ク

⑧　エ　⑨　オ　⑩　キ　⑪　ケ　※①・②順不同，③〜⑤順不同，⑥・⑦順不同，⑧・⑨順不同　　(ii)　発汗に伴う塩分(ナトリウム)の欠乏　　(iii)　Ⅰ度…現場での応急処置で対応できる軽症　Ⅱ度…病院への搬送を必要とする中等症　　重症度を判断するポイント…・水を自分で飲めるか。　　・症状が改善したか。

〈解説〉(1)　熱中症の発症は，環境(気温，湿度，輻射熱，気流等)，行動(活動強度，持続時間，休憩等)とからだ(体調，性別，年齢，暑熱順化の程度等)の条件が複雑に関係している。熱収支(人体と外気との熱のやりとり)に着目した指標がWBGTで，環境条件としての気温，気流，湿度，輻射熱の4要素の組み合わせによる温熱環境を総合的に評価したもので，運動時や労働時の熱中症予防に用いられている。　　(2)　熱中症の重症度は，Ⅰ度(現場での応急処置で対応できる軽症)，Ⅱ度(病院への搬送を必要とする中等症)，Ⅲ度(入院して集中治療の必要性のある重症)で分類されている。軽症の熱失神は「立ちくらみ」，熱けいれんは全身けいれんではなく「筋肉のこむら返り」で，どちらも意識は清明である。中等症の熱疲労では，全身の倦怠感や脱力，頭痛，吐き気，嘔吐，下痢等が見られる。最重症は熱射病と呼ばれ，高体温に加え意識障害と発汗停止が主な症状である。こむら返りの原因としてナトリウムなどのミネラル不足がある。暑さで多量に汗をかき脱水状態になっているときに起こることも多い。これが起こったら，すぐに涼しい場所で休み，冷たい水分やスポーツドリンクを摂るようにする。

2019年度 　実施問題

【1】「麻しん」について，次の(1)，(2)の各問いに答えよ。

(1)　「学校において予防すべき感染症の解説」(平成30年3月　公益財団法人　日本学校保健会)並びに学校保健安全法施行規則第18条に示されている「麻しん」について，次の①～⑤の各問いに答えよ。

①　「麻しん」は，学校において予防すべき感染症の種類としては，第二種に分類される。「麻しん」以外の第二種の感染症について，次の[語群]にない感染症名を3つ答えよ。

[語群]

髄膜炎菌性髄膜炎　　百日咳　　風しん　　水痘　　咽頭結膜熱

②　「麻しん」は，予防接種法に基づき「定期の予防接種」の対象とされている。小学校に入学するまでに必要とされる「麻しん」の「定期の予防接種」の回数は，何回かを数値で答えよ。また，そのワクチンの名称を答えよ。

③　「麻しん」について，感染期間を答えよ。

④　「麻しん」について，カタル期の口内の頬粘膜に見られる特徴的な白い斑点名を答えよ。

⑤　「麻しん」について，生命の危険や後遺症のおそれがある合併症を2つ答えよ。

(2)　次の図は，「学校における麻しん対策ガイドライン　第二版」(平成30年2月作成　国立感染症研究所感染症疫学センター監修　文部科学省，厚生労働省)の中に示されている「麻しん発生時の対応の流れ」である。あとの①～③の各問いに答えよ。

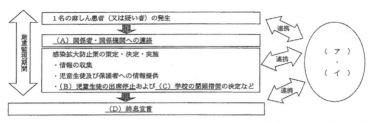

① 下線(A)について，最も適切な連絡先を2つ答えよ。ただし，解答は，図中の(ア)，(イ)にもあてはまる。

② 学校保健安全法において，下線(B)及び下線(C)は誰が行うと定められているかをそれぞれ答えよ。ただし，下線(C)の学校の閉鎖措置とは，学校の休業のことである。

③ 下線(D)について考慮する際に，満たされなければいけない要件を簡潔に答えよ。

(☆☆☆◎◎◎)

【2】次の文は，学校保健安全法第29条第3項の条文である。この条文について，下の(1)～(6)の各問いに答えよ。

> 　学校においては，事故等により児童生徒等に危害が生じた場合において，当該児童生徒等及び当該事故等により(A)心理的外傷その他の心身の健康に対する影響を受けた児童生徒等(B)その他の関係者の心身の健康を回復させるため，これらの者に対して必要な支援を行うものとする。(C)この場合においては，第10条の規定を準用する。

(1) 学校保健安全法第29条では，児童生徒等の安全の確保を図るため，危険等発生時において学校の職員がとるべき措置の具体的内容及び手順を定めたものを作成することとしている。その名称を答えよ。

(2) 下線(A)について，そのような児童生徒等は，その後「PTSD」症状を示す場合がある。「PTSD」について，日本語の疾患名を答えよ。

(3) 「PTSD」の症状として，「恐ろしい場面の記憶がよみがえる(フラ

ッシュバック）」や「繰り返し同じ悪夢を見る」等がある。これら
の症状を総称して何症状というかを答えよ。

(4) 「PTSD」となった場合，それが発生した月日になると，いったん
治まっていた症状が再燃することがある。この反応名を答えよ。

(5) 下線(B)について，その他の関係者とはどのような者が想定され
るか，簡潔に答えよ。

(6) 下線(C)において，準用する内容について，簡潔に答えよ。

(☆☆☆◎◎◎)

【3】食物アレルギーの全身性症状の1つである「アナフィラキシー」と
「アナフィラキシーショック」について，それぞれの症状を簡潔に答
えよ。

(☆☆☆◎◎◎)

【4】児童生徒等の健康診断について，次の(1)，(2)の各問いに答えよ。

(1) 次の表は，平成29年度に文部科学省が実施した学校保健統計調査
の疾病・異常の被患率等別状況の結果を一部抜粋したものである。
表中の（　①　）〜（　⑤　）にあてはまる最も適切な語句を，下の[語
群]の中のア〜コから選び，記号で答えよ。ただし，同じ番号には
同一の記号が入るものとする。

区分	幼稚園	小学校	中学校	高等学校
60％以上〜70％未満				（　②　）
50〜60			（　②　）	
40〜50		（　①　）		（　①　）
30〜40	（　①　）	（　②　）	（　①　）	
20〜30	（　②　）			
10〜20		（　③　）	（　③　）	
8〜10				（　③　）
6〜8		（　④　）		
4〜6		（　⑤　）	（　④　）（　⑤　）	
2〜4	（　③　）			（　④　）（　⑤　）

[語群]

ア　歯垢の状態　　　　　イ　アトピー性皮膚炎

73

　　ウ　むし歯(う歯)　　　エ　耳疾患

　　オ　蛋白検出の者　　　カ　ぜん息

　　キ　裸眼視力1.0未満の者　　ク　鼻・副鼻腔疾患

　　ケ　眼の疾病・異常　　　コ　心電図異常

(2)　次の表は，小学校高学年児童の歯科検診の結果である。「児童生徒等の健康診断マニュアル(平成27年度改訂)公益財団法人　日本学校保健会　文部科学省スポーツ・青少年局学校健康教育課　監修」に示されている内容について，下の①～⑤の各問いに答えよ。

児童生徒健康診断票（歯・口腔）

小・中学校用

年齢	年度	顎関節	歯列・咬合	歯垢の状態	歯肉の状態	歯　式			歯の状態						その他の疾病及び異常	学校歯科医		事後措置
									乳歯		永久歯					所見	月日	
									現在歯数	処置歯数	現在歯数	未処置歯数	処置歯数	喪失歯数				
○歳	平成29年度	◎12	◎12	012	012	87654321|12345678 上右／下 EDCBAABCDE／×／FDCBAABCDF 87654321|12345678 左 上下			ア	イ	ウ	エ	オ	カ	キ	CO GO ㊞	4月28日	01②

①　「歯式」欄に記入された記号について，「歯の状態」欄のア～キに適切な数値を答えよ。また，「×」の疾病名を答えよ。

②　「学校歯科医所見」欄の「CO」は，むし歯の初期病変の兆候が認められ，その経過を注意深く観察する必要がある歯である。むし歯の初期病変の兆候について，簡潔に3つ答えよ。

③　「学校歯科医所見」欄の「GO」を有する児童に対する保健指導について，簡潔に2つ答えよ。

④　「事後措置」欄の「1」が示している区分について，簡潔に答えよ。また，学校においてとるべき事後措置について，規定している法令の名称及び第何条かを答えよ。

⑤　歯・口腔の健康診断結果の集計分析における主な指標として，一人平均DMF歯数がある。一人平均DMF歯数のMが表す内容について，最も適切な語句を答えよ。

(☆☆☆◎◎◎)

【5】「小学校学習指導要領(平成29年告示)解説　体育編(平成29年7月)」の「けがの防止　(イ)　けがの手当」において，実習を通して，自らできる簡単な手当ができるようにするとされているが，その手当の内容を簡潔に3つ答えよ。また，指導学年も答えよ。

(☆☆☆◎◎◎)

【6】「チームとしての学校の在り方と今後の改善方策について(平成27年12月21日　中央教育審議会答申)」の「『チームとしての学校』を実現するための具体的な改善方策」において，今後，「養護教諭に期待される役割」について，簡潔に答えよ。

(☆☆☆◎◎◎)

【7】学校における医薬品の取扱いについて，次の(1)，(2)の各問いに答えよ。

(1)　次の文は，「学校における薬品管理マニュアル」(平成21年7月発行　公益財団法人　日本学校保健会)の「医療用医薬品の取扱い」について述べたものである。文中の(　ア　)～(　コ　)にあてはまる最も適切な語句をそれぞれ答えよ。

> 　教職員が児童生徒に医療用医薬品を使用する行為は，医行為に当たるので行うことはできません。
> 　しかし，児童生徒が，以下の3つの条件を満たしており，事前の(　ア　)の具体的な依頼に基づき，医師の処方を受け，あらかじめ(　イ　)等により授与された医薬品について，医師又は歯科医師の処方及び(　ウ　)の服薬指導の上であれば医薬品の使用(①皮膚への(　エ　)の塗布，②(　オ　)の貼付，③点眼薬の点眼，④(　カ　)された内服薬の内服，⑤肛門からの坐薬の挿入，⑥(　キ　)への薬剤噴霧)の介助が可能です。
> 【3つの条件】
> 1　患者の容態が(　ク　)していること。

75

> 　２　医師又は看護職員による連続的な容態の(　ケ　)が必要で
> はないこと。
> 　３　医薬品の使用に関して(　コ　)配慮が必要でない場合。

(2)　次の文は，平成28年2月1日付けで文部科学省初等中等教育局健康
　　教育・食育課が厚生労働省医政局医事課に対して行った，「学校に
　　おけるてんかん発作時の坐薬の挿入について」の疑義照会文の抜粋
　　である。あとの1)～4)の各問いに答えよ。

> 　　学校現場等で児童生徒がてんかんによるひきつけを起こし，
> 生命が危険な状態等である場合に，現場に居合わせた教職員
> が，坐薬を自ら挿入できない本人に代わって挿入する場合が
> 想定されるが，当該行為は緊急やむを得ない措置として行わ
> れるものであり，次の4つの条件を満たす場合には，(A)医師法
> 違反とはならないと解してよろしいか。
> 　①　当該児童生徒及びその保護者が，事前に(　ア　)から，
> 　　次の点に関して(　イ　)で指示を受けていること。
> 　　・　(　ウ　)においてやむを得ず坐薬を使用する(　エ　)
> 　　　　が認められる児童生徒であること
> 　　・　坐薬の使用の際の留意事項
> 　②　当該児童生徒及びその保護者が，(　ウ　)に対して，や
> 　　むを得ない場合には当該児童生徒に坐薬を使用すること
> 　　について，具体的に依頼((　ア　)から受けた坐薬の挿入
> 　　の際の留意事項に関する(　イ　)を渡して説明しておくこ
> 　　と等を含む。)していること。
> 　③　当該児童生徒を担当する教職員が，次の点に留意して
> 　　坐薬を使用すること。
> 　　・　当該児童生徒がやむを得ず坐薬を使用することが認
> 　　　められる児童生徒本人であることを改めて(　オ　)す
> 　　　ること

> ・　坐薬の挿入の際の留意事項に関する(　イ　)の記載事項を遵守すること
>
> ・　(　カ　)上の観点から，手袋を装着した上で坐薬を挿入すること
>
> ④　当該児童生徒の保護者又は教職員は，坐薬を使用した後，当該児童生徒を必ず(　キ　)での受診をさせること。

1)　下線(A)は，医師法第何条の解釈かについて，数値で答えよ。

2)　文章中の(　ア　)～(　キ　)にあてはまる最も適切な語句を，次の[語群]の中のa～pから1つずつ選び，記号で答えよ。

[語群]

a　学校　　　　b　疾病　　c　家族　　　　d　薬局

e　口頭　　　　f　周知　　g　衛生　　　　h　教育委員会

i　健康診断　　j　書面　　k　医師　　　　l　保健調査票

m　必要性　　　n　清潔　　o　医療機関　　p　確認

3)　この疑義照会に対し，厚生労働省からは平成28年2月24日付けで「貴見のとおり。」との回答があった。さらに回答では，一連の行為の実施に当たって，てんかんという疾病の特性上，学校現場において十分なある配慮を文部科学省にお願いしている。その「ある配慮」とは何のことかを簡潔に答えよ。

4)　てんかんについて，「学校における子供の心のケア－サインを見逃さないために－」(平成26年3月　文部科学省)の中で示されている危機発生時の健康観察項目の観察される状態について，最も適切なものを，次の[語群]の中のa～jから4つ選び，記号で答えよ。

[語群]

a　落ち着きがない　　　　b　ぼんやりすることが多い

c　イライラしている　　　d　余り話さなくなった

e　物音に敏感になる　　　f　パニックの回数が増える

g　こだわりが強くなる　　h　発作の回数が増える

i　人が違ったように見えることがある

77

j　ハイテンションである

(☆☆☆◎◎◎)

解答・解説

【1】(1)　①　流行性耳下腺炎，結核，インフルエンザ　(順不同)
②　回数…2回　　名称…麻疹・風疹混合(生)ワクチン(MRワクチン)
③　発熱出現前日から解熱後3日を経過するまで。　　④　コプリック斑　　⑤　脳炎，肺炎　　(2)　①　学校医等，所管の保健所または保健センター　　②　(B)　校長　　(C)　学校の設置者　　③　最後の麻しん患者と児童生徒及び職員との最終接触日から，4週間新たな麻しん患者の発生が見られないこと。

〈解説〉(1)　最近流行している麻しんに関してである。　①　学校保健法施行規則第18条では，第2種に9種類の感染症が示されている。②　平成19(2007)年に，麻しんが全国で流行し，「麻しんに関する特定感染症予防指針」が告示され，これに基づき平成20(2008)年3月に国立感染症研究所感染症情報センターは「学校における麻しん対策ガイドライン」(監修：文部科学省，厚生労働省)を作成した。さらに平成30(2018)年にはその第二版が作成されている。そこでは，麻しんを確実に予防するには1歳以上で2回の予防接種が必要で，第1期は，生後12月から生後24月に至るまでの間にある者(1歳児)，第2期は，小学校就学の始期に達する日の1年前の日から当該始期に達する日の前日までの間にある5歳以上7歳未満の者(小学校入学前1年間の幼児)と説明されている。　②③　麻しんは，発しん出現前の数日間は，咳，鼻水，眼球結膜の充血が見られる。この期間をカタル期という。感染力が最も強い期間である。出席停止期間は，学校保健安全法施行規則第19条第2号で「解熱した後三日を経過するまで」とされている。　⑤　ヒトの体内に入った麻しんウイルスは，免疫を担う全身のリンパ組織を

中心に増殖し，一過性に強い免疫機能抑制状態を生じるため，麻しんウイルスそのものによるものだけでなく，合併した別の細菌やウイルス等による感染症が重症化する可能性もある。麻しん肺炎は比較的多い合併症で麻しん脳炎とともに二大死亡原因と言われている。

(2) 児童生徒，教職員が麻しんであると連絡を受けた場合，学校内で情報共有し，学校は速やかに学校の設置者(教育委員会)や学校医に連絡する。学校では感染拡大防止策を策定・決定し実施する。予防接種歴・り患歴の把握などの情報収集，関係機関への情報提供などを含め迅速な対応が必要である。麻しんの潜伏期は約10～12日で，麻しんと確定診断されるまでにも数日間を要することから，「最後の麻しん患者と児童生徒・職員等との最終接触日から，4週間新たな麻しん患者の発生が見られていないこと」の要件が満たされたときに，麻しん集団発生の終息を考慮することとし，学校の設置者と校長は学校医・保健所等と協議の上，終息宣言の時期を決定する。

【2】(1) 危険等発生時対処要領　(2) 心的外傷後ストレス障害
(3) 再体験症状　(4) アニバーサリー反応(効果)　(5) 保護者，教職員　(6) 必要に応じて，地域の医療機関や関係機関との連携を図ること
〈解説〉災害等に遭遇すると，恐怖や喪失体験などの心理的ストレスによって，心の症状だけでなく身体の症状も現れやすいことが子どもの特徴である。「子どもの心のケアのために―災害や事件・事故発生時を中心に―」(平成22年　文部科学省)などを参照の上，PTSDの主な症状，アニバーサリー反応について学習しておくこと。多発する自然災害，交通事故，事件・事故(犯罪被害も含む)などの災害発生時における児童生徒の心のケアとあわせて，地域の医療機関との連携では，養護教諭はコーディネーターの役割を担うものである。

【3】アナフィラキシー…アレルギー反応により，じんましんなどの皮膚症状，腹痛や嘔吐などの消化器症状，ゼーゼー，呼吸困難などの呼吸

器症状が，複数同時にかつ急激に出現した状態を言う。　アナフィラキシーショック…アナフィラキシー症状の中でも，血圧が低下して意識の低下や脱力を来すような場合をアナフィラキシーショックと呼び，直ちに対応しないと生命にかかわる重篤な状態であることを意味する。

〈解説〉アナフィラキシーの原因のほとんどは食物によるが，昆虫刺傷(ハチなど)や医薬品，ラテックス(天然ゴム)などでも起こりうる。また，アレルギー反応によらず運動や物理的な刺激などによって起こる場合がある。アドレナリン自己注射薬「エピペン®」を携行している児童生徒も増えてきているので，使用するタイミングや使用方法などについても学習しておくこと(「学校のアレルギー疾患に対する取り組みガイドライン」(日本学校保健会)など参照)。

【4】(1)　①　ウ　　②　キ　　③　ク　　④　エ　　⑤　ケ
(2)　①　ア　4　　イ　1　　ウ　2　　エ　19　　オ　1　　カ　2
キ　0　　×…要注意乳歯　　②　白濁，白斑，褐色斑　　③　生活習慣の改善，注意深いブラッシング　　④　区分…学校における保健指導(実技指導を含む)や健康診断等を行うのみの者　　法令…学校保健安全法施行規則第9条　　⑤　むし歯が原因で喪失した永久歯

〈解説〉(1)　健康診断に関する問題は頻出である。むし歯(う歯)の被患率はすべての校種で30〜50％，裸眼視力1.0未満の者が中学校・高等学校で高くなっていることに注目したい。　(2)　③の「GO」は，軽度の歯肉炎があり，歯肉(歯ぐき)に軽度の腫れや出血がみられるもの。このまま放置すると歯肉炎が進行する可能性が高い。歯科以外でも，健康診断の1つ1つの項目の検査方法・測定方法についてはしっかり学習しておくこと。　⑤のDMFのDは未処置う蝕歯，Mは喪失歯(う蝕が原因で抜去された歯，機能を喪失した高度のう蝕歯を含めることもある)，Fはう蝕が原因で処置された歯のことである。

【5】手当の内容…・傷口を清潔にする　・圧迫して出血を止める
　　・患部を冷やす　　学年…5年生
〈解説〉新学習指導要領の第5・第6学年の保健領域では，「心の健康」，
　「けがの防止」の知識及び技能，「病気の予防」の知識と，それぞれの
　思考力，判断力，表現力等の指導内容を明確にして内容が構成されて
　いる。「けがの防止」では，けがをしたとき，けがの悪化を防ぐ対処
　として，けがの種類や程度などの状況を速やかに把握して処置するこ
　と，近くの大人に知らせることが大切であることを理解できるように
　することを目標としている。自分でできる簡単な手当(傷口を清潔にす
　る，圧迫して出血を止める，患部を冷やすなどの方法)があることも理
　解できるようにする。

【6】スクールカウンセラーやスクールソーシャルワーカーなど専門スタ
　　ッフとの協働のための仕組みやルールづくりを進めること。
〈解説〉本問の解答は自治体より示されていないため，設問文の本答申に
　おいての，「今後，『養護教員に期待される役割』について」の指示に
　従い，答申で示された内容を解答としてまとめた。養護教諭として期
　待される役割には，その他，・いじめや虐待など心身の健康課題の早
　期発見，早期対応をするとともに，関係教職員と連携して，健康相談
　や生徒指導等を行う。　・学年や他分掌と協働しながら校内資源をつ
　ないで相談・支援活動を行うなどコーディネーター的役割を担う。
　・幼小中高と発達段階に応じた縦のつながりと，教育・福祉・行政・
　医療等との連携を生かした情報収集と共有していくシステム作りや機
　能化にあたってのコーディネート活動を担う。　・学校の安全安心を
　確保するため危機管理の視点で組織体制を作り教育環境を整え，被害
　を最小限に抑えるための仕組み作りを進める。などがある。本答申で
　は，学校が子どもたちに必要な資質・能力を育んでいくために，学校
　のマネジメントを強化して，組織として教育活動に取り組む体制を創
　り上げるとともに，必要な指導体制を整備することが示され，各学校
　でチーム学校としての体制作りが進んでいる。養護教諭の「コーディ

ネーター」の役割は，単に報告・連絡をするという人と人をつなぐことだけではない。その意味や活動のあり方についても学習しておこう。文部科学省では，本答申により，平成28年7月に「これからの養護教諭・栄養教諭の在り方に関する検討会議」を設置し，その検討会議を踏まえて，「現代的健康課題を抱える子供たちへの支援〜養護教諭の役割を中心として〜」(平成29年3月　文部科学省)を策定している。一読しておくこと。

【7】(1) ア　保護者　　イ　薬袋　　ウ　薬剤師　　エ　軟膏
オ　湿布薬　　カ　一包化　　キ　鼻腔粘膜　　ク　安定
ケ　経過観察　　コ　専門的　　(2) 1)　第17条　　2) ア　k
イ　j　ウ　a　エ　m　オ　p　カ　g　キ　o　3) 児童
生徒のプライバシーの保護(に十分配慮する。)　　4)　b，c，h，i
〈解説〉(1)　医薬品については，WHOより「セルフメディケーション」の考え方が示され，医薬品の使用は，自己責任の視点が重要となってきている。平成20年3月に示された中学校学習指導要領　第2章　第7節　保健体育に「医薬品は，正しく使用すること」の新たな内容が加えられた。これは，平成29年度の学指導要領の改訂においても踏襲されている。正しい医薬品の使用法についての教育及び養護教諭として行う薬品管理のあり方などについて，学習しておくことが必要である。
(2)　医師法第17条は「医師でなければ，医業をなしてはならない。」である。養護教諭は医行為を禁じられているが，本問の例のように，条件により可能となる場合がある。3)の「ある配慮」とは，児童生徒の個人情報への配慮である。様々な疾病のある児童生徒が安心・安全な学校生活を送るために，児童生徒に処方されている医療用医薬品を保護者の要望により学校が保管・管理することがある。このような場合の取扱いの方法について，留意する事項を学習しておく必要がある。「学校保健の課題とその対応―養護教諭の職務等に関する調査結果から―」(財団法人　日本学校保健会)などを参照のこと。

2018年度　実施問題

【1】次の(ア)～(オ)はある法令を示したものである。(一部省略したところがある。)それぞれについて，以下の(1)～(3)の各問いに答えよ。

(ア)　学校においては，児童生徒等及び職員の心身の健康の[　a　]を図るため，児童生徒等及び職員の健康診断，[　b　]，児童生徒等に対する指導その他保健に関する事項について[　c　]を策定し，これを実施しなければならない。

【[　Ⅰ　]　第5条】

(イ)　法第13条の健康診断を的確かつ円滑に実施するため，当該健康診断を行うに当たっては，小学校，中学校，高等学校及び高等専門学校においては[　d　]において，幼稚園及び大学においては必要と認めるときに，あらかじめ児童生徒等の発育，健康状態等に関する[　e　]を行うものとする。

【学校保健安全法施行規則　第11条】

(ウ)　養護教諭の免許状を有する者([　f　]年以上養護をつかさどる主幹教諭又は養護教諭として勤務したことがある者に限る。)で養護をつかさどる主幹教諭又は養護教諭として勤務しているものは，当分の間，第3条の規定にかかわらず，その勤務する学校(幼稚園及び幼保連携型認定こども園を除く。)において，[　g　]の教科の領域に係る事項(小学校，義務教育学校の前期課程又は特別支援学校の小学部にあっては，[　h　]の教科の領域の一部に係る事項で[　i　]で定めるもの)の教授を担任する教諭又は講師となることができる。

【[　Ⅱ　]　附則15】

(エ)　令第5条第1項第4号の児童生徒等の死亡でその原因である事由が学校の管理下において生じたもののうち文部科学省令で定めるものは，次に掲げるものとする。

【独立行政法人日本スポーツ振興センターに関する省令　第24条】

(オ)　この法律において、「児童虐待」とは、保護者(親権を行う者、未成年後見人その他の者で、児童を現に監護するものをいう。以下同じ。)がその監護する児童([　j　]歳に満たない者をいう。以下同じ。)について行う<u>次に掲げる行為</u>をいう。

【児童虐待の防止等に関する法律　第2条】

(1)　上記の各文中の[　a　]〜[　j　]にあてはまる語句を答えよ。また、[　Ⅰ　]、[　Ⅱ　]には、これを定めている法令の名称を答えよ。

(2)　次の文は、上記(エ)の下線部の<u>次に掲げるもの</u>についての記述である。以下の文中の[　①　]〜[　③　]にあてはまる語句を答えよ。

　一　[　①　]に起因することが明らかであると認められる死亡

　二　第22条に掲げる[　②　]に直接起因する死亡

　三　前2号に掲げるもののほか、学校の管理下において発生した[　③　]に起因する死亡

(3)　次の文は、上記(オ)の下線部の<u>次に掲げる行為</u>についての記述である。以下の文中の(　A　)〜(　J　)にあてはまる語句を記入せよ。

　一　児童の身体に(　A　)が生じ、又は生じるおそれのある(　B　)を加えること。

　二　児童に(　C　)をすること又は児童をして(　C　)をさせること。

　三　児童の(　D　)を妨げるような(　E　)又は長時間の放置、保護者以外の同居人による前2号又は次号に掲げる行為と同様の行為の放置その他の保護者としての監護を怠ること。

　四　児童に対する(　F　)又は(　G　)、児童が同居する家庭における配偶者に対する暴力(配偶者(婚姻の届出をしていないが、事実上婚姻関係と同様の事情にある者を含む。)の(　H　)であって生命又は身体に危害を及ぼすもの及びこれに準ずる(　I　)を及ぼす言動をいう。)その他の児童に(　J　)を与える言動を行うこと。

(☆☆☆◎◎◎)

【2】生活習慣と健康について次の各問いに答えよ。

　(1)　次の文中の(　ア　)〜(　カ　)にあてはまる適切な語句を入れよ。

　　　我が国における死亡原因の上位4つは,（　ア　）,（　イ　）,肺炎,
　　（　ウ　）である。特に,これらのうち（　ア　）,（　イ　）,（　ウ　）
　　は,いずれも食事,（　エ　）,（　オ　）,喫煙や飲酒などの生活習
　　慣と深いかかわりがあるため,生活習慣病と呼ばれています。生活
　　習慣病は,死亡原因にもなりますが,（　カ　）を低下させ,生き生
　　きと活動的な生活を送ることの妨げにもなります。
(2)　生活習慣について,30年以上前に米国のブレスロー教授が行った
　　研究結果から,「ブレスローの7つの健康習慣(1980)」として広く世
　　界に知られているものがある。7つすべて答えよ。

（☆☆☆◎◎◎）

【3】　次の文は,保健室の救急体制について述べたものである。文中の
　（　a　）～（　r　）に入る最も適切な語句をあとの〈語群〉の中のア～ネ
　から1つ選び,記号で答えよ。

　　　学校における（　a　）は,医療等の（　b　）や（　c　）のいない場で対応
　することから,高度な（　d　）や（　e　）を要するといえる。そのため,
　（　f　）の的確な見極めと（　g　）等への受診の（　h　）などについて
　（　i　）をくだせることが重要である。そのため,（　j　）は,あらゆる
　機会を活用して（　a　）に関する（　d　）・（　e　）の習得に努め,校内に
　おいて子どもや（　k　）,保護者に対して（　l　）となることができるよ
　うに,日々研鑽を積むことが重要である。

　　　保健室の救急体制として具体的に必要なことは,次のとおりである。
　　・校内緊急連絡体制図及び（　m　）等緊急時に依頼できる医師の連
　　　絡先等が掲示され,活用しやすい状態にしておく(保健室及び
　　　（　n　）等に掲示)。
　　・（　o　）・緊急持ち出し用救急鞄(袋)が整備され,（　j　）不在時に
　　　も使用できるように明示されていること。
　　・（　p　）が明示され,いつでも利用できるようにしておく。
　　・（　q　）などが持ち出しやすい場所に用意されており,いつでも活
　　　用できるようにしておく。

・設備，備品，衛生材料等の整備

児童生徒の傷病や事故の実態，（　r　）の医療体制などを踏まえて
（　m　）等と相談の上，計画的に整備する。

・さらに（　j　）不在時でも適切に対応できるように体制を整えてお
く。

〈語群〉

ア　健康診断	イ　救急材料	ウ　救急処置
エ　職員室	オ　学校医	カ　保健主事
キ　担架の位置	ク　施設設備	ケ　指示
コ　資質	サ　緊急連絡カード	シ　養護教諭
ス　指導者	セ　教職員	ソ　技術
タ　医療従事者	チ　医療機関	ツ　病気
テ　症状	ト　知識	ナ　必要性
ニ　適切な判断	ヌ　関係者	ネ　地域

(☆☆☆◎◎◎)

【４】感染症及び予防接種について，次の(1)，(2)の各問いに答えよ。

(1)　予防接種法第2条第2項第1号〜第11号に掲げる「A類疾病」のうち，
その疾病名を10種答えよ。

(2)　予防接種法施行令等の一部が改正され，平成26年10月1日から現
在までに新たに定期接種に加わったものを2つ答えよ。

(☆☆☆◎◎◎)

【5】次の図は生殖器官及び周囲の器官を示したものである。図中の
　　　 ア ～ コ にあてはまる各器官の名称を答えよ。

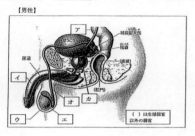
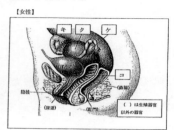

(☆☆☆◎◎◎)

【6】「児童生徒等の健康診断マニュアル(平成27年度改訂)」(日本学校保
　　健会)における「第1章　児童，生徒，学生及び幼児の健康診断の実施」
　　の「5　方法及び技術的基準」について，「脊柱及び胸郭の疾病及び異
　　常の有無並びに四肢の状態」の「留意事項」に記載されている特に重
　　点的に診る5つのうち，「片脚立ちが5秒以上できない。しゃがみこみ
　　ができない。」とあと4つは何か，簡潔に答えよ。

(☆☆☆◎◎◎)

【7】「教職員のための子どもの健康相談及び保健指導の手引き(平成23年
　　8月文部科学省)」に記載されている保健室登校について，次の(1)，(2)
　　の各問いに答えよ。
　(1)　以下の文中の(　①　)～(　④　)にあてはまる語句をそれぞれ答
　　　　えよ。
　　　・保健室登校とは，(　①　)保健室にいるか，(　②　)に出席でき
　　　　ても，学校にいる間は主として保健室にいる状態をいう。
　　　・対応に当たっては，養護教諭が一人で判断するのではなく，一つ
　　　　の教育のあり方として，(　③　)はもちろんのこと，管理職，学
　　　　年主任，学年職員，生徒指導主事や(　④　)，保護者等関係者が
　　　　協議した上で，決定することが重要である。受け入れに当たって

は，次の事項を確認した上で実施することが大切である。

(2)　保健室登校の受け入れに当たっての確認事項について5つ答えよ。

(☆☆☆◎◎◎)

解答・解説

【1】(1)　a　保持増進　　b　環境衛生検査　　c　計画　　d　全学年
e　調査　　f　3　　g　保健　　h　体育　　i　文部科学省令
j　18　　Ⅰ　学校保健安全法　　Ⅱ　教育職員免許法
(2)　①　学校給食　　②　疾病　　③　事件　　(3)　A　外傷
B　暴行　　C　わいせつな行為　　D　心身の正常な発達　　E　著
しい減食　　F　著しい暴言　　G　著しく拒絶的な対応　　H　心身
に対する不法な攻撃　　I　心身に有害な影響　　J　著しい心理的外
傷

〈解説〉(1)　(エ)以外は，どれも重要条文ではあるが，比較的出題頻度が
　　　低いものが出題されている。特に，(ウ)は養護教諭特有の条文なので，
　　　この機会に学習しておきたい。また，(オ)の児童の定義については，
　　　法律によって年齢が異なる場合があるので注意すること。　(2)　「第
　　　22条に掲げる疾病」とは，「家庭科若しくは技術・家庭科の調理実習
　　　における試食又は修学旅行若しくは遠足における給食に起因する中毒
　　　及び理科等の実験又は実習におけるガス等による中毒」などがある。
　　　(3)　児童虐待の内容に関する問題。各号から順に身体的虐待，性的虐
　　　待，ネグレクト，心理的虐待である。なお，全国の児童相談所が対応
　　　した児童虐待の件数を見ると，心理的虐待が最も多く，以下，身体的
　　　虐待，ネグレクト，性的虐待の順となっている(2016年)。

【2】(1)　ア　がん(悪性新生物)　　イ　心疾患　　ウ　脳血管疾患
エ　運動　　オ　休養(睡眠)　　カ　生活の質(QOL)　　(2)　・喫煙

をしない　　・定期的に運動をする　　・飲酒は適量を守るか，しない　　・1日7～8時間の睡眠をとる　　・適正体重を維持する・朝食を食べる　　・間食をしない

〈解説〉(1)　今や2人に1人ががんに罹り，3人に1人の死因が，がんであるといわれている。なお，死因となっているがんの部位をみると，男性は肺，胃，大腸，女性は大腸，肺，膵臓の順となっている(2016年)。(2)　「ブレスロー7つの健康習慣」はアメリカの大学教授であるブレスローが，生活習慣と身体的健康度(障害・疾病・症状など)との関係を調査した結果に基づいてまとめたものであり，上記健康習慣の実施状況によって10年以上の寿命差が出るとしている。

【3】a　ウ　　b　ク　　c　タ　　d　ト　　e　ソ　　f　テ　　g　チ　h　ナ　　i　ニ　　j　シ　　k　セ　　l　ス　　m　オ　　n　エ　o　イ　　p　キ　　q　サ　　r　ネ

〈解説〉学校における救急処置では，児童生徒の命を守り，心身の安全を図ることが目的の一つとなっている。つまり，保健室(養護教諭)としては医療機関搬送の必要性の判断，生命等に関わる場合は危機脱出のための緊急処置，医療機関に搬送する場合はそのための応急処置，そして医療機関搬送の対象とならない場合の処置などを行う必要がある。また，生徒同士の悪ふざけによる事故などについては，原因や防止法などについて指導することも求められるだろう。このようなことを踏まえて，学校の救急体制の整備を養護教諭不在の場合も含めて考える必要があるだろう。

【4】(1)　ジフテリア，百日咳，急性灰白髄炎，麻しん，風しん，日本脳炎，破傷風，結核，Hib感染症，肺炎球菌感染症　　(2)　水痘，B型肝炎

〈解説〉(1)　予防接種法では対象疾病をA類疾病(主に集団予防，重篤な疾患の予防に重点をおくもの)，B類疾病(主に個人予防に重点をおくもの)に分類している。問題では「第1号～第11号に掲げる」とされてい

るので，解答のほか，第11号「ヒトパピローマウイルス感染症」も正答になると思われる。なお，肺炎球菌感染症は「小児がかかるものに限る」という条件があることに注意しておこう。　(2)　水痘は「みずぼうそう」のことで平成26年10月から，B型肝炎は平成28年10月から定期接種となっている。

【5】ア　尿管　　イ　陰茎　　ウ　陰嚢　　エ　精巣　　オ　精管
　　カ　前立腺　　キ　卵管　　ク　子宮　　ケ　卵巣　　コ　膣
〈解説〉生殖器官及び周囲の器官に関する出題は全国的に見てそれほど多くはないが，解剖の出題の一つにかわりはないので，十分に学習しておく必要がある。出産に関しては排卵や着床，妊娠，出産に至るまでの経緯について問われる可能性があるので，理解しておきたい。同時に生殖に関する児童生徒への指導については学校種で異なるので，各学校種の学習指導要領などで確認しておくこと。

【6】・背骨が曲がっている。　　　・腰を曲げたり，反らしたりすると痛みがある。　　・上肢に痛みや動きの悪いところがある。　　・膝に痛みや動きの悪いところがある。
〈解説〉それぞれの事項には，スクリーニング機能があるので注意する。具体的には，「背骨が曲がっている」には脊柱側わん症など，「腰を曲げたり…」には脊椎分離症など，「上肢に痛み…」には野球肩や野球肘など，「膝に痛みや…」にはオスグッド病など，そして「片脚立ちが…」には大腿骨頭すべり症，ペルテス病などのスクリーニングとなっている。

【7】(1)　①　常時　　②　特定の授業　　③　学級担任　　④　教育相談担当　　(2)　・本人が保健室登校を望んでいるか。　　・保護者が保健室登校を理解しており，協力が得られるか。　　・全教職員(校長，学級担任，学年主任等)の共通理解及び協力が得られるか。　・保健室登校に対応できる校内体制が整っているか。　　・支援計画

　が立てられているか。

〈解説〉「平成28年度保健室利用状況に関する調査報告書」によると，保
　　健室登校をしている児童生徒を有する学校は34.0％，保健室登校の年
　　間平均数は学校種によって異なるが1.9〜2.9人となっている。問題に
　　ある資料によると，保健室登校における初期段階では保健室にいるこ
　　とで安全感を得られるようにするとともに，児童生徒との信頼関係を
　　深めることが重要であり，対応については学校体制の中で取り組むこ
　　との重要性が示されている。特に，関係する一部の教職員の理解不足
　　が原因でかえって重症化するケースもあるため，情報の共有が重要な
　　カギといえるだろう。

2017年度　実施問題

【1】 次の文は，「保健室経営計画作成の手引(平成26年度改訂)」(平成27
年2月発行　公益財団法人日本学校保健会)の中に示されている「養護
教諭に求められている役割」について述べたものである。文中の(　①　)
～(　⑥　)に入る最も適切な語句をそれぞれ答えよ。また，学校保健
安全法において，条文の見出しが下線(A)～(C)に相当するのは，第何
条かそれぞれ答えよ。

---

1)　学校内及び(A)地域の医療機関等との連携を推進する上で
(　①　)の役割
2)　養護教諭を中心として関係教職員等と連携した組織的な(B)健
康相談，(C)保健指導，(　②　)の充実
3)　(　③　)的役割を果たしている保健室経営の充実(保健室経営
計画の作成)
4)　いじめや(　④　)など子供の心身の健康問題の早期発見，早
期対応
5)　学級(ホームルーム)活動における(C)保健指導をはじめ，TTや
兼職発令による(　⑤　)などへの積極的な授業参画
6)　健康・安全に関わる(　⑥　)への対応

(☆☆☆☆◎◎◎)

【2】 学校における水泳プールの保健衛生管理について，次の(1)，(2)の
各問いに答えよ。
(1)　次の文は，学校環境衛生基準(平成21年4月施行)，「日常における
環境衛生に係る学校環境衛生基準」の「水泳プールの管理」の検査
項目「(10)プール水等」の基準である。次の文中の[　A　]～[　D　]
には適切な語句を，(　①　)～(　③　)には適切な数値をそれぞれ
答えよ。

92

> (ア)　水中に危険物や異常なものがないこと。
>
> (イ)　[　A　]は，プールの使用前及び使用中(　①　)時間ごとに1回以上測定し，その濃度は，どの部分でも(　②　)mg/ℓ以上保持されていること。また，[　A　]は1.0mg/ℓ以下が望ましい。
>
> (ウ)　[　B　]は，プールの使用前に1回測定し，[　B　]が基準値程度に保たれていることを確認すること。
>
> (エ)　[　C　]に常に留意し，プール水は，水中で(　③　)m離れた位置からプールの[　D　]が明確に見える程度に保たれていること。

(2)　次の(A)～(D)の水泳指導に配慮を要する学校において予防すべき感染症について，以下の①，②の各問いに答えよ。

(A)　アタマジラミ　　(B)　伝染性膿痂疹　　(C)　疥癬

(D)　伝染性軟属腫

①　(A)～(D)の感染症の共通する感染経路を答えよ。

②　(A)～(D)の感染症のそれぞれの病原体の種類を，〔　細菌，ウイルス，寄生虫　〕のうちから1つずつ選んで答えよ。同じものを選んでよい。

(☆☆☆◎◎◎)

【3】感染症について，次の(1)，(2)の各問いに答えよ。

(1)　次の文は，感染症を予防する予防接種について述べたものである。文中の(　①　)～(　④　)に入る最も適切な語句をそれぞれ答えよ。

> 　(　①　)に積極的に(　②　)をつけるのが予防接種であり，予防接種に用いる薬剤を(　③　)という。(　③　)は，体にとっては自分とは異なるもの，つまり異物である。これに体が反応して(　②　)ができるのであるが，残念ながらごくまれに過剰反応や異常反応が起こることがある。このような予防接種後に生じる反応を(　④　)という。

(2)　次の文は，学校保健安全法施行規則第20条の出席停止の報告事項を記述したものである。文中の(　①　)～(　④　)に入る最も適切な語句をそれぞれ答えよ。

(出席停止の報告事項)

第20条　令第7条の規定による報告は，次の事項を記載した書面をもつてするものとする。

一　(　①　)の名称

二　出席を停止させた(　②　)及び期間

三　出席停止を指示した(　③　)

四　出席を停止させた児童生徒等の(　④　)

五　その他参考となる事項

(☆☆☆◎◎◎)

【4】児童生徒等の健康診断について，次の(1)，(2)の各問いに答えよ。

(1)　次の文は，平成26年4月30日付け「学校保健安全法施行規則の一部改正等について(26文科ス第96号)」の通知文の「児童生徒等の健康診断」と「色覚の検査について」の抜粋である。文中の(　A　)～(　I　)に入る最も適切な言葉をそれぞれ答えよ。

> Ⅱ　改正の概要
>
> 1　児童生徒等の健康診断
>
> (1)　検査の項目並びに方法及び技術的基準(第6条及び第7条関係)
>
> 　ア　(　A　)の検査について，必須項目から削除すること。
>
> 　イ　(　B　)の検査について，必須項目から削除すること。
>
> 　ウ　「四肢の状態」を必須項目として加えるとともに，四肢の状態を検査する際は，(　C　)及び(　D　)並びに(　E　)に注意することを規定すること。
>
> Ⅳ　その他健康診断の実施に係る留意事項
>
> 2　色覚の検査について
>
> 　学校における色覚の検査については，(中略)。

　　　このため，14年3月29日付け13文科ス第489号の趣旨を
　　十分に踏まえ，①（　F　）による健康相談において，児童
　　生徒や保護者の事前の同意を得て個別に検査，指導を行
　　うなど，必要に応じ，適切な対応ができる体制を整える
　　こと，②教職員が，（　G　）に関する正確な知識を持ち，
　　学習指導，生徒指導，（　H　）等において，（　G　）につ
　　いて配慮を行うとともに，適切な指導を行うよう取り計
　　らうこと等を推進すること。特に，児童生徒等が自身の
　　色覚の特性を知らないまま不利益を受けることのないよ
　　う，（　I　）に色覚に関する項目を新たに追加するなど，
　　より積極的に保護者等への周知を図る必要があること。

(2)　次の文は，「児童生徒等の健康診断マニュアル(平成27年度改訂)」
　　に示されている視力検査について述べたものである。文中の（　①　）
　　～（　⑦　）に入る最も適切な数値をそれぞれ答えよ。

準備	・視力表（指標）は，原則5m用を使用し，（ただし十分な距離が取れない場合は，（（　①　）m用でも可）
	・視標面の照度は，（　②　）～1,000ルクスとする。
方法	・はじめに（　③　）の指標から開始するのを原則とする。
	・上下左右のうち（　④　）方向を任意に見させ，指標の提示時間は，3～（　⑤　）秒間とする。
判定	・（　④　）方向のうち，（　⑥　）方向を正答できれば「正しい判別」と判定する。
	・（　④　）方向のうち，正答が（　⑦　）方向以下の場合は「判別できない」と判定する。

(☆☆☆◎◎◎)

【5】次の図1「市民が行う救急蘇生法」は，厚生労働省「救急蘇生法の
　　指針2015(市民用)」の中で示されているものである。次の図1中の①～
　　⑤に入る最も適切な語句を，あとの[語群]の中のア～キから1つずつ選
　　び，記号で答えよ。
　　　　　　　　【図1：市民が行う救急蘇生法】

95

[語群]

ア　胸骨圧迫　　　　イ　ファーストエイド　　ウ　気道確保

エ　一次救命処置　　オ　AED　　　　　　　　カ　気道異物除去

キ　圧迫止血

(☆☆☆◎◎◎)

【6】学校における性に関する指導に当たって配慮する点について，「小学校学習指導要領解説　体育編(平成20年6月)」，「中学校学習指導要領解説　保健体育編(平成20年7月)」，「高等学校学習指導要領解説　保健体育編　体育編(平成21年7月)」に示された内容の中から3つ答えよ。

(☆☆☆☆◎◎◎)

【7】暑いときの体温調節の機能について，簡潔に答えよ。ただし，解答には，[　筋肉，血管，発汗　]の3つの語句を必ず使用すること。

(☆☆☆☆◎◎◎)

【8】学校におけるアレルギー疾患について，次の(1)～(4)の各問いに答えよ。

(1)　文部科学省及び公益財団法人日本学校保健会が平成27年2月に発刊した「学校のアレルギー疾患に対する取り組みガイドライン要約版」について，次の①，②の各問いに答えよ。

①　次の表2は，「学校におけるアレルギー疾患対応の三つの柱」の1つである「日常の取組と事故予防」に関するものである。各アレルギー疾患の学校での活動における「学校生活上の留意点」について，次の表2中の(ア)～(ク)に入る最も適切な言葉をそれぞれ答えよ。

【表2：日常の取組と事故予防(学校生活上の留意点)】

アレルギー疾患／学校での活動	気管支ぜん息	アトピー性皮膚炎	食物アレルギー／アナフィラキシー
動物との接触を伴う活動	(ア)である場合は避ける		―
ホコリ等の舞う環境での活動	避ける(イ)	避ける	―
長時間の紫外線下での屋外活動	―	(ウ)対策	

運動（体育・部活動等）	（エ）対策	（オ）対策	（エ）対策
プール指導	（エ）対策	（ウ）対策、（カ）対策	（エ）対策
給食	－	－	（キ）
食物・食材を扱う授業・活動	－	－	食べる、吸い込む、触れるに注意
宿泊を伴う校外活動	医療機関の確認 （ク）の有無や管理	（ク）の有無や管理	医療機関の確認 （ク）の有無や管理
	宿泊先の環境整備	宿泊先の環境整備	食事の配慮

② 緊急性が高いアレルギー症状がある場合は，救急隊が到着するまで「その場で安静にする」対応が必要である。次の(ア)～(ウ)の「安静を保つ体位」について，その体位の名称をそれぞれ答えよ。

（ア）　（イ）　（ウ）

(2) アナフィラキシーショックに対して用いられるアドレナリンの自己注射薬である「エピペン®」(商品名)に関する内容として，適切なものを，次の(a)～(e)から2つ選び，記号で答えよ。

(a) 児童生徒がアナフィラキシーに陥ったときに「エピペン®」を迅速に注射するためには，教職員が携帯・管理することが基本である。

(b) 「エピペン®」の副作用として，血圧上昇や心拍数増加に伴う症状が考えられる。

(c) 「エピペン®」は，空気で分解しやすいため，携帯用ケースに収められた状態で保管し，使用するまで取り出すべきではない。

(d) 「エピペン®」の注射は，法的には「医行為」にあたり，医師でない者(本人とその家族以外の者である第3者)が「医行為」を反復継続する意図をもって行えば医師法第27条に違反することになる。

(e) 「エピペン®」は，15℃－30℃で保存することが望ましく，冷所または日光のあたる高温下等に放置すべきではない。

(3)　「学校生活管理指導表(アレルギー疾患用)」((財)日本学校保健会作成)の「食物アレルギー」「アナフィラキシー」の「病型・治療」の欄に示されている「食物アレルギー病型」を3つ答えよ。

(4)　総合的なアレルギー疾患対策を推進するために測定された平成27年12月25日施行の法律名を答えよ。

(☆☆☆☆◎◎◎)

解答・解説

【1】1　①　コーディネーター　　②　健康観察　　③　学校保健センター　　④　児童虐待　　⑤　保健学習　　⑥　危機管理　　(A)　第10条　　(B)　第8条　　(C)　第9条

〈解説〉本資料では養護教諭の役割について，中央教育審議会答申(「子どもの心身の健康を守り，安全・安心を確保するために学校全体としての取組を進めるための方策について」，以下「答申」)を踏まえ，学校保健安全法が改正されたことによって，役割が明確になったとしている。答申では養護教諭について「学校保健活動の推進に当たって中核的な役割」と位置づけ，具体的業務については「救急処置，健康診断，疾病予防などの保健管理，保健教育，健康相談活動，保健室経営，保健組織活動」等をあげている。(C)の保健指導について，学校保健法第9条は個別の保健指導について示されていると考えられるが，保健指導には集団に対するものもある。集団への保健指導は主に特別活動で行われるため，法的根拠は学習指導要領になる。つまり，学習指導要領や学校の教育方針などを踏まえ，指導が行われる必要があることを知っておきたい。

【2】(1)　A　遊離残留塩素　　B　pH値　　C　透明度　　D　壁面
①　1　　②　0.4　　③　3　　(2)　①　接触感染(直接感染)

② (A) 寄生虫 (B) 細菌 (C) 寄生虫 (D) ウイルス

〈解説〉(1) 学校環境衛生基準において，水に関する衛生基準は複数(飲料用水，雑用水，プールの水質など)あるため，数値の混同に注意すること。プールについては，使用前は水質が基準に適合していても，使用中・使用後に適合しなくなる可能性があるため，プール使用日は毎時間点検を実施することが必要である。また，安定した塩素の効果を得るためには，pH 値が基準値程度に保たれていることが重要であるため，学校薬剤師の助言を求めるなど，pH 値が基準値程度に保てるよう，留意することが大切である。 (2) アタマジラミの病原体はアタマジラミ，伝染性膿痂疹(とびひ)の病原体は主として黄色ブドウ球菌やA群溶血性レンサ球菌，疥癬の病原体はヒゼンダニ，伝染性軟属腫(みずいぼ)の病原体は伝染性軟属腫ウイルスである。全て接触感染を感染経路とし，プールや水泳で直接肌が触れたり，水中を浮遊している病原体により感染したりするため，留意が必要である。

【3】(1) ① 人工的 ② 免疫 ③ ワクチン ④ 副反応
(2) ① 学校 ② 理由 ③ 年月日 ④ 学年別人員数

〈解説〉(1) 感染症発生には，原因となる病原体の存在，病原体が宿主に伝播する感染経路，宿主に感受性があることが必要になる。したがって，感染を予防するには消毒や殺菌等により病原体を死滅させること，手洗いや食品の衛生管理など周囲の環境を衛生的に保つことにより感染経路を遮断すること，栄養バランスがとれた食事，規則正しい生活習慣，適度な運動，予防接種などをして体の抵抗力を高めることがあげられる。 (2) 学校保健安全法第19条で，校長は感染症に罹患，またはその疑いがある児童生徒等の出席を停止させることができるが，その場合には，「その理由及び期間を明らかにして，その旨を学校の設置者に報告しなければならない」に定められている(学校保健安全法施行令第7条)。

【4】(1)　A　座高　　B　寄生虫卵の有無　　C　四肢の形態　　D　発育　　E　運動器の機能の状態　　F　学校医　　G　色覚異常　　H　進路指導　　I　保健調査　　(2)　①　3　　②　500　　③　0.3　　④　4　　⑤　5　　⑥　3　　⑦　2

〈解説〉(1)　座高の検査を必須項目から削除するに伴い，児童生徒等の発育を評価する上で，身長曲線，体重曲線等を積極的に活用することが示されている。寄生虫卵検査については，検出率に地域性があるため，一定数の陽性者が存在する地域においては，今後も検査の実施や衛生教育の徹底などを通して，引き続き寄生虫への対応に取り組む必要があることが添えられている。色覚検査においては，児童生徒等や保護者の事前の同意が求められる。その際，保護者に対して色覚の検査の意義について説明した上で学校医と相談し，希望者を対象とした色覚の検査を行う。また，検査結果の通知は封書を用いるなど，プライバシーに十分配慮することが求められる。　　(2)　具体的な判定は，0.3の視標が4方向のうち正答が2方向以下の場合は「D」と判定する。3方向以上正答できれば0.7で同様の検査を行う。正答が2方向以下の場合は「C」と判定，3方向以上正答できれば1.0で同様の検査を行う。正答が2方向以下なら「B」，3方向以上であれば「A」と判定する。

【5】①　エ　　②　イ　　③　オ　　④　カ　　⑤　ア

〈解説〉ファーストエイドは「応急手当」と訳されるが，応急手当だと心肺蘇生なども含まれることから，本問のように，一次救命処置を含まない応急手当のことをファーストエイドと呼ぶようになった。カーラーの救命曲線からもわかるとおり，人間は3分間心臓停止，または10分間呼吸停止すると生存率は約50％と考えられていることから，心臓や呼吸停止からの回復が最重要となる。したがって，心停止などの患者を見たときは，救急車を要請はもちろん，心肺蘇生やAED使用などの判断が重要となる。そういった流れをまとめたものが「救命の連鎖」であり，4つの輪がすばやくつながると救命効果が高まるとされている。

【6】 ・発達の段階を踏まえること。　　・学校全体で共通理解を図ること。　　・保護者の理解を得ること。

〈解説〉指導にあたって配慮する点は，小，中，高等学校ともに解答にある3点が示されている。なお，小学校における「思春期の体の変化」では，男女の特徴，初経，精通や異性への関心について，中学校における「生殖にかかわる機能の成熟」では，内分泌の働きによる生殖にかかわる機能の成熟や成熟の変化に伴う適切な行動について，高等学校における「思春期と健康」では，性的成熟に伴い，心理面，行動面が変化すること，自分の行動への責任感や異性を尊重する態度が必要であること，および性に関する情報等への適切な対処が必要であることを取り扱うとされている。

【7】皮膚や血管，筋肉が拡張することで外部環境と接する面積を増やし，体温を逃げやすくさせる。また，汗腺からの発汗が促進され，気化熱により体温を奪い，放熱を行う。さらに，血糖量を上昇させるホルモンやチロキシンの分泌を抑制し，代謝による発熱を抑制する。

〈解説〉間脳視床下部に体温調節中枢があり，感覚神経からの情報や，間脳視床下部に流れ込んだ血液の温度を感知して，体の各部に調節命令を行う。暑い時には，熱を体外に放出し，体温の上昇を防ぐはたらき(放熱促進)と，熱の生産を抑制するはたらき(発熱抑制)が起こる。

【8】(1)　①　ア　誘発原因　　イ　マスク着用　　ウ　紫外線
エ　運動誘発　　オ　汗　　カ　塩素　　キ　原因食物の除去
ク　持参薬　　②　ア　ショック体位(足側高位)　　イ　回復体位(側臥位)　　ウ　半座位(ファーラー位)　　(2)　(b)，(e)　　(3)　・即時型　　・口腔アレルギー症候群　　・食物依存性運動誘発アナフィラキシー　　(4)　アレルギー疾患対策基本法

〈解説〉(1)　①　なお，学校におけるアレルギー疾患対応の三つの柱とは，(Ⅰ)アレルギー疾患の理解と正確な情報の把握・共有，(Ⅱ)日常の取組と事故予防，(Ⅲ)緊急時の対応，である。学校での活動の中には

家庭生活でも使用できる内容があるので，「保健だより」などで保護者などに確認しておくことも考えられる。　②　受傷者に適した体位をとらせることは，呼吸や全身の血液循環機能を改善及び維持し，痛みを和らげ，さらに出血量を減少させるなど，傷病者の症状の悪化を防ぐために非常に重要である。なお，本資料によるとショック体位は「ぐったり，意識もうろうの場合」，回復体位は「吐き気，おう吐がある場合」，半座位は「呼吸が苦しくあお向けになれない場合」に使われる。　(2)　(d)は医師法第27条ではなく，医師法第17条が正しい。第27条は国家資格である医師の試験委員を厚生労働省に配置する旨が示されている。　(3)　即時型は，原因食物を食べて2時間以内に症状が出現する病型で，症状の程度は軽い症状から重篤なものまでさまざまある。食物アレルギーの児童生徒のほとんどはこの病型に分類される。口腔アレルギー症候群とは，果物や野菜，木の実類に対するアレルギーに多い病型で，食後5分以内に口腔内に症状が出現する。多くは局所の症状だけで軽快するが，全身的な症状に進行することもあるため注意が必要である。食物依存性運動誘発アナフィラキシーは，原因となる食物を摂取後2時間以内の一定量の運動により，アナフィラキシー症状を引き起こす。つまり，原因食物の摂取と運動の組み合わせで発症する。　(4)　本法ではアレルギー疾患対策の一層の充実を図るための基本理念，国，地方公共団体，医療保険者，国民，医師その他の医療関係者及び学校等の設置者又は管理者の責務，アレルギー疾患対策の推進に関する指針の策定等及びアレルギー疾患対策の基本となる事項について定められている。

2016年度　　実施問題

【1】次の(ア)〜(オ)はある法令の条文を示したものである。(一部省略したところがある。)それぞれについて，以下の問いに答えよ。

(ア)　学校，児童福祉施設，病院その他児童の①健康に業務上関係のある団体及び学校の教職員，児童福祉施設の職員，医師，保健師，弁護士その他児童の①健康に職務上関係のある者は，児童虐待を発見しやすい立場にあることを自覚し，児童虐待の早期発見に努めなければならない。　　　　　　　　　　　　　　　　　　　〈A〉第5条第1項

(イ)　養護教諭その他の職員は，相互に連携して，②健康診断又は児童生徒等の健康状態の日常的な観察により，児童生徒等の心身の状況を把握し，健康上の問題があると認めるときは，遅滞なく，当該児童生徒等に対して必要な指導を行うとともに，必要に応じ，その保護者に対して必要な助言を行うものとする。　　　　　　〈B〉第9条

(ウ)　児童生徒等の健康診断票は，5年間保存しなければならない。ただし，第2項の規定により送付を受けた児童又は生徒の健康診断票は，当該健康診断票に係る児童又は生徒が進学前の学校を卒業した日から③10年間とする。　　　　　　　　　　　　　　〈C〉第8条第4項

(エ)　すべて国民は，ひとしく，その能力に応じた教育を受ける機会を与えられなければならず，人種，信条，性別，社会的身分，④経済的地位又は門地によって，教育上差別されない。　　　〈D〉第4条

(オ)　災害共済給付に係る災害は，次に掲げるものとする。
　　　学校給食に起因する中毒その他児童生徒等の疾病でその原因である事由が学校の管理下において生じたもののうち，文部科学省令で定めるもの。ただし，療養に要する費用が⑤三千円以上のものに限る。　　　　　　　　　　　　　　　　　〈E〉第5条第1項第二号

(1)　下線部①〜⑤が正しければ○を，間違っていれば，正しい語句あるいは数字を記せ。

(2) 〈A〉～〈E〉の法令の名称をそれぞれ答えよ。

(☆☆☆◎◎◎)

【2】次の文章は学校保健計画と保健室経営計画について記したものである。文中の(ア)～(サ)にあてはまる語句をあとの〈語群〉の中の①～⑯からそれぞれ1つずつ選び，番号で答えよ。ただし，同じ記号には同じ語句が入るものとする。

　学校保健計画は，学校保健活動の年間を見通した(ア)な基本計画である。学校保健の成果を上げるためには，(イ)と(ウ)に加え，全ての教職員が役割を分担し，家庭や地域の関係者と連携して(エ)に活動を推進することが必要となることから，学校保健目標を達成するために，「(イ)」「(ウ)」「組織活動」の3領域について，毎年度，(オ)な計画として作成されるものである。

　一方，保健室経営計画は当該学校の(カ)および学校保健目標などを受け，その具現化を図るために，保健室の経営において達成されるべき目標を立て，計画的・(エ)に運営するために作成される計画である。学校保健計画は(キ)が取り組む(ア)な基本計画であるのに対し，保健室経営計画は，学校保健計画を踏まえた上で，養護教諭が中心となって取り組む計画である。

　保健室経営計画の必要性は，次のとおりである。

(1) 学校(カ)や学校保健目標の具現化を図るための保健室経営を，計画的，(エ)に進めることができる。

(2) 児童生徒の健康課題の解決に向けた保健室経営計画(課題解決型)を立てることによって，児童生徒の健康課題を(キ)で共有することができる。

(3) 保健室経営計画を教職員や(ク)等に周知することによって，理解と協力が得られやすくなり，効果的な連携ができる。

(4) 保健室経営計画を立てることによって，養護教諭の職務や役割を教職員等に啓発していく機会となる。

(5) 保健室経営計画の自己評価及び(ケ)を行うことにより，(コ)

ができるとともに課題がより明確になり，次年度の保健室経営に生かすことができる。

(6) 養護教諭が複数配置の場合には，お互いの(サ)の理解を深めることができ，効果的な連携ができる。(計画は一つ)

(7) 異動による引継ぎが，円滑に行われる。等

〈語群〉

① 健康診断　② 保護者　③ 具体的
④ 保健教育　⑤ 教育目標　⑥ 活動内容
⑦ 全教職員　⑧ 組織的　⑨ 保健管理
⑩ 関係機関　⑪ 総合的な評価　⑫ 保健主事
⑬ 総合的　⑭ 校長　⑮ 関係職員
⑯ 他者評価

(☆☆☆◎◎)

【3】下の表は教職員や医療関係者を対象とした，感染症対策にかかる指導参考資料「学校において予防すべき感染症の解説(平成25年3月　文部科学省)」で示されている感染症についてまとめたものである。以下の問いに答えよ。

(1) (①)～(④)にあてはまる適切な語句を，(⑤)～(⑦)には適切な期間を，(⑧)，(⑨)には適切な文を入れよ。

(2) (a)～(e)にあてはまる語句を，〈語群〉の中のア～エからすべて選び，記号で答えよ。

感染症の種類	病原体	潜伏期間	感染経路	登校（園）の基準
・麻しん	(①)	主に8～12日（7～18日）	(a)	(⑧)
・咽頭結膜熱	(②)	(⑤)	(b)	(⑨)
・溶連菌感染症	A群溶血性レンサ球菌	(⑥)	(c)	
・マイコプラズマ感染症	(③)	主に2～3週間（1～4週間）	(d)	
・感染性胃腸炎	主として(④) ロタウイルス	④は (⑦) ロタウイルスは1～3日	(e)	

〈語群〉ア　空気感染　イ　飛沫感染　ウ　接触感染
　　　　エ　経口感染(糞口感染)

(☆☆☆◎◎◎◎)

105

【４】保健室における児童虐待の早期発見の機会と視点について，次の
(1)，(2)の問いに答えよ。

(1)　健康診断は，身体計測，内科検診や歯科検診をはじめとする各種
の検診や検査が行われることから，それらを通して虐待を発見しや
すい機会である。下記の健康診断時における児童虐待の早期発見の
視点について，(①)〜(⑤)にそれぞれ記せ。

健　康　診　断	児童虐待の早期発見の視点
・身体計測	(①)
・耳鼻科検診（聴力検査）	(②)
・眼科検診（視力検査）	(③)
・内科検診	(④)
・歯科検診（歯科健康診断）	(⑤)
・事後措置状況	精密検査を受けさせない。何度受診勧告しても受診させない等

(2)　身体的虐待と不慮の事故による外傷を見分けるために必要な基礎
知識について，次の(ア)〜(ウ)の問いに答えよ。

(ア)　次の絵のうち，「虐待によるけがが多い部位」にあてはまるの
は〈A〉，〈B〉のどちらが最も適切か，記号で答えよ。

【身体的虐待と不慮の事故による外傷部位の相違】

〈A〉部位　　　　　　　〈B〉部位
（「養護教諭のための児童虐待対応の手引」平成19年文部科学省）

(イ)　上の絵を参考にしながら，身体的虐待と不慮の事故による外
傷部位の相違について，それぞれ説明せよ。

(ウ)　次の表は，時間経過に伴う挫傷の色調変化についてである。
表中の1〜Vにあてはまるものをあとの〈語群〉の中のア〜オから
それぞれ1つずつ選び，記号で答えよ。

時間経過	挫傷（打撲傷）の色調変化
受傷直後の挫傷	Ⅰ
1〜5日後	Ⅱ
5〜7日後	Ⅲ
7〜10日後	Ⅳ
10日以上	Ⅴ
2〜4週間	消退

（「養護教諭のための児童虐待対応の手引き」平成19年文部科学省）

〈語群〉

ア　黄色っぽい茶色　　　イ　緑がかった黄色

ウ　赤みがかった青色　　エ　緑色

オ　黒っぽい青から紫色

（☆☆☆◎◎）

【5】次の文は，「高等学校学習指導要領解説　保健体育編・体育編」の「第2節　保健　3　内容　(1)現代社会と健康　イ　健康の保持増進と疾病の予防　(イ)喫煙，飲酒と健康」についてである，文中の（　ア　）〜（　コ　）にあてはまる語句を下の〈語群〉の中の①〜⑫からそれぞれ1つずつ選び，番号で答えよ。

　　喫煙，飲酒は，（　ア　）の要因となり健康に影響があることを理解できるようにする。その際，周囲の人々や（　イ　）への影響などにも触れるようにする。また，喫煙や飲酒による健康課題を防止するには，（　ウ　）の普及，（　エ　）の育成などの個人への働きかけ，及び（　オ　）な整備も含めた（　カ　）への適切な対策が必要であることを理解できるようにする。その際，（　キ　），自分自身を大切にする気持ちの低下，周囲の人々の行動，（　ク　）の影響，ニコチンやエチルアルコールの（　ケ　）などが，喫煙や飲酒に関する開始や（　コ　）の要因となることにも適宜触れるようにする。

〈語群〉

　①　健全な価値観　　②　判断力　　　③　社会環境

④　法的　　　　　⑤　薬理作用　　　⑥　生活習慣病

⑦　マスメディア　⑧　環境的　　　　⑨　正しい知識

⑩　胎児　　　　　⑪　継続　　　　　⑫　好奇心

(☆☆☆◎◎◎)

【6】次の文は，「薬物乱用防止教室マニュアル(平成26年度改訂)　日本学校保健会」に記されているものである。文中の(①)～(⑥)にあてはまる語句をそれぞれ答えよ。

〈中学校における薬物乱用防止教育と「薬物乱用防止教室」のねらい〉

1　薬物乱用防止についての関心を高め，薬物による健康や(①)に及ぼす影響について理解できるようにする。

2　薬物乱用の危険性が「(②)」にあることを明らかにし，そのために自分の健康や社会生活に害があると分かっていても，いったん使用し始めるとやめることが難しいこと，また，「(③)」により，乱用を繰り返すと使用量が増え危険性がより大きくなることを理解できるようにする。

3　薬物乱用の(④)性と社会的影響についての学習を通して，薬物乱用が真の(⑤)や友情とは無縁のものであることを理解できるようにする。

4　自分の心や体を大切にし，自分の健康や行動に責任をもつことの大切さを理解し，薬物乱用に適切に対応できる(⑥)と行動選択能力を養うようにする。

(☆☆☆☆◎◎)

【7】学校における歯科保健活動は，教育活動の一環として行われ，子供の生涯にわたる健康づくりの基盤を形成し，心身ともに健全な国民の育成を期す活動である。学校における歯・口の健康づくりの目標について，具体的に3つ記せ。

(☆☆☆☆◎◎)

解答・解説

【1】(1) ① 福祉　② 健康相談　③ 5年間　④ ○
⑤ 五千円　(2) A 児童虐待の防止等に関する法律　B 学校
保健安全法　C 学校保健安全法施行規則　D 教育基本法
E 独立行政法人日本スポーツ振興センター法施行令

〈解説〉(1)　①　虐待については，健康でなく社会福祉に関する問題である。　②　平成21(2009)年に学校保健法から学校保健安全法に改正され，(イ)の条文が新設された。学校保健安全法では，第8条から第10条まで第二節健康相談等に区分される。　③　第2項の規定とは，児童または生徒が進学した場合である。なお，学校環境衛生検査では定期及び臨時に行う検査の結果に関する記録は5年間，毎授業日に行う点検の結果は3年間保存する。　⑤　学校の管理下において生じた文部科学省令で定める中毒・疾病は，ガス中毒や漆等による皮膚炎などが挙げられる。また給付を受ける権利には時効があり，給付事由が生じた日から2年以内に請求すること，最長10年間まで給付を受けられることをおさえておく。　(2)　各条文は頻出であるので，法律名は正式名称で覚えておくこと。

【2】ア ⑬　イ ④　ウ ⑨　エ ⑧　オ ③　カ ⑤
キ ⑦　ク ②　ケ ⑯　コ ⑪　サ ⑥　(イ，ウは順不同)

〈解説〉学校保健計画は，昭和47(1972)年の保健体育審議会答申「児童生徒等の健康の保持増進に関する施策について」の中で述べられており，そこから具体的な内容として，①保健教育に関する事項，②保健管理に関する事項，③組織活動に関する事項，④その他必要な事項(評価など)が読み取ることができる。また保健室経営計画については，平成20(2008)年の中央教育審議会答申「子どもの心身の健康を守り，安全・安心を確保するために学校全体としての取組を進めるための方策

について」で重要性が述べられている。ここでは，保健室経営計画を立て教職員に周知を図り連携していくことが望まれると示されている。

【３】(1)　①　麻しんウイルス　　②　アデノウイルス　　③　肺炎マイコプラズマ　　④　ノロウイルス　　⑤　２〜14日　　⑥　２〜５日　⑦　12〜48時間　　⑧　発しんに伴う発熱が解熱した後３日を経過するまで。　　⑨　発熱，咽頭炎，結膜炎などの主要症状が消退した後２日を経過するまで。　(2)　(a)　ア，イ　　　(b)　イ，ウ　(c)　イ，ウ　(d)　イ　(e)　イ，ウ，エ

〈解説〉(1)　登校(園)の基準が感染症によって異なっているのは第２種の感染症である。第１種は治癒するまで，第３種は症状により学校医その他の医師において感染のおそれがないと認めるまで，となっている。どの感染症が何種なのか把握しておく。　　(2)　飛沫感染は，くしゃみや咳によって放出された水滴の直径が0.2mm以上で，床に落ちた水滴から感染する経路である。空気感染は水滴の直径が0.1〜0.2mm以下で，床に落ちる前に水滴が蒸発し水滴の中にある飛沫核が空気中を漂うようになり，それを吸い込むことによって感染する経路である。

【４】(1)　①　発育不良，不潔な皮膚，不自然な傷・あざ
②　外傷の放置，心因性難聴　　③　外傷の放置，心因性視力低下
④　不自然な傷・あざ，衣服を脱ぐことや診察を非常に怖がる
⑤　ひどいう蝕，歯の萌出の遅れ，口腔内の外傷(歯の破折や粘膜の損傷など)の放置，口腔内の不衛生
(2)　(ア)　B　　(イ)　身体的虐待による外傷…臀部や大腿内側など脂肪組織が豊富で柔らかいところ，頚部や腋窩などの引っ込んでいるところ，外陰部などの隠れているところに起こりやすい。
不慮の事故による外傷…骨張っているところ，例えば，額・鼻・顎・肘・膝など皮膚の直下に骨があって脂肪組織が少ない場所に起こりやすい。　(ウ)　Ⅰ　ウ　　Ⅱ　オ　　Ⅲ　エ　　Ⅳ　イ　　Ⅴ　ア

〈解説〉(1)　これらの症状や行動があるからといって必ずしも虐待があるとは限らないことに留意することが必要である。養護教諭は子どもの訴えに耳を傾け，子どもが発するサインを見逃さないようにするとともに，情報を総合的に評価して「虐待の疑い」の早期発見に努めることが大切である。　(2)　外傷の部位だけでなく，本人や保護者の受傷原因の説明と矛盾する外傷は，身体的虐待を強く疑う必要がある。そのためにも，時間経過に伴う挫傷(打撲傷)の色調変化を知っておくことが大切であり，外傷の発生時期に関する説明が挫傷の色調変化とあまりにもかけ離れているときは，虐待を疑う必要がある。

【5】ア　⑥　　イ　⑩　　ウ　⑨　　エ　①　　オ　④　　カ　③
　　　キ　⑫　　ク　⑦　　ケ　⑤　　コ　⑪
〈解説〉この単元では，ヘルスプロモーションの考え方を生かし，自らの健康を適切に管理すること及び環境を改善していくことが重要であることを理解できるようにするという目標がある。喫煙や飲酒は近年増加している生活習慣病の要因になることを学習し，生涯健康でありつづけるための知識を定着させることが重要である。

【6】①　自己形成　　②　依存　　③　耐性　　④　違法
　　　⑤　自立　　⑥　意志決定
〈解説〉近年の薬物乱用の特徴は低年齢化と女性への浸透といわれており，裏づけとして中・高校生の覚せい剤に関わる補導人員の急増と，その中での女子の占める割合の増加がデータとして挙がっている。学校では，薬物乱用とは，薬物を社会的な許容から逸脱した目的や方法で自己使用することや，使用も所持も禁止されており，1回の使用でも乱用に当たることを指導する。

【7】・歯・口の健康づくりに関する学習を通して，自らの健康課題を見つけ，それをよりよく解決する方法を工夫・実践し，評価して，生涯にわたって健康の保持増進ができるような資質や能力を育てる。

・歯・口の健康づくりの学習を通じて，友人や家族など他人の健康に
も気を配り，自他ともに健康であることの重要性が理解できるように
する。　・健康な社会づくりの重要性を認識し，歯・口の健康づくり
の活動を通じて，学校，家庭および地域社会の健康の保持増進に関す
る活動に進んで参加し，貢献できるようにする。

〈解説〉「学校歯科保健参考資料『生きる力』をはぐくむ学校での歯・口
の健康づくり」(文部科学省)を確認しておくこと。なぜ歯・口の健康
づくりに着目しているのかというと，一般に健康そのものに対する興
味や認識が低い子どもに，病気の実体が見えない生活習慣病を理解さ
せることは容易ではないからである。鏡を見ることによって体の状態
や変化を直接的に観察することができる歯や口は，子どもにとって極
めて貴重な学習教材となりうる。

2015年度　実施問題

【1】次の文は，「保健主事のための実務ハンドブック」(平成22年3月発行　文部科学省)の中で学校保健委員会について述べたものである。文中の(①)～(⑧)に入る最も適切な語句を下の(語群)の中のア～シから1つずつ選び，記号で答えよ。

学校保健委員会は，学校における健康の問題を(①)し，健康づくりを推進する組織である。したがって，様々な健康問題に対処するため，家庭，地域等の(②)を充実する観点から，学校と家庭，地域を結ぶ組織として学校保健委員会を機能させることが大切である。

学校保健委員会については，昭和33年の(③)等の施行に伴う文部省の通知において，(④)に規定すべき事項として位置付けられ，その後の各答申等においても設置の促進と運営の強化について提言されてきた。しかし，(⑤)かつ積極的に開催し，健康課題の解決に役立てている学校がある反面，学校保健委員会が設置されていない学校，設置されていてもほとんど開催されていない学校もある。

学校保健委員会は学校と家庭・地域を結ぶ機会であり，(⑥)が中心となり企画・運営に当たることが重要である。議題の選び方については，できるだけ(⑦)な議題に絞り，(⑧)をとらえ，その解決のための協議を行うようにする。

(語群)

ア	現状の課題	イ	学校保健法	ウ	実践
エ	環境衛生	オ	学校保健計画	カ	計画的
キ	具体的	ク	企画	ケ	研究協議
コ	教育力	サ	保健主事	シ	学校教育法

(☆☆☆☆◎◎◎)

【2】「学校環境衛生基準」(平成21年4月施行)に基づき，次の文中の
(①)〜(⑩)に入る最も適切な数値をア〜ウからそれぞれ1つず
つ選び，記号で答えよ。

(1)　教室内の騒音は，窓を閉じている時は，LAeqで①(ア　50
　　イ　75　　ウ　95)デシベル以下であることが望ましい。

(2)　普通教室における机上面照度の下限値は，②(ア　100
　　イ　300　　ウ　500)ルクスとする。黒板面は，③(ア　200
　　イ　300　　ウ　500)ルクス以上であることが望ましい。

(3)　プールの遊離残留塩素は，④(ア　0.1　　イ　0.2　　ウ　0.4)mg/l
　　以上であること。また，⑤(ア　1.0　　イ　1.5　　ウ　2.0)mg/l以下
　　であることが望ましい。pH値は，⑥(ア　0.8　　イ　2.8　　ウ　5.8)
　　以上，8.6以下であることが望ましい。

(4)　教室等の温度は，冬は⑦(ア　5　　イ　10　　ウ　15)℃以上，夏
　　は⑧(ア　28　　イ　30　　ウ　32)℃以下であることが望ましい。

(5)　教室の相対湿度は30％以上，⑨(ア　50　　イ　65　　ウ　80)％
　　以下であることが望ましい。

(6)　飲料水の水質については，給水栓水の遊離残留塩素が⑩(ア　0.1
　　イ　0.2　　ウ　0.3)mg/l以上保持されていなければいけない。

(☆☆☆◎◎◎◎◎)

【3】次の文は，平成20年1月の中央教育審議会答申「子どもの心身の健
　　康を守り，安全・安心を確保するために学校全体としての取組を進め
　　るための方策について」から，養護教諭の役割について述べたもので
　　ある。文中の(①)〜(⑨)に当てはまる適切な語句をあとの(語
　　群)の中のア〜サから1つずつ選び，記号で答えよ。ただし，同じ記号
　　は重複して使わないものとする。

　　養護教諭は学校保健活動の推進に当たって(①)な役割を果たし
　ており，現代的な健康課題の解決に向けて重要な責務を担っている。
　(中略)
　　深刻化する子どもの現代的な健康課題の解決に向けて，学級担任や

教科担任等と連携し，養護教諭の有する知識や技能などの専門性を
（　②　）に活用することがより求められていることから，学級活動な
どにおける（　③　）はもとより（　④　）を生かし，ティーム・ティーチ
ングや（　⑤　）を受け保健の領域にかかわる授業を行うなど（　⑥　）へ
の参画が増えており，養護教諭の（　②　）に果たす役割が増している。
(中略)

　養護教諭はその職務の特質からいじめや児童虐待などの（　⑦　）を
図ることが期待されており，国においても，これらの課題を抱える子
どもに対する対応や留意点などについて，養護教諭に最新の知見を提
供するなど，学校の取組を支援することが求められる。子どもの健康
づくりを効果的に推進するためには，学校保健活動のセンター的役割
を果たしている保健室の経営の充実を図ることが求められる。そのた
めには，養護教諭は（　⑧　）を立て，教職員に周知を図り（　⑨　）して
いくことが望まれる。

(語群)

ア	兼職発令	イ	保健室経営計画	ウ	保健指導
エ	未然防止・再発防止	オ	保健教育	カ	中核的
キ	早期発見・早期対応	ク	補助的	ケ	専門性
コ	保健学習	サ	連携		

(☆☆☆◎◎◎◎)

【4】感染症について，次の(1)～(5)の各問いに答えよ。

(1)　感染症成立のための三大要因と，主な感染経路4つを答えよ。

(2)　感染症予防の3原則の1つである「抵抗力を高める」ための方法に
ついて説明せよ。

(3)　インフルエンザについて，次の事例を読んで，あとの①，②の各
問いに答えよ。

＜小学5年生Aさんの事例＞

　　12月3日(水)に，Aさんは，体調不良のため昼休みに，保健室で
体温測定したところ，38.5℃あり，早退することになった。16時

ごろに母親と病院へ行き，検査をしたところインフルエンザと診断され，その日に病院で薬を内服した。熱は，12月6日(土)の13時ごろには下がり，その後発熱はみられなかった。

① インフルエンザの出席停止期間の基準は，「発症した後5日を経過し，かつ，解熱した後2日を経過するまで」とある。Aさんの場合，「発症した1日目」は，何月何日か，答えよ。

② Aさんが登校可能になる日は，何月何日か，答えよ。

(4) ノロウイルス感染症の吐物・下痢の処理に活用される消毒剤を答えよ。

(5) 次の文中の(①)〜(⑩)に当てはまる適切な語句をそれぞれ答えよ。ただし，(⑥)には適切な数字を答えよ。なお，設問の都合上，省略した箇所がある。

学校保健安全法施行規則

(感染症の種類)

第18条　2　第二種

（ ① ），百日咳，（ ② ），（ ③ ），風しん，水痘，

（ ④ ），結核及び（ ⑤ ）

学校保健安全法

(出席停止)

第(⑥)条(⑦)は，感染症にかかつており，かかつている疑いがあり，又はかかるおそれのある児童生徒等があるときは，政令で定めるところにより，(⑧)を停止させることができる。

(臨時休業)

第20条　(⑨)は，感染症の予防上必要があるときは，臨時に，(⑩)の全部又は一部の休業を行うことができる。

(☆☆☆○○○○○)

116

【5】熱中症について，次の(1)〜(3)の各問いに答えよ。

(1) 次の表1は，「熱中症の症状と重症度分類」を表したものである。それぞれの症状から見た診断について，①〜③に当てはまる適切な語句をそれぞれ答えよ。(熱中症 環境マニュアル 2014 環境省)

<表1：熱中症の症状と重症度分類>

分類	症状	症状から見た診断	重症度
Ⅰ度	めまい・失神 「立ちくらみ」という状態で、脳への血流が瞬間的に不充分になったことを示し、"熱失神"と呼ぶこともあります。 筋肉痛・筋肉の硬直 筋肉の「こむら返り」のことで、その部分の痛みを伴います。発汗に伴う塩分（ナトリウムなど）の欠乏により生じます。 手足のしびれ・気分の不快	熱ストレス（総称） 熱失神 ① 	
Ⅱ度	頭痛・吐き気・嘔吐・倦怠感・虚脱感 体がぐったりする、力が入らないなどがあり、「いつもと様子が違う」程度のごく軽い意識障害を認めることがあります。	②	
Ⅲ度	Ⅱ度の症状に加え、 意識障害・けいれん・手足の運動障害 呼びかけや刺激への反応がおかしい、体にガクガクとひきつけがある（全身のけいれん）、真直ぐ走れない・歩けないなど。 高体温 体に触ると熱いという感触です。 肝機能異常、腎機能障害、血液凝固障害 これらは、医療機関での採血により判明します。	③	

(2) 熱中症の対処法の1つとして，「体を冷やすこと」がある。氷のうなどで「体を冷やす」時に，最も効果的な体の部位を3つ答えよ。

(3) 熱中症の悪化を防ぐには水分・塩分の補給も必須であるが，意識がもうろうとしているときは，水分・塩分は無理に補給しない方がよいと言われている。その理由を簡潔に答えよ。

(☆☆☆○○○○○)

【6】救急蘇生法やけがの手当について，適切な対処法を次の①〜⑦から3つ選び，番号で答えよ。

① 傷病者が倒れていたが，呼吸が正常だったため，傷病者の気道を確保し，仰臥位にして救急隊の到着を待った。

② 捻挫や打撲をしたとき，長時間の冷却は効果的な処置であるため，30分以上続けて冷やすことが必要である。

③ やけどで水疱(水ぶくれ)ができた場合は，水疱があると傷が治りにくいので，水泡はつぶし，そっと患部を冷却し，ガーゼなどで覆

い医師の診察を受ける。

④　心肺蘇生法の胸骨圧迫は，傷病者の胸が少なくとも5cm沈み込むように強く速く圧迫を繰り返します。小児は，両手または片手で，胸の厚さの約$\frac{1}{3}$沈み込む程度に圧迫する。

⑤　溺水者など傷病者の胸がぬれている場合，AEDの電極パッドを肌に貼り付けるときには，乾いたタオル等で胸を拭いてから行う。

⑥　けいれんしている傷病者に対して，舌を噛むことを予防するために口の中に物をいれることは効果的である。

⑦　抜け落ちた歯は，生理食塩水や他の貯蔵液で保存するよりも，牛乳で保存したほうが再生着しやすいとされている。

(☆☆☆☆◎◎◎◎)

【7】学校のアレルギー疾患について，次の(1)，(2)の各問いに答えよ。

(1)　次の表2は，「各アレルギー疾患と関連が深い学校での活動について」に関するものである。表2では，「注意を要する活動」は○，「時に注意を要する活動」は△，「特に問題がない活動」は空欄となっている。表中の①～⑧の中で「注意を要する活動」であると考えられる番号をすべて選び，答えよ。(学校のアレルギー疾患に対する取り組みガイドライン：日本学校保健会　平成20年3月)

＜表2：各アレルギー疾患と関連が深い学校での活動について＞

○：「注意を要する活動」　　△：「時に注意を要する活動」

	気管支ぜん息	アトピー性皮膚炎	アレルギー性結膜炎	食物アレルギー・アナフィラキシー	アレルギー性鼻炎
動物との接触を伴う活動	○	○	○	①	○
花粉・ホコリの舞う環境での活動	○	○	○		②
長時間の屋外活動	○	○	○		○
運動(体育・クラブ活動等)	○	○	③	△	△
プール	△	④	○	△	
給食	⑤	△		⑥	
食物・食材を扱う授業・活動		△		○	
宿泊を伴う校外活動	⑦	○	⑧	○	○

(2)　次の文中の①～⑥にあてはまる語句を答えよ。また，下線(A)については体位の名称を，下線(B)についてはその対処法を行う理由

118

について答えよ。

食物によるアナフィラキシーの定義とは，アレルギー反応により，じんましんなどの（　①　）症状，腹痛や嘔吐などの（　②　）症状，ゼーゼー，息苦しさなどの（　③　）症状が複数同時にかつ急激に出現した状態を言う。その中でも（　④　）が低下し，意識の低下や脱力を来すような場合を特に（　⑤　）と呼び，直ちに対応しないと生命にかかわる重篤な状態であることを意味する。

具体的な治療は重症度によって異なるが，意識の障害がみられる重症の場合には，まず適切な場所に(A)足を頭より高く上げた体位で寝かせ，(B)顔を横向きにする。そして，意識状態や呼吸，心拍の状態，皮膚色の状態を確認しながら必要に応じ一次救命措置を行い，医療機関への搬送を急ぐ。（　⑥　）自己注射薬(エピペン：商品名)を携行している場合は，できるだけ早期に注射することが効果的である。

(☆☆☆☆◎◎◎◎)

解答・解説

【1】①　ケ　②　コ　③　イ　④　オ　⑤　カ　⑥　サ　⑦　キ　⑧　ア

〈解説〉学校保健委員会と合わせて保健主事についてもまとめておくとよい。保健主事は学校教育法施行規則第45条第1項で小学校に置くことが定められている。また，中学校，高等学校，中等教育学校，特別支援学校等にもこの条文を準用して保健主事が置かれる。おもな職務は学校保健と学校全体の活動に関する調整や学校保健計画の作成，学校保健に関する組織活動の推進など学校保健に関する事項の管理であり，その果たす役割はますます大きくなっている。

【２】①　ア　②　イ　③　ウ　④　ウ　⑤　ア　⑥　ウ
　　　⑦　イ　⑧　イ　⑨　ウ　⑩　ア

〈解説〉「学校環境衛生基準」(平成21年4月施行)に示された検査項目や基準値は頻出なので，よく覚えておこう。なかでも「第1　教室等の環境に係る学校環境衛生基準」や「第4　水泳プールに係る学校環境衛生基準」，「第5　日常における環境衛生に係る学校環境衛生基準」はよく出題される。また，「学校環境衛生基準」の解説書にあたる「学校環境衛生管理マニュアル」(平成22年3月発行　文部科学省)からもよく出題されるので，あわせておさえておきたい。

【３】①　カ　②　オ　③　ウ　④　ケ　⑤　ア　⑥　コ
　　　⑦　キ　⑧　イ　⑨　サ

〈解説〉平成20年1月の中央教育審議会答申「子どもの心身の健康を守り，安全・安心を確保するために学校全体としての取組を進めるための方策について」は，学校保健，食育・学校給食，学校安全に関する諸課題について方策を取りまとめたものである。学校においては，校長のリーダーシップのもと，養護教諭をはじめ，学級担任，学校医，スクールカウンセラーなどの学校関係者はもとより，家庭や地域社会，関係機関とも連携して取り組みを推進していくことが求められている。

【４】(1)　要因…病原体，感染経路，感受性宿主　　感染経路…空気感染，飛沫感染，接触感染，経口感染(糞口感染)　　(2)　解略
　　(3)　①　12月4日　②　12月9日　(4)　塩素系消毒(次亜塩素酸ナトリウム)　(5)　①　インフルエンザ　②　麻しん(麻疹)
　　③　流行性耳下腺炎　④　咽頭結膜熱　⑤　髄膜炎菌性髄膜炎
　　⑥　19　⑦　校長　⑧　出席　⑨　学校の設置者　⑩　学校

〈解説〉(2)　「学校において予防すべき感染症の解説」(平成25年3月発行文部科学省)であげられている感染症予防の3原則は，「消毒や殺菌等により感染源をなくすこと」(感染源対策)，「手洗いや食品の衛生管理など周囲の環境を衛生的に保つことにより感染経路を遮断すること」(感

染経路対策),「栄養バランスがとれた食事，規則正しい生活習慣，適度な運動，予防接種などをして体の抵抗力を高めること」(感受性対策)である。　(3)　①　「発症した後5日を経過し，かつ，解熱した後2日を経過するまで」とは「発症した」という現象が見られた日の翌日を第1日として算定するので，間違えないようにしよう。

(4)　吐物の処理の仕方についてもよく出題されるので，処理の流れをまとめておくとよい。　(5)　学校保健安全法施行規則第18条に示されている感染症については，病原体，潜伏期間，感染経路・感染期間，症状・予後，診断などをおさえたうえで，必ず同法施行規則第19条に示されている感染症の種類ごとの出席停止の期間とともに覚えておくこと。

【5】(1)　①　熱けいれん　　②　熱疲労(熱ひはい)　　③　熱射病
(2)　首，腋の下，太もものつけ根(そ径部)　　(3)　誤嚥をおこす危険があるから

〈解説〉(1)　熱中症は，重症の場合死亡することもあるので，症状が軽いうちに応急処置をすることが求められる。若年者の熱中症は学校で発症することが多いので，表1で示された代表的症状を常に念頭におき，適時に適切に処置できるようにしたい。　(2)　氷のうなどで首(前頸部)の両側，腋の下(腋窩部)，太もものつけ根(そ径部)の前面，股関節部に当てて，皮膚の直下を流れている血液を冷やすことが有効である。　(3)　呼びかけや刺激に対する反応がおかしい，あるいは意識障害がある(応えない)時には，誤って水分が気道に流れ込む可能性がある。また，吐いたり吐き気を訴えたりする場合は，病院での点滴が必要になるので，速やかに医療機関に搬送することが大切である。

【６】④，⑤，⑦

〈解説〉①　仰臥位ではなく回復体位をとる。　②　長時間の冷却は皮膚や神経を痛める原因となるので，20分以上続けて冷やすことは避ける。③　水疱は傷口を保護する効果ももっているので，つぶさずにガーゼなどで覆ったまま医師の診察を受ける必要がある。　⑥　舌を噛むことを予防する目的で口の中に物をいれることは効果がなく，かえって歯の損傷や窒息の原因となる。発作中は怪我を防止するため，家具の角や階段などの危険な場所から傷病者を遠ざける必要がある。

【７】(1)　②，④，⑥，⑦，⑧　　(2)　①　皮膚　　②　消化器
③　呼吸器　　④　血圧　　⑤　アナフィラキシーショック
⑥　アドレナリン　　Ａ　ショック体位(足高仰臥位)　　Ｂ　嘔吐に備えるため

〈解説〉(1)　アレルギーの問題は頻出なので，各アレルギー疾患の特徴をよくつかんでおく必要がある。なお，①と⑤は「特に問題がない活動」，③は「時に注意を要する活動」である。　(2)　アナフィラキシー症状は急激に進行することが多いので，最低でも1時間(理想的には4時間)は経過を追う必要がある。経過を追う時には，片時も目を離さないことと，症状の進展がなく改善しているかということを確認しなくてはならない。

2014年度　実施問題

【1】次の文は，学校保健安全法の抜粋である。この条文について，以下の(1)～(4)の各問いに答えよ。

（　①　）

第9条　養護教諭その他の職員は，（　②　）に連携して，（　③　）又は児童生徒等の健康状態の（　④　）により，児童生徒等の（　⑤　）を把握し，健康上の問題があると認めるときは，（　⑥　），該当児童生徒等に対して必要な指導を行うとともに，必要に応じ，その（　⑦　）(学校教育法第16条に規定する（　⑦　）をいう。第24条及び第30条において同じ。)に対して必要な（　⑧　）を行うものとする。

(地域の[　a　]等との連携)

第10条　学校においては，[　b　]，（　③　）又は（　①　）を行うに当たっては，必要に応じ，当該学校の所在する地域の[　a　]その他の[　c　]との連携を図るよう努めるものとする。

((　⑨　)対処要領の作成等)

第29条　学校においては，児童生徒等の安全の確保を図るため，当該学校の実情に応じて，（　⑨　）において当該学校の職員がとるべき措置の具体的内容及び手順を定めた対処要領(次項において「（　⑨　）対処要領」という。)を作成するものとする。

3　学校においては，事故等により児童生徒等に危害が生じた場合において，当該児童生徒等及び当該事故等により（　⑩　）その他の（　⑪　）に対する影響を受けた児童生徒等その他の関係者の（　⑪　）を回復させるため，これらの者に対して必要な（　⑫　）を行うものとする。この場合においては，第10条の規定を準用する。

(1)　上の文中の（　①　）～（　⑫　）に当てはまる語句を，次の(語群)の中のア～トからそれぞれ1つずつ選び，記号で答えよ。

(語群)

ア	健康観察	イ	心身の状況	ウ	遅滞なく
エ	保健指導	オ	事故等発生時	カ	日常的な観察
キ	教師	ク	心身の健康	ケ	指導
コ	心理的外傷	サ	安全点検	シ	支援
ス	学校保健計画	セ	学校安全計画	ソ	助言
タ	危険等発生時	チ	相互	ツ	健康相談
テ	保護者	ト	定期的な観察		

(2) 文中の[　a　]〜[　c　]に当てはまる語句を漢字で記せ。

(3) 学校安全における養護教諭の役割を簡潔に記せ。

(4) 学校における健康観察の目的を簡潔に3つ記せ。

(☆☆◎◎◎◎)

【2】2010年に改訂された「心肺蘇生法ガイドライン2010」の改訂のポイントとして適切なものを次の①〜⑤から3つ選べ。

① 救助者は少なくとも3cmの深さで，1分間当たり少なくとも80回のテンポで胸骨圧迫からCPRを行う。

② 救助者は，反応が見られず，呼吸をしていない，あるいは死戦期呼吸のある傷病者に対しては，直ちにCPRを開始する。

③ 訓練を受けた救助者は，胸骨圧迫と人工呼吸を30：1の比で行う。

④ 心停止と判断した場合，救助者は，気道確保や人工呼吸より先に胸骨圧迫からCPRを開始する。

⑤ 通信司令員は，訓練を受けていない救助者に対して電話で胸骨圧迫のみのCPRを指導する。

(☆☆☆◎◎◎)

【3】学校における救急処置の目的と特質についてそれぞれ説明せよ。

(☆☆☆◎◎◎)

【4】感染症の予防と対応について，次の(1)，(2)の問いに答えよ。

(1)　感染症予防の3原則について簡潔に説明せよ。

(2)　学校保健安全法施行規則の一部改正(平成24年4月1日施行)により，学校において予防すべき感染症の種類及び出席停止の期間の基準が改正された。次の①〜⑤に適切な語句または文を入れて，表を完成させよ。

感 染 症 の 種 類	出 席 停 止 期 間 の 基 準	
	改　正　前	改　正　後
インフルエンザ（※）	解熱した後2日を経過するまで	①
②	特有の咳が消失するまで	③
流行性耳下腺炎（おたふくかぜ）	④	耳下腺、顎下腺又は舌下腺の腫脹が発現した後5日を経過し、かつ、全身状態が良好になるまで
髄膜炎菌性髄膜炎	－	⑤

※　鳥インフルエンザ（H5N1）及び新型インフルエンザ等感染症を除く。

(☆☆☆☆◎◎◎)

【5】次の各文は，小学校学習指導要領(平成20年3月告示)「第5学年及び第6学年」「2　内容」「G　保健」，中学校学習指導要領(平成20年3月告示)「保健分野」「2　内容」，高等学校学習指導要領(平成21年3月告示)「保健」「2　内容」から抜粋し，①〜⑦の番号をふったものである。それぞれどの校種で学習する内容か，小学校の場合は小，中学校の場合は中，高等学校の場合は高と書いて答えよ。

①　交通事故や身の回りの生活の危険が原因となって起こるけがの防止には，周囲の危険に気付くこと，的確な判断の下に安全に行動すること，環境を安全に整えることが必要であること。

②　適切な応急手当は傷害や疾病の悪化を軽減できること。応急手当には，正しい手順や方法があること。また，心肺蘇生等の応急手当は，傷害や疾病によって身体が時間の経過とともに損なわれていく場合があることから，速やかに行う必要があること。

③　精神と身体は，相互に影響を与え，かかわっていること。欲求やストレスは，心身に影響を与えることがあること。また，心の健康を保つためには，欲求やストレスに適切に対処する必要があること。

④ 思春期には，内分泌の働きによって生殖にかかわる機能が成熟すること。また，成熟に伴う変化に対応した適切な行動が必要となること。

⑤ 不安や悩みへの対処には，大人や友達に相談する，仲間と遊ぶ，運動をするなどいろいろな方法があること。

⑥ 精神の健康を保持増進するには，欲求やストレスに適切に対処するとともに，自己実現を図るよう努力していくことが重要であること。

⑦ 個人の健康は，健康を保持増進するための社会の取組と密接なかかわりがあること。

(☆☆☆◎◎◎◎)

【6】児童生徒の健康診断について，次の(1)～(4)の各問いに答えよ。

(1) 平成15年度から色覚の検査は，幼児，児童，生徒及び学生の定期健康診断における必須項目から削除されたが，その理由を簡潔に記せ。また，それに伴って学校で留意すべき事項について記せ。

(2) 学校保健安全法施行規則の一部改正(平成24年4月1日施行)により，小・中学校の定期健康診断における結核検診について改正された。改正の概要を記せ。

(3) 学校保健安全法施行規則第10条では臨時の健康診断について「法第13条第2項　健康診断は，次に掲げるような場合で必要があるとき必要な検査の項目について行うものとする。」としている。次に掲げるような場合とはどのような場合かについて，5つ記せ。

(4) 脊柱側わんのスクリーニングの方法は，機器によるもの以外に，図に示すような視診法がある。①～④の視診のポイントについて記せ。

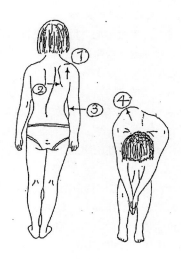

(☆☆☆☆◎◎◎◎)

解答・解説

【1】(1) ① エ ② チ ③ ツ ④ カ ⑤ イ
⑥ ウ ⑦ テ ⑧ ソ ⑨ タ ⑩ コ ⑪ ク
⑫ シ (2) a 医療機関 b 救急処置 c 関係機関
(3) (例) 心理的外傷その他の心身の健康に対する影響を受けた児童
生徒等その他の関係者の心身の健康を回復させるため，これらの者に
対して必要な支援を行う。 (4) (例) ・子どもの心身の健康問題の
早期発見・早期対応を図る。 ・感染症や食中毒などの集団発生状況
を把握し，感染の拡大防止や予防を図る。 ・継続的な実施によって，
子どもに自他の健康に興味・関心を持たせ自己管理能力の育成を図
る。
〈解説〉(1)(2) 平成21年4月に施行された学校保健安全法では，「健康観

察」「養護教諭その他の職員による保健指導」等が新たに位置づけられ，その充実が図られた。また，事故・加害行為・災害への学校の対応等の規定も加えられた。学校保健及び学校安全の関係法令については，養護教諭の果たす役割と関連付けながらしっかり押さえておく必要がある。　(3)　近年，事件・事故や自然災害等が多発しており，学校における心のケアは，慎重かつ適切な対応が求められている。「子どものこころのケアのために－災害や事件・事故発生時を中心に－(平成22年7月　文部科学省)」では，心の健康問題への対応における養護教諭の役割が示されている。主なポイントとしては，「子どもの心身の健康問題の解決に向けて中核として校長を助け円滑な対応に努める。」「学級担任と連携した組織的な健康観察，健康相談，保健指導を行う。」「子どもの心身の健康状態を日頃から的確に把握し，問題の早期発見早期対応に努める」「子どもが相談しやすい保健室の環境づくりに努める」などが挙げられる。　(4)　中央教育審議会答申(平成20年1月)「子どもの心身の健康を守り，安全・安心を確保するために学校全体の取組を進めるための方策について」で，健康観察の重要性が述べられている。「健康観察は，学級担任，養護教諭などが子どもの体調不良や欠席・遅刻などの日常的な心身の健康状態を把握することにより，感染症や心の健康課題などの心身の変化について早期発見・早期対応を図るために行われるものである。また，子どもに自他の健康に興味・関心を持たせ，自己管理能力の育成を図ることなどを目的として行われるものである。」文部科学省が作成した「教職員のための子どもの健康観察の方法と問題への対応(平成21年3月)」も確認しておこう。

【2】②　④　⑤

〈解説〉心肺蘇生法は5年ごとに見直しが行われ，現在はガイドライン2010が最新のものである。改訂の主なポイントは，従来の「見て，聞いて，感じて」の呼吸確認のやり方が削除されたこと，人工呼吸と胸骨圧迫の順番の入れ替えである。①は「救助者は少なくとも5cmの深さで，1分間当たり少なくとも100回のテンポで胸骨圧迫を行う。」が正しく，③は「訓練を受けた救助者は，胸骨圧迫と人工呼吸を30：2の比で行う。」が正しい。

【3】目的：子どもの生命を守り，心身の安全を図ること。　　特質：学校は教育機関であって医療機関ではないため，学校における救急処置は医療機関での処置が行われるまでの応急的なものである。

救急処置とあわせて，発達段階に即した疾病やけがに関する児童生徒への保健指導を行う。

〈解説〉学校における救急処置は，医師・医療機関に引き渡すまでの処置，医療の対象にならない程度の傷病の処置の範囲で行われる。児童生徒の生命を守り，傷病の悪化を防ぐことはもとより，救急処置を通して行われる保健指導によって，傷病災害へ対しての対処能力の育成，再発防止への知識や能力を習得させるといった教育的意義がある。

【4】(1)　(例) 感染予防の三原則とは，感染者の早期発見・早期対応や適切な消毒を行う感染源対策，手洗いやうがいの励行により感染源の体内への侵入経路を遮断する感染経路対策，十分な睡眠や栄養，予防接種で体の抵抗力を高める感受性者対策である。　(2)　①　発症した後(発熱の翌日を1日として)5日を経過し，かつ解熱した後2日(幼児は3日)を経過するまで　②　百日咳　③　特有の咳が消失するまで又は5日間の適正な抗菌性物質製剤による治療が終了するまで　④　耳下腺の腫脹が消失するまで　⑤　病状により学校医(その他の医師も可)等において感染の恐れがないと認めるまで

〈解説〉学校で予防すべき感染症について定めた，学校保健安全法施行規

則第18条および第19条に関する問題は頻出である。特に第2種の感染症は，「飛沫感染するもので，児童生徒等の罹患が多く，学校において流行を広げる可能性が高い感染症」であるため，確実に覚えておこう。第2種の感染症は，インフルエンザ，百日咳，麻しん，流行性耳下腺炎，風しん，水痘，咽頭結膜熱，結核，髄膜炎菌性髄膜炎である。麻しんの出席停止期間は，「解熱した後3日を経過するまで」，水痘は「すべての発しんが痂皮化するまで」，咽頭結膜熱は「主要症状が消退した後2日を経過するまで」，結核は「病状により学校医その他の医師において感染のおそれがないと認めるまで」である。

【5】①　小　　②　高　　③　中　　④　中　　⑤　小　　⑥　高
　　　⑦　中
〈解説〉小学校指導要領「第5学年及び第6学年」「2　内容」「G　保健」では，「(1)心の健康」「(2)けがの防止」「(3)病気の予防」を取り扱う。①は(2)，⑤は(1)の学習内容である。中学校学習指導要領「保健分野」「2　内容」では，第1学年で「(1)心身の機能の発達と心の健康」，第2学年で「(2)健康と環境」「(3)傷害の防止」，第3学年で「(4)健康な生活と疾病の予防」を取り扱う。③及び④は(1)，⑦は(4)の学習内容である。高等学校学習指導要領「保健」「2　内容」では，「(1)現代社会と健康」「(2)生涯を通じる健康」「(3)社会生活と健康」を取り扱う。②及び⑥は(1)の学習内容である。保健分野で取り扱う内容に加えて，各分野の学習目標や留意点についても，それぞれ学習指導要領解説で確認しよう。

【6】(1)　(例)　理由：色覚検査によって異常と判断される者であっても，大半は支障なく学校生活を送ることが可能であるから。　留意すべき事項：学校医による健康相談において，色覚に不安を覚える児童生徒及び保護者に対し，事前の同意を得て個別に検査，指導を行うなど，必要に応じ，適切な対応ができる体制を整える。また，教職員は色覚について正確な知識をもち，常に色覚異常を有する児童生徒がいることを意識して，色による識別に頼った表示方法をしないなど，学習指

導，生活指導，進路指導において，色覚異常について配慮を行うとともに，適切に指導する。　(2)　児童生徒の定期健康診断における結核の有無の検査に関して，教育委員会に設置された結核対策委員会からの意見を聞かずに，精密検査を行うことができることとした。

(3)　・感染症または食中毒の発生したとき。　・風水害により感染症の発生のおそれがあるとき。　・夏季における休業日の直前または直後。　・結核，寄生虫病その他の疾病の有無について検査を行う必要のあるとき。　・卒業のとき。　(4)　①　両肩の高さ　②　両肩甲骨の高さ，突出　③　脇線の非対称　④　前屈テストによる肋骨隆起，腰部隆起

〈解説〉(1)　学校保健法施行規則の一部改正(平成14年3月)により，平成15年から定期健康診断における色覚検査が廃止された。廃止理由として，「色覚異常についての知見の蓄積により，色覚検査において異常と判別される者であっても，大半は支障なく学校生活を送ることが可能であることが明らかになってきていること，これまで，色覚異常を有する児童生徒への配慮を指導してきていることを考慮し，色覚の検査を必須の項目から削除したこと。」と述べられている。色覚に不安を覚える児童生徒に対しての個別の検査や指導を行う際には，保護者から事前の同意を得るとともに，プライバシーの保護に留意する必要がある。　(2)　学校保健安全法施行規則第7条第5項第3号では，「第1号の問診を踏まえて学校医その他の担当の医師において必要と認めるものであつて，当該者の在学する学校の設置者において必要と認めるものに対しては，胸部エックス線検査，喀痰検査その他の必要な検査を行うものとする。」とされている。学校保健安全法施行規則の一部改正(平成24年4月1日施行)により，結核対策委員会の意見を聞かずに，精密検査を行うことができる(学校医が直接精密検査を支持することができる)とした。　(3)　解答にある5つの場合は主な例示である。これ以外の場合でも，必要があるときは臨時の健康診断を行うものとされている。考えられる場合としては，歯及び口腔の定期の健康診断で，CO(要観察歯)，GO(歯周疾患要観察者)の児童生徒を対象に，その後の

経過を把握し，指導や管理に役立てるために行うなどが挙げられる。

(4)　脊柱側わん症を中心とする脊柱検査は昭和54年から行われている。側わん症は，心肺機能障害や腰背痛等の器質的な障害だけでなく，外見的な不安や悩みを引き起こす原因となりうるため，学校検診における早期発見・早期治療による予防や進行防止のために実施されている。

2013年度　実施問題

【1】次の文は，中学校学習指導要領(平成20年3月告示)の総則の一部である。文中の(①)～(⑩)にあてはまる語句を下の〈語群〉の中のア～セからそれぞれ1つずつ選び，記号で答えよ。ただし，同じ番号には同じ語句が入るものとする。

　　学校における体育・健康に関する指導は，生徒の(①)を考慮して，学校の(②)を通じて適切に行うものとする。特に，学校における(③)の推進並びに(④)の向上に関する指導，(⑤)に関する指導及び心身の健康の保持増進に関する指導については，保健体育科の時間はもとより，(⑥)，(⑦)などにおいてもそれぞれの特質に応じて適切に行うよう努めることとする。また，それらの指導を通して，家庭や(⑧)との連携を図りながら，日常生活において適切な体育・健康に関する活動の実践を促し，(⑨)を通じて健康・(⑤)で活力ある生活を送るための(⑩)が培われるよう配慮しなければならない。

　〈語群〉

ア	特別活動	イ	体力	ウ	教育活動全体
エ	食育	オ	安全	カ	地域社会
キ	基礎	ク	道徳	ケ	実態
コ	理科	サ	技術・家庭科	シ	基本
ス	発達の段階	セ	生涯		

(☆☆◎◎◎◎)

【2】次の(1)～(5)は法令の条文である。それぞれについて，下線部①～⑤の下線部分が正しければ○印を，間違っていれば，正しい語句あるいは数字を，また，A～Eには，これを定めている法令の名称を記せ。

(1)　この法律において「発達障害者」とは，発達障害を有するために日常生活又は社会生活に制限を受ける者をいい，「発達障害児」と

は，発達障害者のうち①15歳未満のものをいう。

A　〔　　〕第2条2項

(2)　②市町村の教育委員会は，翌学年の初めから15日前までに，就学時健康診断票を就学時の健康診断を受けた者の入学する学校の校長に送付しなければならない。

B　〔　　〕第4条2項

(3)　災害共済給付を受ける権利は，その給付事由が生じた日から③3年間行わないときは，時効によって消滅する。

C　〔　　〕第32条

(4)　養護教諭の免許状を有する者(④2年以上養護をつかさどる主幹教諭又は養護教諭として勤務したことがある者に限る。)で養護をつかさどる主幹教諭又は養護教諭として勤務しているものは，当分の間，第3条の規定にかかわらず，その勤務する学校(幼稚園を除く。)において，保健の教科の領域に係る事項(小学校又は特別支援学校の小学部にあつては，体育の教科の領域の一部に係る事項で文部科学省令で定めるもの)の教授を担任する教諭又は講師となることができる。

D　〔　　〕附則15

(5)　学校には，その学校の目的を実現するために必要な校地，校舎，校具，運動場，図書館又は図書室，⑤保健室その他の設備を設けなければならない。

E　〔　　〕第1条

(☆☆◎◎◎◎)

【3】児童生徒等の定期健康診断の方法及び技術的基準について適切ではないものを，次のア〜エから1つ選び，記号で答えよ。

　ア　尿は，尿中の蛋白，糖等について試験紙法により検査する。ただし，幼稚園(特別支援学校の幼稚部を含む。)においては，糖の検査を除くことができる。

　イ　心臓の疾病及び異常の有無は，心電図検査その他の臨床医学的検

査によつて検査するものとする。ただし，幼稚園(特別支援学校の幼稚部を含む。)の全幼児，小学校の第2学年以上の児童，中学校及び高等学校の第2学年以上の生徒，高等専門学校の第2学年以上の学生並びに大学の全学生については，心電図検査を除くことができる。

ウ　結核の有無についての検査は，問診を踏まえて学校医その他の医師において必要と認める者であつて，必ず結核に関し専門的知識を有する者等の意見を聴取し，当該者の在学する学校の設置者において必要と認める者に対しては，胸部エックス線検査，喀痰検査その他の必要な検査を行うものとする。

エ　寄生虫卵の有無は，直接塗抹法によつて検査するものとし，特に十二指腸虫卵又は蟯虫卵の有無の検査を行う場合は，十二指腸虫卵にあつては集卵法により，蟯虫卵にあつてはセロハンテープ法によるものとする。

(☆☆☆◎◎◎)

【4】次の文は，「生徒指導提要」(平成22年3月　文部科学省)の中の，「第5章　教育相談　4　養護教諭が行う教育相談」の抜粋である。この文を読んで，あとの(1)～(3)の各問いに答えよ。

　養護教諭の職務は，救急処置，健康診断，疾病予防などの保健管理，保健教育，健康相談，[　①　]，保健組織活動など多岐にわたります。養護教諭の職務の特質は，[　②　]を対象としており，入学時から経年的に児童生徒の[　③　]を見ることができることや職務の多くは学級担任・ホームルーム担任をはじめとする教職員，[　④　]等との連携のもとに遂行されることなどです。また，活動の中心となる保健室は，だれでもいつでも利用でき，児童生徒にとっては安心して[　⑤　]人がいる場所でもあります。

　そのため，保健室には，心身の不調を訴えて頻回に保健室に来室する者，いじめや虐待が疑われる者，不登校傾向者，非行や性的な問題行動を繰り返す者など，様々な問題を抱えている児童生徒が来室します。

　養護教諭は，このような問題を抱えている児童生徒と日常的に保健室でかかわる機会が多いため，そのような機会やA健康相談を通して，問題の[　⑥　]に努めることが重要です。

〈中略〉

【留意点】

　養護教諭が教育相談的役割を果たすためには以下のような点に留意することが必要です。

[　B　]

(1)　[　①　]〜[　⑥　]にあてはまる言葉を記せ。

(2)　[　B　]に記載されている文として，適切なものを，次のア〜エからすべて選び，記号で答えよ。

　ア　保健室では守秘義務を厳守し，必要なときは，学級担任・ホームルーム担任等と連携する。

　イ　教職員や管理職と日ごろからコミュニケーションをよく図る。

　ウ　養護教諭の教育相談的役割や児童生徒が保健室を利用した場合の養護教諭と学級担任・ホームルーム担任の連絡の在り方等について共通理解を図る。

　エ　職員会議で保健室からの事例を取り上げる。

(3)　下線部Aについて，養護教諭が健康相談を実施するに当たり，最も留意しなければならない点を簡潔に記せ。

(☆☆☆☆◎◎)

【5】血液について，以下の(1)〜(3)の各問いに答えよ。

(1)　次の血液の成分である血球①〜③のそれぞれの機能について当てはまるものを，あとの〈語群〉の中のア〜カからそれぞれ1つずつ選び，記号で答えよ。

　①　赤血球

　②　白血球

　③　血小板

〈語群〉

ア　浸透圧調節，pHの調節，興奮性維持

イ　感染防御・異物処理，抗体産生

ウ　血圧調節，体温調節，物質運搬

エ　O_2とCO_2の運搬，pHの調節

オ　栄養物，浸透圧

カ　血液凝固

(2)　赤血球について説明している次の文中の[　①　]～[　③　]には当てはまる語句を記し，(　a　)～(　c　)にはあてはまる数字を下の〈語群〉の中のア～キからそれぞれ1つずつ選び，記号で答えよ。ただし，同じ番号には同じ語句が入るものとする。

　　赤血球は[　①　]でつくられ，血液のほぼ(　a　)％を占めています。平均寿命はほぼ(　b　)日で，毎日約(　c　)億個もつくられます。そして，赤血球は最後には[　②　]と[　③　]で小さな分子に分解されてしまいます。古い赤血球の大部分は[　②　]で壊され，[　②　]で壊されなかった細胞は[　③　]で壊されます。

〈語群〉

ア　80　イ　200　ウ　120　エ　550　オ　45　カ　25　キ　10

(3)　血液型がA型の男性とAB型の女性の間に子どもが生まれた場合，子どもの血液型として可能性のあるものをすべて記せ。

(☆☆☆◎◎◎)

【6】学校における感染症対策について，以下の(1)～(3)の各問いに答えよ。

(1)　学校における結核対策マニュアル(平成24年3月　文部科学省)では，学校における結核対策について，重要なことは(　①　)，(　②　)，(　③　)の三方向からの対策の充実・強化であると示している。(　①　)～(　③　)にあてはまる言葉を記せ。

(2)　麻しんの児童生徒が1名発生した場合，学校として迅速に連絡をとることが必要な関係者・関係機関を3つ記せ。

(3) 学校保健安全法施行規則第19条第3項に示されている「髄膜炎菌性髄膜炎」の出席停止の期間の基準を記せ。

(☆☆☆◎◎◎)

【7】学校環境衛生基準について，以下の(1)～(4)の各問いに答えよ。

(1) 日常における環境衛生に係る学校環境衛生基準の一部を示した次の表中の(①)～(⑤)にあてはまる言葉，または数字を記せ。ただし，同じ番号には同じものが入るものとする。

検査項目		基準
教室等の環境	(①)	ア　外部から教室に入ったとき，不快な刺激や臭気がないこと イ　(①)が適切に行われていること
	温度	(②)℃以上，(③)℃以下であることが望ましい
	(④)	ア　黒板面や机上等の文字，図形等がよく見える明るさがあること イ　黒板面，机上面及びその周辺に見え方を邪魔するまぶしさがないこと ウ　黒板面に光るような箇所がないこと
	騒音	学習指導のための(⑤)等が聞き取りにくいことがないこと

(2) 日常点検について説明した次の文中の(①)に当てはまる言葉を記せ。

日常点検は，点検すべき事項について，毎授業日の授業開始時，授業中，又は授業終了時等などにおいて，主として(①)にその環境を点検し，必要に応じて事後措置を講じるためのものである。

(3) 学校環境衛生基準では，学校においては，次のような場合，必要があるときは，臨時に必要な検査を行うものと示されている。次の文中の(①)～(③)にあてはまる語句を記せ。

・感染症又は(①)の発生のおそれがあり，また，発生したとき
・風水害等により(②)が不潔になり又は汚染され，感染症の発生のおそれがあるとき
・新築，改築，改修等及び机，いす，コンピュータ等新たな学校用備品の搬入等により(③)の発生のおそれがあるとき
・その他必要なとき

(4) 定期及び臨時に行う検査に関する記録は，検査の日から何年間保存するものとされているか記せ。

(☆☆◎◎◎◎)

【8】保健指導について，以下の(1), (2)の各問いに答えよ。

(1)　以下の表は，「教職員のための子どもの健康相談及び保健指導の手引」(平成23年8月　文部科学省)で示されている「個別の保健指導と特別活動における保健指導の目的・内容等の概略」を示したものの抜粋である。表中の(ア)〜(オ)に当てはまる語句や文章を記せ。ただし，同じ記号には同じものが入るものとする。

	保　健　指　導	
	個別の保健指導	特別活動における保健指導
方　　法	個別（小グループ）	授業等（学級活動等）
位置付け	学校保健安全法	（ア）
目　　的	個々の児童生徒の心身の健康問題の解決に向けて、自分の健康課題に気付き、理解と関心を深め、自ら積極的に解決していこうとする（イ）の育成を図る。	特別活動の各（ア）のねらいに沿って実施
内　　容	（ウ）における個々の児童生徒の心身の健康問題	（エ）において生徒が直面する諸課題に対応する健康に関する内容
指導の機会	教育活動全体	学級活動（小・中学校）、HR活動（高等学校）、（オ）、学校行事等

(2)　次の事例について，養護教諭のあなたが行う個別の保健指導のねらいと内容を記せ。

〈事例〉【高校1年生女子，保健調査票より把握】

　中学2年時に蜂に刺され，医師より再度蜂に刺された場合，アナフィラキシーを起こす可能性があるため，気を付けるよう指導されている。

(☆☆☆◎◎)

解答・解説

【1】① ス　② ウ　③ エ　④ イ　⑤ オ　⑥ サ
⑦ ア　⑧ カ　⑨ セ　⑩ キ
〈解説〉『中学校学習指導要領』第1章　総則の「第1　教育課程編成の一般方針」の内容である。学習指導要領からの出題は頻出である。養護では，この総則のほか，学習指導要領保健体育科の保健分野についても出題される。改訂の趣旨，教科の目標，内容，内容の取扱いなど，出題範囲は広いので，学習指導要領解説を繰り返し読んで，理解を深めておきたい。なお，生涯学習を進めるという観点から，中学校，高等学校だけでなく，小学校の学習指導要領からの出題も増えている。小学校のどの内容が，中学のどの内容につながっているのかに注目して，小学校に関しても基本的な内容はおさえておきたい。

【2】(1)　18　　A　発達障害者支援法　　(2)　○　　B　学校保健安全法施行令　(3)　2　　C　独立行政法人日本スポーツ振興センター法
(4)　3　　D　教育職員免許法　　(5)　○　　E　学校教育法施行規則
〈解説〉学校保健安全法については，同法施行令，同法施行規則についても確認しておこう。養護教諭や保健に関する法律は多岐にわたり，設問にあげられている法律以外にも，食育基本法，学校給食法，健康増進法，感染症の予防及び感染症の患者に対する医療に関する法律などがある。目を通して，養護教諭に関連する条文については重要な語句や用語を書けるようにしておこう。

【3】ウ
〈解説〉ア，イ，エは学校保健安全法施行規則第7条の内容であり，適切である。ウは結核の有無の検査方法についてであるが，不適切である。2012年，同法施行規則の一部が改正され，結核の有無の検査方法の技術的基準については，児童生徒の定期健康診断における結核の有無の

検査方法に関して，教育委員会に設置された結核対策委員会からの意見を聞かずに，精密検査を行うことができることとなった。同法施行規則第7条を確認しておこう。なお，改正では，感染症の予防方法についても改められた。「学校保健安全法施行規則の一部を改正する省令の施行について(通知)」で改正点を確認しておこう。また，改正が行われた理由についても理解しておきたい。

【4】(1) ① 保健室経営 ② 全校の児童生徒 ③ 成長・発達
④ 保護者 ⑤ 話を聞いてもらえる ⑥ 早期発見・早期対応
(2) イ，ウ (3) 解説参照

〈解説〉(1) 文部科学省の「生徒指導提要」は，インターネットで閲覧することができる。設問は記述形式であり，内容を知っていないとすべて正答するのは難しいだろう。重要語句を中心に理解しておきたい。また養護教諭の職務・役割については，文部科学省の「教職員のための子どもの健康相談及び保健指導の手引」，「子どもの心のケアのために―災害や事件・事故発生時を中心に―」，「養護教諭のための児童虐待対応の手引」などにも記載されている。それぞれ熟読し，学校保健・学校安全の領域を理解しておく必要がある。 (2)「生徒指導提要」によると，アは，「保健室で抱え込まずに，学級担任・ホームルーム担任等と連携する」が正しい。エは，「職員会議で養護教諭からの報告の機会を確保する」「校内研修会で保健室からの事例を取り上げる」が正しい。養護教諭が健康相談を実施する際のこのほかの留意点としては，「校内へ定期的な活動報告を行う」「学校行事や学年行事に養護教諭の参加と役割を位置付ける」「教育相談の校内組織に養護教諭を位置付ける」がある。 (3) 模範解答は示されていないが，「教職員のための子どもの健康相談及び保健指導の手引」では，「健康相談実施上の留意点」の中で，「健康相談を実施するに当たり，最も留意しなければならない点は，カウンセリングで解決できるものと医療的な対応が必要なものとがあること」としている。この箇所にはほかにも留意点が示されているので，参考にしてまとめるとよいだろう。

【5】(1)　①　エ　　②　(※問題に不備がありいずれの答でも正答となった)　　③　カ　　(2)　①　骨髄　　②　脾臓　　③　肝臓
　a　オ　　b　ウ　　c　イ　　(3)　A，B，AB

〈解説〉(1)・(2)　解剖図の中で血液についての出題はそれほど多くはないが，基礎知識なので，確実におさえておこう。解剖図では，心臓などの臓器，骨格，歯，目，耳などがよく出題される。名称やその機能を理解しておこう。　　(3)　A型の血液型にはAA，AOの2種類があり，AB型にはABの1種類しかない。しかし，このA型の男性がAA，AOのどちらの血液型の種類を持っているかはわからないので，AA－AB，AO－ABの2パターンの組み合わせが考えられる。「AA－AB」の組み合わせの場合はAA(A型)，AB(AB型)，AA(A型)，AB(AB型)でA型とAB型の2種類が考えられ，「AO－AB」の組み合わせの場合はAA(A型)，AB(AB型)，AO(A型)，BO(B型)でA型，B型，AB型の3種類が考えられる。よって，A型の男性とAB型の女性の間に子どもが生まれた場合，子どもの血液型として考えられるのは「A型」「B型」「AB型」の3種類となる。

【6】(1)　①　児童生徒への感染防止　　②　感染者及び発病者の早期発見・早期治療　　③　患者発生時の対応　　(2)　・学校の設置者・学校医等　　・所管の保健所あるいは保健センター(厚生センター)
(3)　病状により学校医その他の医師において感染のおそれがないと認めるまで

〈解説〉(1)　文部科学省の「学校における結核対策マニュアル」の「学校における結核対策について」の最初の項目に記載された内容である。具体的な結核対策，結核検診の流れについても頻出なのでよく目を通しておこう。　　(2)　麻しん患者発生時の3つの連絡すべき関係機関である。「教職員のための子どもの健康相談及び保健指導の手引」の資料編では，麻しん患者発生に関して，「学校医，教育委員会，地域の保健所等と緊密に連携」と記載されている。「学校の設置者」は「教育委員会」でもよいと思われる。なお，感染症については，各症状や

潜伏期間，対策法をよく確認しておこう。　(3)　2012年に改正された学校保健安全法施行規則に関する出題である。今回の改正で，髄膜炎菌性髄膜炎が学校において予防すべき感染症の第2種感染症に追加されたほか，インフルエンザ，百日咳，流行性耳下腺炎の出席停止の期間の基準が改められた。

【7】(1)　①　換気　　②　10　　③　30　　④　明るさとまぶしさ
(⑤)　教師の声　　(2)　感覚的　　(3)　①　食中毒　　②　環境
③　揮発性有機化合物　　(4)　5(年間)

〈解説〉(1)「学校環境衛生基準」についての問題は頻出である。検査項目や基準値，検査方法について熟知しておく必要がある。　(2)　日常点検は毎授業日ごとに行い，結果の記録は，点検日から3年間保存するように努めるものとなっている。　(3)　臨時検査についての内容であり，「学校環境衛生基準」の「第6雑則」に記されている。
(4)　同じく「学校環境衛生基準」の「第6雑則」の内容に関する問題である。なお，日常点検の場合と保存期間が違うので注意しよう。

【8】(1)　(ア)　学習指導要領　　(イ)　自主的・実践的な態度
(ウ)　日常生活　　(エ)　現在及び将来　　(オ)　児童生徒会活動
(2)　・ねらい…蜂毒アレルギーについて理解を深め，適切に対応できるように指導する。　・内容…解答省略

〈解説〉設問の表は，文部科学省の「教職員のための子どもの健康相談及び保健指導の手引」の「第1章　学校における健康相談と保健指導の基本的な理解」に示されているものである。「個別の保健指導」と「特別活動における保健指導」の違いについては，学習指導要領解説特別活動編などを参考によく理解しておこう。なお，文部科学省の資料を引用した問題は数多い。なかでも，比較的新しい資料や改訂された資料からの出題が目立つので，随時新しいものが出されていないか，アンテナを張り巡らしておく必要がある。　(2)　保健指導にあたっては，緊急時の対応について生徒がどのくらいの知識をもっているか，

日常のアドレナリン自己注射薬の保管をどのようにしているか，についての把握が欠かせない。それを把握したうえで保健指導にあたる。具体的な保健指導の内容については，本手引の「蜂毒によるアナフィラキシー」の保健指導事例を参考にまとめるとよいだろう。解答の一例を次に示す。　・アナフィラキシーは，食物，薬物，蜂毒などが原因で起こり，すぐに呼吸困難やじんましんなどの症状が現れる重症なアレルギー反応であること。　・(生徒の場合)蜂毒によるものであるから，蜂にさされないように注意する必要があること(例えば，野外で活動するときは，長袖，長ズボンで，肌の露出を少なくする，蜂が寄ってくるので黒いものは着ない，ジュースなどの甘い飲み物は持たないなど)。

2012年度　実施問題

【1】次の文は，平成20年1月17日に中央教育審議会から出された，「子ど
もの心身の健康を守り，安全・安心を確保するために学校全体として
の取組を進めるための方策について」(答申)の「Ⅱ　学校保健の充実
を図るための方策について　2.学校保健に関する学校内の体制の充実」
の記述の一部である。以下の(1)，(2)の問いに答えよ。

多様化・深刻化している子どもの現代的な健康課題を解決するため
には，学校内の(　①　)が充実していることが基本となることから，
(　②　)教職員が共通の認識(基本的な知識と理解)を持ち，(　③　)の
リーダーシップの下，(　④　)に基づき，教職員の保健部(係)などの学
校内の関係組織が十分に機能し，すべての教職員で学校保健を推進す
ることができるように(　①　)の整備を図り，(　⑤　)と保健管理に取
り組むことが必要である。

(1)　上の文中の(　①　)～(　⑤　)に当てはまる語句を，次の語群の
中のア～スからそれぞれ1つずつ選び，その記号で答えよ。

ただし，同じ記号には，同じ語句が入るものとする。

(語群)

ア	関係する	イ	すべての	ウ	指導体制
エ	学校保健計画	オ	学校教育目標	カ	組織体制
キ	保健主事	ク	養護教諭	ケ	校長
コ	保健指導	サ	連携	シ	機能
ス	保健教育				

(2)　「2.学校保健に関する学校内の体制の充実」の中に，保健室経営
計画についての説明が示されている。保健室経営計画について次の
文中の(　⑥　)～(　⑧　)に当てはまる語句を漢字で記せ。

保健室経営計画とは，当該学校の(　⑥　)及び学校保健の目標な
どを受け，その(　⑦　)を図るために，保健室の経営において達成

されるべき目標を立て，計画的・（　⑧　）に運営するために作成される計画。

(☆☆☆◎◎◎◎)

【2】次の文は，暑さの中で起こる障害の総称である熱中症を大きく3つに分けて説明したものである。以下の(1)，(2)の問いに答えよ。

> 熱けいれん
> 　大量の（　①　）があり，（　②　）のみを補給した場合に血液の（　③　）が低下して起こるもので，筋の興奮性が亢進して，四肢や腹筋のけいれんと（　④　）が起こる。

> 熱疲労
> 　（　⑤　）によるもので，全身倦怠感，（　⑥　），めまい，吐き気，嘔吐，頭痛などの症状が起こる。体温の上昇は顕著ではない。

> 熱射病(重症)
> 　（　⑦　）が破綻して起こり，高体温と（　⑧　）が特徴である。（　⑧　）は，周囲の状況が分からなくなる状態から昏睡まで，程度は様々である。（　⑤　）が背景にあることが多く，（　⑨　），脳，肝，腎，心，肺などの全身の（　⑩　）を合併し，死亡率が高い。

(1)　文中の（　①　）～（　⑩　）に当てはまる語句を次の語群の中のア～コの中からそれぞれ1つずつ選び，記号で答えよ。

　　　ただし，同じ番号には同じ語句が入るものとする。

(語群)

ア　多臓器障害　　　イ　水　　　ウ　塩分濃度

エ　意識障害　　　　オ　脱水　　　カ　脱力感

キ　血液凝固障害　　ク　発汗　　　ケ　体温調節

コ　筋肉痛

(2)　夏の日の屋外で運動する場合の熱中症予防の原則を3つ記せ。

(☆☆☆◎◎◎)

【3】あるクラスの体育の授業で生徒達がランニングをしている時に, 急にA君がうずくまってしまった, という知らせが保健室に届いた。養護教諭としてどのように対応すればよいかを述べよ。(書式は自由。箇条書きでもよい。)

(☆☆☆◎◎)

【4】学校における環境衛生の基準については, 文部科学省の通知によりその基準が示されていたが, 学校保健安全法(平成21年4月施行)により, 法律に盛り込まれた。

次のA〜Fの文は学校環境衛生について述べたものである。「学校環境衛生の基準」に照らしたとき, それぞれの文には1箇所ずつ誤りがある。その誤っている語句や数字を抜き出し, 正しく記せ。

A　教室の机, いすの高さの検査は毎学期に1回定期的に行う。

B　教室の換気の基準として, 二酸化炭素は, 1000ppm以下であることが望ましい。

C　水道水を水源とする飲料水(専用水道を除く。)の水質の検査項目は, 一般細菌, 遊離残留塩素, 色度, 濁度, 臭気, 味, pH値, 大腸菌, 水酸化物イオン, 全有機炭素(TOC)の量又は過マンガン酸カリウム消費量(有機物等)である。

D　窓を開けたときの等価騒音レベルが40dB以上となる場合は, 窓を閉じる等, 適切な方法によって音を遮る措置を講ずるようにする。

E　プール水の遊離残留塩素濃度は, 0.1mg/l以上であること。また, 1.0mg/l以下であることが望ましい。

F　照度の測定位置は, 教室では机上, 教室以外では床上90cmを原則とする。なお, 体育施設及び幼稚園等の照度は, それぞれの実態に即して測定する。

(☆☆◎◎◎◎)

【5】次の表は「学校保健安全法施行規則」の第19条に示されている，感染症の種類と出席停止期間についてまとめたものである。①～⑦に当てはまる感染症名または出席停止期間を答えよ。

	感染症の種類	出席停止期間
イ	インフルエンザ(鳥インフルエンザH五N一及び新型インフルエンザ等感染症を除く。)	①
ロ	百日咳	②
ハ	③	解熱した後三日を経過するまで。
ニ	流行性耳下腺炎	④
ホ	⑤	発しんが消失するまで。
ヘ	水痘	⑥
ト	咽頭結膜熱	⑦

(☆☆○○○○)

【6】「発達障害者支援法」(平成16年12月10日公布)に関して，以下の問いに答えよ。
　次の文は発達障害者支援法「第一章　総則　第2条」の一部及び「第二章　児童の発達障害の早期発見及び発達障害者の支援のための施策　第5条」の一部である。文中の(①)～(⑤)にあてはまる適切な語句や法令を答えよ。

(定義)第2条
　この法律において「発達障害」とは，自閉症，(①)その他の広汎性発達障害，学習障害，(②)その他これに類する脳機能の障害であってその症状が通常(③)において発現するものとして政令で定めるものをいう。

(児童の発達障害の早期発見等)第5条
　市町村は，(④)(昭和40年法律第141号)第12条及び第13条に規定する健康診査を行うに当たり，発達障害の早期発見に十分留意しなければならない。

2 市町村の教育委員会は, (⑤)(昭和33年法律第56号)第11条に規定する健康診断を行うに当たり, 発達障害の早期発見に十分留意しなければならない。

(☆☆☆◎◎◎)

【7】文部科学省(平成22年7月)「子どもの心のケアのために―災害や事件・事故発生時を中心に―」に書かれている危機発生時における健康観察のポイントについて, 以下の(1), (2)の問いに答えよ。

(1) 子どもに現れやすいストレス症状の健康観察のポイントにおける, 体と心の健康状態についてそれぞれ6つずつ記せ。

(2) 以下は, 災害や事件・事故発生後に現れる症状について書かれた文章である。(①)～(⑦)に当てはまる語句を記せ。ただし, 同じ番号には同じ語句が入るものとする。

持続的な(①)症状・体験を連想させるものからの(②)症状, 感情や緊張が高まる(③)症状, これらのような症状がストレス体験後の(④)以内に現れ, (⑤)以上かつ(④)以内の範囲で症状が持続する場合を「(⑥)障害」と呼ぶ。

災害や事件・事故後に, 「(⑥)障害」のような強いストレス症状の「(①)症状」, 「(②)症状」, 「(③)症状」が現れ, それが(④)以上持続した場合は「(⑦)障害」と呼ぶ。また, これらの症状は, 災害や事件・事故からしばらく経ってから出現する場合があることを念頭に置く必要がある。

(☆☆☆☆◎◎◎◎)

【8】児童虐待について, 以下の(1), (2)の各問いに答えよ。

(1) 次の文は「児童虐待の防止等に関する法律」の第五条の全文である。次の(①)～(⑦)にあてはまる語句をあとの語群の中のア～セからそれぞれ1つずつ選び, その記号で答えよ。ただし, 同じ番号には同じ語句が入るものとする。

(児童虐待の早期発見等)第五条

（　①　），児童福祉施設，病院その他児童の福祉に業務上関係のある団体及び（　②　），児童福祉施設の職員，医師，保健師，弁護士その他児童の福祉に職務上関係のある者は，児童虐待を発見しやすい立場にあることを（　③　）し，児童虐待の早期発見に努めなければならない。

2　前項に規定する者は，児童虐待の予防その他の児童虐待の防止並びに児童虐待を受けた児童の（　④　）及び（　⑤　）に関する国及び地方公共団体の施策に協力するよう努めなければならない。

3　（　①　）及び児童福祉施設は，児童及び（　⑥　）に対して，児童虐待の防止のための（　⑦　）又は啓発に努めなければならない。

(語群)

ア	警察	イ	保護	ウ	防止対策
エ	教育	オ	学校の教職員	カ	家庭
キ	自覚	ク	保護者	ケ	自立の支援
コ	地域住民	サ	看護師	シ	認識
ス	学校	セ	心のケア		

(2)　次の表は，児童虐待の種類とその内容について説明したものである。次の（　①　）～（　④　）に適する，児童虐待の種類またはその内容を記せ。

児童虐待の種類	児童虐待の内容
身体的虐待	（　①　）
（　②　）	子どもにわいせつな行為をすること又は子どもをしてわいせつな行為をさせること。
ネグレクト	（　③　）
（　④　）	児童に対する著しい暴言または著しい拒絶的な対応，子どもが同居する家庭における配偶者に対する暴力，その他の子どもに著しい心理的外傷を与える言動を行うこと。

(☆☆☆○○○○)

【9】次の図はヒトの心臓の一部分を表したものである。(①)～
(⑦)の名称を記せ。

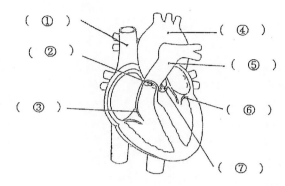

(①)

(②)

(③)

(④)

(⑤)

(⑥)

(⑦)

(☆☆○○○)

解答・解説

【1】(1) ① カ ② イ ③ ケ ④ エ ⑤ ス
(2) ⑥ 教育目標 ⑦ 具現化 ⑧ 組織的
〈解説〉中央教育審議会答申「子どもの心身の健康を守り，安全・安心を
確保するために学校全体としての取組を進めるための方策について」
(平成20年1月17日)の中で，養護教諭は「学校保健活動の推進に当たっ
て中核的な役割を果たしており，現代的な健康課題の解決に向けて重
要な責務を担っている」と述べられている。また，「保健室経営とは，
当該学校の教育目標及び学校保健目標などを受け，その具現化を図る
ために，保健室の経営において達成されるべき目標を立て，計画的・
組織的に運営することである」と述べられている。

【２】(1) ① ク　② イ　③ ウ　④ コ　⑤ オ　⑥ カ　⑦ ケ　⑧ エ　⑨ キ　⑩ ア　(2)（例）・環境条件を把握する　・水分補給を行う　・暑さに徐々に慣らす　・個人の条件や体力を考慮する　・服装に気を付ける　・具合が悪くなったら早めに措置すること，などから3点

〈解説〉熱けいれんは，大量の発汗，血液中の塩分の低下，四肢や腹筋のけいれんと筋肉痛等が主な症状で，処置としては生理食塩水(0.9％)を補給する。熱疲労は脱水，全身倦怠感，脱力感，めまい，吐き気，嘔吐，頭痛等の症状が起き，体温の上昇は顕著ではない。処置としては，0.2％の食塩水またはスポーツドリンクを補給する。また，足を高くし，手足を末端から中心部に向けてマッサージを行う。熱射病は，高体温，脱水，意識障害が特徴で，全身の多臓器不全による死亡率が高い。すぐに救急車を要請し，同時に身体を冷やす等の応急手当を行う。熱失神はめまい，一過性の意識消失，顔面蒼白，呼吸増加，脈拍異常(速く・弱く)，血圧低下，失神等が見られる。処置としては，涼しい場所で安静にさせ，衣服を緩める，冷却を行う。医療機関に搬送するかどうかの判断の目安として，自力で水分の摂取ができるかどうかがあげられる。自力で水分の摂取ができない場合は，至急医療機関に搬送する。

【３】(例)　まず，A君の既往歴から心臓疾患の有無を確認する。そして，AEDを持参し，現場に急行する。その際，他の教職員に応援を依頼する。はじめに意識，顔色，姿勢，呼吸，拍動を瞬時に確認し，意識があるなら，安楽な体位を取らせる。呼吸をしていなければ，気道の確保をする。救急車の要請を行い，拍動がなければただちに心臓マッサージを行うとともにAEDを装着する。

〈解説〉心臓疾患を有する児童生徒は，運動中，運動後など運動に関連して症状や発作が現れることが多いので，事前に主治医により学校生活管理指導表を作成してもらい，それに基づいて学習・生活面の適切な管理を行うことが重要である。

【4】A　毎学期 → 毎学年　　B　1000(ppm) → 1500(ppm)　　C　水酸化物(イオン) → 塩化物(イオン)　　D　40(dB) → 55(dB)　　E　0.1(mg/l以上) → 0.4(mg/l以上)　　F　90(cm) → 75(cm)

〈解説〉A　学校の清潔，ネズミ，衛生害虫及び教室等の備品の管理に係る学校環境衛生基準「教室の備品の管理」は，机，いすの高さと黒板面の色彩の2項目である。この2項目は，毎学年1回定期に行う。机面の高さは $\frac{座高}{3＋下腿長}$ ，いすの高さは下腿長であるものがのぞましい。

B　教室等の環境に係る学校衛生基準「換気及び保湿等」の検査項目は，換気，温度，相対湿度，浮遊粉じん，気流，一酸化炭素，二酸化窒素，揮発性有機化合物，ダニ又はダニアレルゲンの9項目である。(1)換気～(7)二酸化窒素については毎学年2回，(8)揮発性有機化合物，(9)ダニ又はダニアレルゲンについては毎学年1回定期に検査を行う。

C　飲料水等の水質及び施設・設備に係る学校環境衛生基準「水道水を水源とする飲料水の水質」の検査項目は，一般細菌，大腸菌，塩化物イオン，有機物等，pH値，味，臭気，色度，濁度，遊離残留塩素の10項目である。この10項目に関しては，毎学年1回定期に検査することとされている。各項目の基準についても確認しておこう。

D　教室等の環境に係る学校環境衛生基準「騒音」では，「教室内の等価騒音レベルは，窓を閉じているときはLAeq50dB以下，窓を開けているときはLAeq55dB以下であることが望ましい」とされている。また，騒音に関しては，毎学年2回定期に行う。　E　水泳プールに係る学校環境衛生基準「水質」の検査項目は，遊離残留塩素，pH値，大腸菌，一般細菌，有機物等，濁度，総トリハロメタン，循環ろ過装置の処理水がある。遊離残留塩素は，プールの使用前及び使用中1時間ごとに1回以上測定し，その濃度は，どの部分でも0.4mg/l以上保持されていること。また，遊離残留塩素は1.0mg/lが望ましい。その他の6項目は，使用日の積算が30日以内ごとに1回検査を行う。各基準についても覚えておこう。　F　教室等の環境に係る学校衛生基準「採光及び照明」の検査項目は，照度とまぶしさの2項目である。この2項目は，毎学年2回定期に行う。教室やコンピュータ教室の照度や教室及び黒

板のそれぞれの最大照度と最小照度の比などについても確認しておこう。

【5】　①　解熱した後2日を経過するまで。　②　特有の咳が消失するまで。　③　麻しん　④　耳下腺の腫脹が消失するまで。　⑤　風しん　⑥　すべての発しんが痂皮化するまで。　⑦　主要症状が消退した後2日を経過するまで。

〈解説〉出席停止の期間の基準は，学校保健安全法施行規則第19条で定められている。第1種の感染症にかかった者は治癒するまで，結核及び第3種の感染症にかかった者は病状により学校医その他の医師において感染の恐れがないと認めるまで出席停止となる。第2種の感染症はインフルエンザ，百日咳，麻しん，流行性耳下腺炎，風しん，水痘，咽頭結膜熱，結核の8つである。出席停止させようとするときは，理由及び期間を明らかにして，幼児，児童または生徒にあってはその保護者，高等学校の生徒または学生にあたっては当該生徒，または学生に指示しなければならない。

【6】　①　アスペルガー症候群　②　注意欠陥多動性障害　③　低年齢　④　母子保健法　⑤　学校保健安全法

〈解説〉発達障害者支援法(平成16年12月10日公布)第2条では，発達障害が定義されている。「発達障害者」とは，「発達障害を有するために日常生活又は社会生活に制限を受ける者」をいうと定め，「発達障害児」とは「発達障害者のうち十八歳未満のもの」をいうとされている。さらに「発達支援」とは，「発達障害者に対し，その心理機能の適正な発達を支援し，及び円滑な社会生活を促進するために行う発達障害の特性に対応した医療的，福祉的及び教育的援助」をいうと記されている。第5条では「児童の発達障害の早期発見等」について，第8条では「教育」について定められている。確認しておこう。

【7】(1)　(例)　体の健康状態のチェックポイント…・食欲の異常(拒食・過食)はないか　・睡眠はとれているか　・吐き気・嘔吐が続いてないか　・下痢・便秘が続いてないか　・頭痛が持続していないか　・尿の回数が異常に増えていないか　・体がだるくないか，から6点　　心の健康状態のチェックポイント…・心理的退行現象(幼児返り)が現れていないか　・落ち着きのなさ(多弁・多動)はないか　・イライラ，ビクビクしていないか　・攻撃的，乱暴になっていないか　・元気がなく，ぼんやりしていないか　・孤立や閉じこもりはないか　・無表情になっていないか，から6点
(2)　①　再体験　②　回避　③　覚せい亢進　④　4週間
⑤　2日　⑥　急性ストレス(ASD)　⑦　(心的)外傷後ストレス(PTSD)
〈解説〉事件・事故や自然災害等に遭遇すると，恐怖や喪失体験などにより心に傷を受ける。そして，そのときのできごとを繰り返し思い出したり，遊びの中で再現しようとする等の症状に加え，情緒不安定や睡眠障害などが現れ，生活に大きく支障をきたすことがある。この状態が1か月以上続く場合を，心的外傷後ストレス障害(PTSD)という。主な症状には，再体験症状，回避・麻痺症状，覚醒・亢進症状がある。また，フラッシュバックがみられることもある。災害があった数年後の同日が近付いた際に，不安など様々な反応を示すことがあり，これをアニバーサリー反応という。災害発生後の時間経過に伴う症状と対応について，整理しておこう。

【8】(1)　①　ス　②　オ　③　キ　④　イ　⑤　ケ　⑥　ク
⑦　エ　　(2)　①　子どもの身体に外傷が生じ，又は生じるおそれのある暴行を加えること　②　性的虐待　③　保護者としての監護を著しく怠ること　④　心理的虐待
〈解説〉児童虐待防止法(「児童虐待の防止に関する法律」)第2条に虐待の定義が記されている。第1号は身体的虐待，第2号は性的虐待，第3号はネグレクト，第4号は心理的虐待の定義である。第5条では児童虐待

を発見しやすい立場にあることを自覚し，早期発見に努めなければな
らないとされている。また第6条では，児童虐待を受けたと思われる
児童を発見した者は，速やかに通告しなければならないとされている。
詳しい対応等は，『養護教諭のための児童虐待対応の手引き』(文部科
学省)を参考にしよう。

【9】① 　上大静脈　　② 　肺動脈弁　　③ 　三尖(右房室)弁
　　　④ 　大動脈　　⑤ 　肺動脈　　⑥ 　僧帽(左房室)(二尖)弁
　　　⑦ 　大動脈弁

〈解説〉心臓は，血液循環器系の中枢器官である。大きさはほぼ人の手拳
　　大であり，重量は成人で約300gである。心臓上部には，血液の流入し
　　てくる部位である心房があり，心房中隔により右心房と左心房に分け
　　られる。心臓下部には，心房から送られた血液を動脈に押し出す部位
　　である心室がある。心室中隔により右心室と左心室に分けられ，左心
　　室は右心室より心筋が厚い。右心房と右心室の間には3枚の弁尖があ
　　り，三尖弁という。左心房と左心室の間には2枚の弁尖があり，僧帽
　　弁という。

2011年度　　実施問題

【1】次の文は，学校保健安全法の抜粋である。この条文に関する各問い
に答えよ。

(第6条第1項)

　文部科学大臣は，学校における(①)，採光，照明，(②)，清
潔保持その他環境衛生に係る事項(学校給食法(昭和29年法律第160号)
第9条第1項(夜間課程を置く高等学校における学校給食に関する法律
(昭和31年法律第157号)第7条及び特別支援学校の幼稚部及び高等部に
おける学校給食に関する法律(昭和32年法律第118号)第6条において準
用する場合を含む。)に規定する事項を除く。)について，児童生徒等及
び職員の健康を保護する上で維持されることが望ましい基準(以下この
条において「学校環境衛生基準」という。)を定めるものとする。

(第6条第3項)

　(③)は，A学校環境衛生基準に照らし，学校の環境衛生に関し適
正を欠く事項があると認めた場合には，遅滞なく，その改善のために
必要な措置を講じ，又は当該措置を講ずることができないときは，当
該(④)に対し，その旨を申し出るものとする。

(第9条)

　養護教諭その他の職員は，相互に連携して，(⑤)又は児童生徒
等の健康状態の日常的な観察により，児童生徒等の(⑥)を把握し，
健康上の問題があると認めるときは，遅滞なく，当該児童生徒等に対
して必要な指導を行うとともに，必要に応じ，その(⑦)(学校教育
法弟16条に規定する(⑦)をいう。第24条及び第30条において同
じ。)に対して必要な助言を行うものとする。

(第10条)

　学校においては，救急処置，(⑤)又は(⑧)を行うに当たつて

は，必要に応じ，当該学校の所在する地域の(　⑨　)機関その他の(　⑩　)機関との連携を図るよう努めるものとする。

(第19条)

　(　③　)は，B感染症にかかつており，かかつている疑いがあり，又はかかるおそれのある児童生徒等があるときは，政令で定めるところにより，C出席を停止させることができる。

(1)　文中の(　①　)〜(　⑩　)にあてはまる語句を，次の語群の中のア〜チから1つずつ選び，記号で答えよ。

　語群

　ア　校長　　　　　イ　心身の状況　　　ウ　保護者
　エ　関係　　　　　オ　保温　　　　　　カ　相談
　キ　保健主事　　　ク　相談活動　　　　ケ　保健指導
　コ　安全　　　　　サ　健康相談　　　　シ　換気
　ス　家庭　　　　　セ　学校の設置者　　　ソ　心身の健康
　タ　医療　　　　　チ　地域

(2)　下線部Aについて，教室等の環境に係る学校環境衛生基準のうち，一酸化炭素の基準として適するものを，次のア〜エから1つ選び，記号で答えよ。

　ア　0.06ppm以下であることが望ましい。
　イ　10ppm以下であること。
　ウ　1500ppm以下であることが望ましい。
　エ　0.10mg/m³以下であること。

(3)　下線部Bについて，次の①，②の各問いに答えよ。

　①　学校において予防すべき感染症の種類のうち，パラチフスは第何種の感染症にあたるか，次のア〜ウから1つ選び，記号で答えよ。

　　ア　第一種　　　イ　第二種　　　ウ　第三種

　②　学校保健安全法施行規則第21条第3項では，感染症が発生した場合について次のように規定している。文中の(　a　)にあてはまる語句を答えよ。

　　学校においては，その附近において，第一種又は第二種の感染
　　症が発生したときは，その状況により適当な(　a　)方法を行うも
　　のとする。

(4)　下線部Cについて，次の①，②の各問いに答えよ。
　①　麻しんの出席停止の基準について，正しいものを次のア～エか
　　ら1つ選び，記号で答えよ。
　　ア　解熱した後二日を経過するまで
　　イ　解熱した後三日を経過するまで
　　ウ　校長が感染のおそれがないと認めるまで
　　エ　発しんが消失するまで
　②　学校保健安全法施行規則第20条に記載されている書面での出席
　　停止の報告事項にを，次のア～エから1つ選び，記号で答えよ。
　　ア　学校の名称
　　イ　出席を停止させた理由及び期間
　　ウ　出席停止を解除した年月日
　　エ　出席を停止させた児童生徒等の学年別人員数

　　　　　　　　　　　　　　　　　　　　　　(☆☆☆☆☆◎◎◎)

【2】次の(1)～(5)は法令の条文である。それぞれについて，①～⑤の下
　線部が正しければ○を，まちがっていれば，正しい語句を答えよ。ま
　た，A～Eには，これを定めている法令の名称をそれぞれ答えよ。

(1)　①保健所は，学校の環境衛生の維持，保健衛生に関する資料の提
　供その他学校における保健に関し，政令で定めるところにより，教
　育委員会に助言と援助を与えるものとする。
　　[　A　]第57条第2項

(2)　国及び②都道府県の教育委員会は，児童の保護者とともに，児童
　を心身ともに健やかに育成する責任を負う。
　　[　B　]第2条

(3)　すべて国民は，③安全で文化的な最低限度の生活を営む権利を有
　する。

[　C　]第25条第1項

(4)　小学校においては，④保健主事を置くものとする。

[　D　]第45条第1項

(5)　市町村の教育委員会は，翌学年の初めから⑤14日前までに，就学時健康診断票を就学時の健康診断を受けた者の入学する学校の校長に送付しなければならない。

[　E　]第4条第2項

(☆☆☆○○○○)

【3】人の運動器について述べた次の文に関する下の各問いに答えよ。

◇　おとなの骨は，平均206個ある。頭，顔，胸，背中の部分に平均80個，左右の腕と脚に平均126個ある。子どもの頃には，仙骨は仙椎という5個の骨，尾骨は尾椎という3〜5個の骨，寛骨は，腸骨，（　A　），恥骨というように骨が離れていて，1つになっていないところがあるので，子どもの頃の骨の数は大人よりも多い。B骨は，その形によって4種類に分けられる。

◇　C靱帯と腱は，どちらも関節を構成する成分でコラーゲン繊維を主とした結合組織でできており，関節の正しい動きやその働きに関与している。

◇　「肉ばなれ」は，「捻挫」や「打撲」と同様に受傷状況を表し，D下肢に多く生じる。

(1)　文中の(　A　)にはあてはまる骨の名称を漢字で答えよ。

(2)　下線部Bについて，形によって分けられる4つの骨の種類を漢字で答えよ。

(3)　下線部Cについて，次の図は，足関節と膝関節の構造を示したものである。図中のa〜gが示す靱帯の名称をそれぞれ漢字で答えよ。

〈足関節〉　右足を右側面から見た図

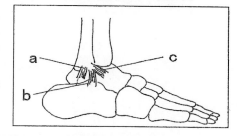

〈膝関節〉右膝を前方から見た図

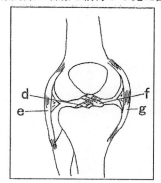

(4)　下線部Dについて，次の①～③の部位に肉ばなれが生じた場合，損傷を受ける筋の名称を，①はカタカナで，②③は漢字でそれぞれ答えよ。

①　大腿後部　　②　大腿前部　　③　大腿内側

(☆☆○○○○○)

【4】「養護教諭のための児童虐待対応の手引」(文部科学省，平成19年10月発行)に関して，以下の各問いに答えよ。

(1)　次の文は，「養護教諭のための児童虐待対応の手引」の抜粋である。文中の(　①　)，(　②　)にあてはまる語句をそれぞれ答えよ。

3　児童虐待の対応に果たす学校及び養護教諭の役割

(2)養護教諭の役割

(省略)

　　また，体の不調を訴えて頻回に保健室に来室する子ども，不登校傾向の子ども，非行や性的な問題行動を繰り返す子どもの中には，虐待を受けているケースもある。養護教諭は，このような様々な問題を持つ子どもと日常的に保健室でかかわる機会が多いため，そのような機会や健康相談活動を通して，児童虐待があるかもしれないという視点を常にもって，（　①　），（　②　）に努めていく必要がある。

(2)　次は，「養護教諭のための児童虐待対応の手引」の中に記されている児童虐待の種類を示している。（　①　）～（　③　）にあてはまる児童虐待の種類を答えよ。

（　①　）・・・首を絞める，熱湯をかけるなど。

性的虐待　・・・性的ないたずら，性行為を強要するなど。

（　②　）・・・衣食住に関する養育の放棄など。

（　③　）・・・著しい暴言，著しく拒絶的な対応など。

(3)　児童虐待を受けたと思われる児童を発見した場合，児童虐待の防止等に関する法律第6条第1項では次のように述べている。文中の（　①　）～（　③　）にあてはまる語句を答えよ。

　　児童虐待を受けたと思われる児童を発見した者は，速やかに，これを市町村，都道府県の設置する（　①　）若しくは，（　②　）又は児童委員を介して市町村，都道府県の設置する（　①　）若しくは（　②　）に（　③　）しなければならない。

(4)　「養護教諭のための児童虐待対応の手引」に示されている，「性的な被害体験を子どもから告白(相談)されたときの留意点」として適切なものを，次のア～オからすべて選び，記号で答えよ。

ア　打ち明けられた話の内容に驚いて過剰な反応をしながら聞く。

イ　必ず，「他の誰にも言わない」や「親には言わないから」という約束をする。

ウ　記録については，子どもの言葉をそのまま記録するのではなく，報告しやすいようにまとめながら聞く。

162

エ　一度認めた虐待の証言が撤回されることもしばしばあることを認識しておく。

オ　子どもの話をしっかり受け止める。

(5)　「養護教諭のための児童虐待対応の手引」には，「虐待で引き起こされる問題と発達障害を疑う子どもとの類似性(落ち着きのなさ，衝動性など)があることに，留意する必要がある。」と述べられている。発達障害については，発達障害者支援法第2条では，次のように定めている。文中の(　①　)にあてはまる語句を答えよ。

　この法律において「発達障害」とは，自閉症，アスペルガー症候群その他の(　①　)，学習障害，注意欠陥多動性障害その他これに類する脳機能の障害であってその症状が通常低年齢において発現するものとして政令で定めるものをいう。

(☆☆☆☆◎◎◎◎)

【二次試験】

【1】AEDについて説明した次の文を見て，あとの各問いに答えよ。

　AEDとは，Automated External Defibrillator の頭文字をとったもので，(　①　)ともいいます。

　AEDは多くの(　②　)死の原因となる心臓の危険な状態であるA心室細動を自動的に判断し，(　③　)を与えて取り除いてくれる機器のことです。

　日本では，救急車を呼んでから，現場に到着するまでに平均6分以上かかるという現状です。

　ところが，心室細動に対する救急処置は，一分一秒を争います。

　心室細動を起こしてから[　B　]分以内にAEDを使えば蘇生率は70%ですが，救急車を待って6分後では[　C　]％しか助からないと言われています。

　したがって，医師や救急救命士だけでなく，現場に居合わせた一般の人々がAEDを使用することによって，心室細動による(　②　)死から人を救うことができるのです。

心肺蘇生法の(　④　)・人工呼吸・(　⑤　)とAEDを知ることが，救急救命の命です。

(1)　(　①　)～(　⑤　)にあてはまる語句を答えよ。

(2)　下線部Aについて，具体的に説明せよ。

(3)　[　B　]，[　C　]にあてはまる数字を次のア～キからそれぞれ1つずつ選び，記号で答えよ。

ア　1　　イ　3　　ウ　5　　エ　10　　オ　35　　カ　45

キ　60

(☆☆☆◎◎◎◎)

【2】次の①～⑧は整形外科疾患を示している。これについて説明した文章を下のア～クからそれぞれ1つずつ選び，記号で答えよ。

①　ペルテス病　　　　②　ユーイング肉腫
③　先天性股関節脱臼　④　骨髄炎
⑤　ブラウント病　　　⑥　化膿性股関節炎
⑦　単純性股関節炎　　⑧　骨肉腫

ア　何らかの原因で大腿骨頭への血行障害が生じて，骨端部が阻血性壊死となり，骨端の力学的脆弱性をきたし，骨端部が圧潰する疾患である。3～8歳で発症する。

イ　3カ月検診で発見されることが多い。乳幼児期に整復治療が完了しても，患部の変形や発育障害が遺残することがあるので，成長終了時まで経過観察が望まれる。

ウ　血行性あるいは外傷性に骨および骨髄組織に細菌感染を生じた状態で，急性発熱に続いて患肢を動かせなくなる。

エ　細菌性関節炎で，ほとんどが2次性の血行感染である。血行性は，上気道炎，中耳炎，扁桃炎等の遠隔部の感染巣から，血行性に細菌が関節の滑膜にとりつくものである。

オ　頻度の高いもので，急性跛行を主訴とする。短時日のうちに自然治癒する予後良好な疾患である。

カ　大腿骨遠位，脛骨近位，上腕骨近位に多く，15～19歳が発症の

ピークである。膝関節部に鈍痛を認める。近年，化学療法と広範
切除による患肢温存療法で治療成績が著しく上昇している。
キ 幼児から10歳代前半にピークがあり，大腿骨，骨盤，脛骨に多
いが，まれな疾患である。初発症状は，疼痛，腫脹，熱感である。
ク 幼少期にO脚を引き起こす代表的な疾患の一つであり，エック
ス線所見が特徴的である。装具治療に抵抗性でしばしば手術が必
要になる。

(☆☆◎◎◎◎)

【3】米国のブレスロー教授が，生活習慣と身体的健康度との関係を調査
した結果に基づいて提唱した「ブレスローの7つの健康習慣」を見て，
下の各問いに答えよ。

```
【ブレスローの7つの健康習慣】

① 喫煙をしない
② 定期的に A 運動をする
③ B 飲酒は適量を守るか、しない
④ 1日7～8時間の C 睡眠をとる
⑤ D 適正体重を維持する
⑥ 朝食を食べる
⑦ 間食をしない

※ この7つの健康習慣の実践の有無
  によって、その後の E 寿命に影響
  することがわかっています。
```

(1) 下線部Aに関連する次の文について，(ア)にあてはまる筋肉
の名称を答えよ。

走る，跳ぶ，投げるといった運動から，手先の細かい運動まで，
すべての運動は(ア)が収縮して発揮する力によって成り立って
いる。

(2)　下線部Bについて，高校2年生の学年便りに「若者の飲酒の害」について，100字以内の原稿を依頼された。その原稿を作成せよ。

(3)　下線部Cについて，逆説睡眠について説明せよ。

(4)　下線部Dについて，身長が150cmでBMIが22.0である人の体重は何kgになるか答えよ。

(5)　下線部Eについて，平成20年人口動態統計(厚生労働省)において，死因順位の1位から3位であったものを順不同で3つ答えよ。

(☆☆○○○○)

【4】　学校において，学校保健安全法に基づき，毎学年定期に実施される児童生徒等の健康診断の検査の項目についてまとめた次の資料を見て，以下の各問いに答えよ。

資料1〈健康診断の検査の項目〉

A　身長，体重及び座高　　　　　　　B　栄養状態
C　脊柱及び胸郭の疾病及び異常の有無　D　視力及び聴力
E　眼の疾病及び異常の有無
F　耳鼻咽頭疾患及び皮膚疾患の有無
G　歯及び口腔の疾病及び異常の有無　　H　結核の有無
I　心臓の疾病及び異常の有無　　　　　J　尿
K　寄生虫卵の有無　　　L　その他の疾病及び異常の有無

資料2〈検査の項目及び実施学年〉

項目	検査方法	実施学年											
		小学校						中学校			高等学校		
		1年	2年	3年	4年	5年	6年	1年	2年	3年	1年	2年	3年
聴力	オージオメータ												
寄生虫卵	(①)	◎	◎	◎	△	△	△	△	△	△	△	△	△

(1)　学校保健安全法施行規則第6条では，健康診断の検査の項目について，資料1のA～L以外に加えることができる検査の項目が述べられている。その項目を3つ答えよ。

(2)　次は，資料2の(①)について定めた学校保健安全法施行規則第7条の一部である。文中(　a　)にあてはまる語句を答えよ。

寄生虫卵の有無は，直接塗抹法によって検査するものとし，特に

166

十二指腸虫卵又は蟯虫卵の有無の検査を行う場合は，十二指腸虫卵にあつては集卵法により，蟯虫卵にあつては(a)によるものとする。

(3) 平成15年4月から，資料1から色覚検査が削除された。しかしながら，学校には色覚異常の児童生徒が在籍している。このことから，どのような考えのもとで教育活動にあたる必要があるか述べよ。

(4) 資料2の聴力の実施学年について，寄生虫卵の項目のように，ほぼ全員に実施されるものについては◎を，検査の項目から除くことができるものについては△を記入せよ。

次の事例を読んで，あとの問いに答えよ。

事例

　4月の健康診断の結果から，本校では肥満傾向の児童の割合が高いことが分かった。日ごろの児童の様子を見ていると，外遊びが少なく，また欠席者も多いように思われる。給食主任からの情報では，野菜類を中心に給食の残食量が多く，朝食の欠食率の高さも気になるとのことである。

　6年A子は，特に肥満度が高い児童である。外遊びはほとんどせず，休み時間などは，教室にいることが多い。毎日のように「だるい」と言って保健室に来室する。

　担任に話を聞いてみると，テレビゲームなどによる夜更かしをし，朝ごはんを食べてこないなど，生活習慣の乱れが見られる。また，給食時には，野菜をほとんど食べないなど，偏食傾向が強いとのことである。最近は，一人でいることが多く，学校も休みがちで，よく遅刻をしている。

問　次の(1)(2)について，あなたは養護教諭としてどのように対応するか，あわせて800字以内で述べよ。

(1) 健康診断の結果，日ごろの児童の様子，給食主任からの情報を踏まえた今後の取り組み

(2) 言葉かけも含めたA子への接し方や今後の対応

(☆☆☆◎◎◎)

解答・解説

【一次試験】

【１】(1) ① シ ② オ ③ ア ④ セ ⑤ サ ⑥ イ
⑦ ウ ⑧ ケ ⑨ タ ⑩ エ (2) イ (3) ① ウ
② 清潔 (4) ① イ ② ウ

〈解説〉(1)　学校保健安全法第6条(学校環境衛生基準)，第9条(保健指導)，第10条(地域の医療機関等との連携)，第19条(出席停止)はいずれも重要な条文であるため確実におさえること。　(2)　学校環境衛生基準は頻出資料であるが，特に「換気及び保温等」「水質(飲料水・プール)」は重要であるため，規準は必ず憶えておこう。　(3)　①　学校保健安全法施行規則第18条を確認すること。第3種はコレラ，細菌性赤痢，腸管出血性大腸菌感染症，腸チフス，パラチフス，流行性角結膜炎，急性出血性結膜炎その他の感染症が該当する。　②　第1項と第2項は「消毒その他適当な処置」となっているので留意すること。
(4)　①　出席停止の基準は，学校保健安全法施行規則第19条で確認すること。学校における麻しん発生時の対応は学校保健実務必携等で確認し，おさえておこう。

【２】(1) ① ○ 　A　地方教育行政の組織及び運営に関する法律
(2) ②　地方公共団体　　B　児童福祉法　　(3) ③　健康
C　日本国憲法　(4) ④ ○ 　D　学校教育法施行規則
(5) ⑤　15日前　　E　学校保健安全法施行令

〈解説〉(1)〜(5)は学校保健に関する法令であり，学校保健安全法の他にも学校保健に関わる法令を確認しておくこと。　(1)　地方教育行政の組織及び運営に関する法律第57条(保健所との関係)第1項「教育委員会は，健康診断その他学校における保健に関し……」と比較して学習すること。　(3)　日本国憲法第25条第2項「国は，すべての生活部面について，……」とセットでおぼえること。　(5)　なお，学校保健安全

法施行令第4条第1項では「市町村の教育委員会は，就学時の健康診断を行つたときは，文部科学省令で定める様式により，就学時健康診断票を作成しなければならない」と規定している。

【3】(1) 坐骨　　(2) 長骨，短骨，扁平骨，不規則形骨
(3) a 後距腓靭帯　b 踵腓靭帯　c 前距腓靭帯　d 後十字靭帯　e 外側側副靭帯　f 前十字靭帯　g 内側側副靭帯
(4) ① ハムストリングス　② 大腿四頭筋　③ 大腿内転筋
〈解説〉人体の解剖図を確認し，骨や筋肉，関節や靭帯等を確認すること。
(1) 成人までに坐骨・腸骨・恥骨が癒合し，寛骨を形成する。仙骨および尾骨は共に骨盤を形成する。　(2) 骨の種類は形状による分類については，大きさではなく形状で決まる。(短いからといって「指骨」は短骨とは限らない)。具体例は次の通り。【長骨(長管骨)】四肢長骨・上腕骨・橈骨・尺骨・大腿骨・脛骨・指骨　【短骨】手根骨・足根骨　【扁平骨】肋骨(扁平長骨)・胸骨・前頭骨・頭頂骨【不規則形骨】椎骨・肩甲骨　(3) 足関節や膝関節だけではなく，肘や肩の関節や筋についても解剖図で確認し，おさえておくこと。また，靭帯や関節に関することとして，捻挫や脱臼，オスグッドシュラッテル病などスポーツ外傷等も確認しておくとよい。　(4) 肉離れとは，急激に筋肉(骨格筋)が収縮した結果，筋膜や筋線維の一部が損傷すること。完全に断裂する筋断裂，直接的な外力による打撲とは異なる。様々なスポーツにおいて比較的頻度の高い外傷・障害で，最も多いのが①大腿部後側のハムストリングの肉離れである。ハムストリングとは，大腿部(いわゆる太もも)の後側を構成する筋肉の総称で，内側の半膜様筋，半腱様筋と外側の大腿二頭筋で形成される。ハムストリングは，主に膝関節の屈曲と股関節の伸展動作を行い，路面を走ったり，階段や坂道を登るときの蹴る動作に大きく関与する。②大腿前部では大腿四頭筋などのいわゆるすじちがいや肉離れなどの損傷が見られ，③大腿内側では，大腿内転筋が損傷を受ける。

【4】(1)　①　早期発見　　②　早期対応　　(2)　①　身体的虐待
②　ネグレクト　　③　心理的虐待　　(3)　①　福祉事務所
②　児童相談所　　③　通告　　(4)　エ，オ　　(5)　広汎性発達障害
〈解説〉(1)　問題文の省略部分は，次の通りである。「養護教諭の職務は，
救急処置，健康診断，疾病予防などの保健管理，保健教育，健康相談
活動，保健室経営，保健組織活動など多岐にわたる。全校の子どもを
対象としており，入学時から経年的に子どもの成長・発達を見ること
ができる。また，職務の多くは担任をはじめとする教職員，保護者等
との連携のもとに遂行される。さらに，活動の中心となる保健室は，
誰でもいつでも利用でき，子どもたちにとっては安心して話を聞いて
もらえる人がいる場所でもある。養護教諭は，このような職務の特質
から，児童虐待を発見しやすい立場にあると言える。例えば，健康診
断では，身長や体重測定，内科検診，歯科検診等を通して子どもの健
康状況を見ることで，外傷の有無やネグレクト状態であるかどうかな
どを観察できる。救急処置では，不自然な外傷から身体的な虐待を発
見しやすい。」この文章も頻出であるので，まとめて憶えておきたい。
(2)　児童虐待は身体的虐待・ネグレクト・性的虐待・心理的虐待があ
る。これらの特徴と対応の留意点を確認し，文章で説明できるように
しておくこと。　　(4)　エ，オ以外の留意点として「子どもが性的な
虐待を受けていることを話すには，心理的な苦痛・恐怖・不安と決死
の思いをもって話していることを理解する(共感的態度)」「打ち明けら
れた話の内容に驚いて過剰な反応をしすぎないように気をつける(子ど
もは自らの告発の重大さに驚き，虐待について語ろうとしなくなって
しまう)」「子どもの言葉をそのまま記録しておく」「管理職等関係者と
協議の上，速やかに児童相談所などの専門機関に連絡する」がある。
(5)　発達障害者については，各障害の特徴や対応の留意点もおさえて
おくこと。なお，第2項では「発達障害者」の定義について述べられ
ているので，確認しておきたい。

【二次試験】

【1】(1)　①　自動体外式除細動器　　②　突然　　③　電気ショック
④　気道確保　　⑤　胸骨圧迫(④⑤は順不同)　　(2)　心室細動とは，
心臓の心室が小刻みに震えて全身に血液を送ることができない状態。
心停止の一病態である。　　(3)　B　イ　　C　オ

〈解説〉自動体外式除細動器(AED)は，心室細動の際に機器が自動的に解
析を行い，必要に応じて電気的なショック(除細動)を与え，心臓の働
きを戻すことを試みる医療機器である。日本では救急車が現場到着す
るまで平均で6分以上(約7分)を要する一方，心室細動の場合は一刻も
早く電気的除細動を行うことが必要とされており，心停止3分で蘇生
率はおよそ70%，6分で35%しか助からないといわれている。そして，
救急車の到着前にAEDを使用した場合，救急隊員や医師が駆けつけて
からAEDを使用するよりも救命率が数倍高いことが明らかになってい
る。こうしたことから，AEDをなるべく多数配置するとともに，一人
でも多くの住民がAEDに関する知識を有することが非常に重要だとさ
れている。　また現在では子供用のAEDパッドが認可され，1歳以上の
子供なら使用できるAEDが増えている。

【2】①　ア　　②　キ　　③　イ　　④　ウ　　⑤　ク　　⑥　エ
⑦　オ　　⑧　カ

〈解説〉①　ペルテス病は主に5〜8歳頃の男の子の股関節に起こる病気。
股関節の血流不足によって，大腿骨の頭(大腿骨頭という)が崩れてく
るために起こる。　　②　ユーイング肉腫は悪性骨腫瘍の5%前後にし
かみられないまれな腫瘍で，骨肉腫と同じように若い年代にみられ，
20歳までに約4分の3の症例が発症する。　　③　先天性股関節脱臼は出
生前後に股関節が外れる疾患。歩行時，股関節には体重の7倍以上の
力が加わるが，股関節を構成する組織は強固な骨に連続し，周囲は人
体最強の筋肉群に囲まれ，大きな負荷に耐えられるようになっている。
この疾患は早期治療により完全に治癒せしめないと，年齢とともに進
行性で耐えがたい痛みが生じるようになる　　④　骨髄炎は骨の組織

に，細菌などの微生物が感染して化膿するもので，難治性の疾患である。骨の外傷(開放性骨折，複雑骨折，粉砕骨折，外科手術，骨髄穿刺，銃による外傷等)などによって，細菌が骨髄に入って増殖して炎症を起こす場合や，血流に乗って細菌が骨髄に達して増殖(血行性感染)して骨髄炎となる場合がある。　⑤　ブラウント病は脛骨近位部の内側の成長が悪く，徐々にO脚が進行していく。進行がゆるくなっても，正常範囲を超えたO脚が残ってしまうと治療が必要になる。　⑥　化膿性股関節炎は股関節に細菌が侵入した為に起こる炎症。比較的抵抗力(免疫)が整っていない頃の赤ちゃんに生じると成長軟骨への損傷を招く可能性があるので，なるべく早期の対応が必要になる疾患である。　⑦　単純性股関節炎ははっきりした原因がなく，とくに5〜6歳の幼児に急速に発病し，2〜3週間で症状が消退する一過性の股関節炎。特別な原因なしに，股関節だけでなく大腿あるいは膝関節が痛み出し，跛行するようになる。　⑧　骨肉腫は肉腫の組織型の1つで，悪性の間葉性腫瘍のうち造骨細胞への分化ポテンシャルをわずかでも有し，腫瘍骨を形成する能力を持つもの。別名は悪性骨形成性腫瘍。

【3】(1)　骨格筋　　(2)　解説参照　　(3)　最も深い睡眠状態のことを指し，レム睡眠とも呼ばれている。覚醒には強い刺激が必要だが，脳波は覚醒時と同様の振幅を示し，開眼時のような速い眼球運動がみられる。夢を見ていることが多い。　　(4)　49.5kg　　(5)　悪性新生物(がん)，心疾患，脳血管疾患

〈解説〉(1)　体を動かすため，脳から骨格筋へ「縮め」という命令が伝わる。骨格筋の収縮が可能であるから関節が動くことでき，その結果として動くための力が生まれ，運動が可能になる。　　(2)　未成年の飲酒は法律で禁じられており，飲酒によって生活習慣病の原因となること，依存症の危険性があること，急性アルコール中毒など，生命への危険性が生じること等を中心まとめればよいと思われる。　　(4)　BMIの計算式は体重[kg]／身長[m]²である。また，肥満度やのローレル指数，カウプ指数計算式も覚えておくこと。肥満度の計算式は次の通り。(実

測体重−身長別標準体重)÷身長別標準体重×100　　(5)　平成20年の死亡数(死亡率(人口10万対))を死因順位別にみると，第1位は悪性新生物で34万2849人(272.2)，第2位は心疾患18万1822人(144.4)，第3位は脳血管疾患12万6944人(100.8)となっている。

【4】(1)　胸囲，肺活量，背筋力(握力)　　(2)　セロハンテープ法
(3)　教職員は，色覚異常について正確な知識を持ち，常に色覚異常を有する児童生徒がいることを意識して，色による識別に頼った表示方法をしないなど，学習指導，生徒指導，進路指導等において，色覚異常について配慮を行うとともに，適切な指導を行う必要がある。
(4)　小学校1年…◎　　2年…◎　　3年…◎　　4年…△　　5年…◎
6年…△　　中学校1年…◎　　2年…△　　3年…◎
高等学校1年…◎　　2年…△　　3年…◎
〈解説〉(2)　蟯虫とは盲腸に寄生する寄生虫。子供に感染することが多く，日本では比較的発生頻度の高い寄生虫病である。普段は盲腸にいるが，夜間に肛門付近に出てきて約1万個の卵を肛門周囲に産み付けるため，朝の排便前に採取することで蟯虫の有無を確認する。
(4)　学校保健安全法施行規則第6条第4項を参照すること。

【一次試験】

【1】次の文は中学校学習指導要領(平成20年3月文部科学省告示)の保健分野の「目標」と「内容」の一部である。[　①　]～[　⑩　]にあてはまる語句をあとの語群の中のア～ナから1つ選び，記号で答えよ。

〈目標〉

　個人生活における[　①　]に関する理解を通して，生涯を通じて[　②　]を適切に管理し，改善していく資質や能力を育てる。

〈内容〉

・　知的機能，情意機能，社会性などの精神機能は，[　③　]などの影響を受けて発達すること。また，思春期においては，自己の認識が深まり，自己形成がなされること。

・　[　④　]は，相互に影響を与え，かかわっていること。欲求やストレスは，心身に影響を与えることがあること。また，心の健康を保つには，欲求やストレスに適切に対処する必要があること。

・　身体には，環境に対してある程度まで適応能力があること。身体の適応能力を超えた環境は，[　⑤　]を及ぼすことがあること。

　　また，快適で能率のよい生活を送るための温度，湿度や明るさには一定の範囲があること。

・　飲料水や空気は，健康と密接なかかわりがあること。また，飲料水や空気を[　⑥　]に保つには，基準に適合するよう管理する必要があること。

・　交通事故などによる傷害の多くは，安全な行動，[　⑦　]によって防止できること。

・　応急手当を適切に行うことによって，傷害の悪化を防止することができること。また，応急手当には，[　⑧　]等があること。

・　健康の保持増進には，年齢，生活環境等に応じた食事，運動，休養及び睡眠の[　⑨　]のとれた生活を続ける必要があること。

　また，食事の量や質の偏り，運動不足，休養や睡眠の不足などの生活習慣の乱れは，生活習慣病などの要因となること。

・　個人の健康は，健康を保持増進するための[　⑩　]と密接なかかわりがあること。

語群

ア　能力の育成	イ　生活習慣	ウ　清潔
エ　心肺蘇生	オ　健康に影響	カ　病気
キ　環境の改善	ク　自らの健康	ケ　状況の判断
コ　精神と身体	サ　衛生的	シ　バランス
ス　調和	セ　心と健康	ソ　社会の取組
タ　健康・安全	チ　AED	ツ　心肺停止
テ　科学的	ト　生活経験	ナ　心身に障害

（☆☆☆○○○○○）

【2】次の(1)～(5)は法令の条文である。それぞれの条文中の[　a　]～[　e　]にあてはまる語句を答えよ。また，A～Eには，これを定めている法令の名称を答えよ。

(1)　養護教諭その他の職員は，相互に連携して，健康相談又は児童生徒等の健康状態の日常的な観察により，児童生徒等の[　a　]を把握し，健康上の問題があると認めるときは，遅滞なく，当該児童生徒等に対して必要な指導を行うとともに，必要に応じ，その保護者に対して必要な助言を行うものとする。

[　A　]第9条

(2)　法第13条第1項の健康診断は，毎学年，[　b　]までに行うものとする。ただし，疾病その他やむを得ない事由によって当該期日に健康診断を受けることのできなかった者に対しては，その事由のなくなった後すみやかに健康診断を行うものとする。

[　B　]第5条

175

(3)　この法律において，「[　c　]」とは，身体障害，知的障害又は精神障害(以下「障害」と総称する。)があるため，継続的に日常生活又は社会生活に相当な制限を受ける者をいう。

[　Ｃ　]第2条

(4)　学校において備えなければならない表簿は，概ね次のとおりとする。

学則，日課表，教科用図書配当表，学校医執務記録簿，学校歯科医執務記録簿，[　d　]及び学校日誌

[　Ｄ　]第28条第1項第2号

(5)　この法律は，学校給食が児童及び生徒の心身の健全な発達に資するものであり，かつ，児童及び生徒の食に関する正しい理解と適切な判断力を養う上で重要な役割を果たすものであることにかんがみ，学校給食及び学校給食を活用した食に関する指導の実施に関し必要な事項を定め，もって学校給食の普及充実及び学校における[　e　]の推進を図ることを目的とする。

[　Ｅ　]第1条

(☆☆☆◎◎◎◎)

【3】次の文は，独立行政法人日本スポーツ振興センター法施行令第5条第1項の一部である。これを見て，下の(1)～(4)の各問いに答えよ。

> Ａ災害共済給付に係る災害は，次に掲げるものとする。
> 　一　児童生徒等の負傷でその原因である事由がＢ学校の管理下において生じたもの。ただし，療養に要する費用が[　Ｃ　]円以上のものに限る。
> 　四　Ｄ児童生徒等の死亡でその原因である事由が学校の管理下において生じたもののうち，文部科学省令で定めるもの

(1)　独立行政法人日本スポーツ振興センター法施行令に示される下線部Aの種類を3つ答えよ。

(2)　独立行政法人日本スポーツ振興センター法施行令では下線部Bに

ついて次のように示されている。[①]～[④]にあてはまる
語句を答えよ。

○ 児童生徒等が法令の規定により，学校が編成した教育課程に基
づく[①]を受けている場合

○ 児童生徒等が学校の教育計画に基づいて行われる[②]を受
けている場合

○ 児童生徒等が[③]中に学校にある場合その他校長の指示持
又は承認に基づいて学校にある場合

○ 児童生徒等が通常の経路及び方法により[④]する場合

(3) 文中の[C]にあてはまる金額を答えよ。

(4) 次の文は下線部Dについて述べた独立行政法人日本スポーツ振興
センターに関する省令第24条の一部である。次の[①]～
[③]にあてはまる語句を答えよ。

一 [①]に起因することが明らかであると認められる死亡

二 第22条に掲げる[②]に直接起因する死亡

三 前2号に掲げるもののほか，学校の管理下において発生した
[③]に起因する死亡

(☆☆☆☆◎◎◎◎)

【4】ヒトの中枢神経系とその働きについて，次の(1)～(3)の各問いに答
えよ。

(1) 次の表は，脳の各部の働きについてまとめたものである。表の①
～⑦にあてはまる働きをあとの語群の中のア～キからそれぞれ1つ
ずつ選び，記号で答えよ。

| A 大脳 | 新皮質 | ① | B 間脳 | 視床 | ③ |
| | 古い皮質 | ② | | 視床下部 | ④ |

| C 中脳 | ⑤ | D 小脳 | ⑥ | E 延髄 | ⑦ |

語群

ア　呼吸運動，心臓拍動の中枢

イ　運動の調節，からだの平行保持などの中枢

ウ　感覚神経と大脳を中継

エ　本能的，情緒的行動の中枢

オ　経験的，学習的行動，意欲や感覚の中枢

カ　眼球運動，瞳孔の調節，姿勢保持などの中枢

キ　自律神経系の中枢(体温，水分などの中枢)

(2)　右の図は，中枢神経系の構造を示したものである。(1)の表のA～Eは，右の図のa～gのどれにあたるか。あてはまるものをそれぞれ1つずつ選び，記号で答えよ。

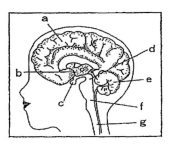

(3)　脊髄について述べた次の文の[　①　]～[　④　]にあてはまる語句を下の語群の中のア～クからそれぞれ1つずつ選び，記号で答えよ。

脊髄からは，31対の末しょう神経(脊髄神経)の束が左右の[　①　]と[　②　]を通って出ている。[　②　]には，[　③　]の自律神経が通っており，[　①　]には，脊髄神経節(細胞体の集まり)があって，[　④　]が通っている。

語群

ア　脊髄反射　　イ　背根　　ウ　感覚神経

エ　屈筋反射　　オ　腹根　　カ　白質

キ　運動神経　　ク　灰白質

(☆☆☆◎◎◎)

【5】感染症について次の(1)～(4)の各問いに答えよ。

(1) 「感染症の予防及び感染症の患者に対する医療に関する法律」において，次の①～⑤は，それぞれ第何類の感染症に分類されるか答えよ。

① 鳥インフルエンザ(H5N1) ② コレラ

③ 後天性免疫不全症候群 ④ 狂犬病 ⑤ ペスト

(2) 「感染症の予防及び感染症の患者に対する医療に関する法律」において，新型インフルエンザは次のように規定されている。[①]～[④]にあてはまる語句を答えなさい。

> 　新たに人から人に伝染する能力を有することとなった[①]を病原体とするインフルエンザであって，一般に国民が当該感染症に対する[②]を獲得していないことから，当該感染症の全国的かつ急速な[③]により国民の[④]及び健康に重大な影響を与えるおそれがあると認められるものをいう。

(3) WHO(世界保健機関)の2005年版分類によるパンデミックフェーズはフェーズ1～6の6つにわけられている。フェーズ4にあたるのはどれか。次のア～エから1つ選び，記号で答えよ。

ア ヒトからヒトへの新しい亜型のインフルエンザ感染が確認され，パンデミック発生のリスクが大きな，より大きな集団発生がみられる。

イ ヒトから新しい亜型のインフルエンザは検出されていないが，動物からヒトへ感染するリスクが高いウイルスが検出。

ウ ヒトから新しい亜型のインフルエンザは検出されていないが，ヒトへ感染する可能性を持つ型のウイルスを動物に検出。

エ ヒトからヒトへの新しい亜型のインフルエンザ感染が確認されているが，感染集団は小さく限られている。

(4) 次の表は感染症予防の3つの原則と対策について述べたものである。これを見て，あとの①，②の各問いに答えよ。

感染症予防の３つの原則	対　　　策
感染源をなくす	・　殺菌、消毒をする．
感染経路を遮断する	・　A周囲の環境を衛生的に保つ
身体の抵抗力を高める	・　　　　　　　　　B

① 下線部Aについて，次の水泳プールに係る学校環境衛生基準の
[　a　] ～ [　k　] にあてはまる数字や語句を下の語群の中のア～
ネから1つずつ選び，記号で答えよ。

〈水泳プールに係る学校環境衛生基準(平成21年3月31日公布，平成
21年4月1日施行)より一部抜粋〉

	検査項目	基　　準
水　質	○ 遊離残留塩素	[a] mg/ℓ 以上であること。また、[b] mg/ℓ 以下であることが望ましい。
	○ pH値	5．8以上8．6以下であること。
	○ [c]	検出されないこと。
	○ 一般細菌	1mℓ 中 [d] コロニー以下であること。
	○ 有機物等	過マンガン酸カリウム消費量として [e] mg/ℓ 以下であること。
	○ 濁度	[f] 度以下であること。
	○ 総トリハロメタン	[g] mg/ℓ 以下であることが望ましい。
	○ 循環ろ過装置の処理水	循環ろ過装置の出口における濁度は、[h] 度以下であること。また、[i] 度以下であることが望ましい。
施設・設備の 衛生状態 (屋内プール)	○ 空気中の二酸化炭素	・ [j] ｐｐｍ以下が望ましい。
	○ 空気中の [k]	・ 0．5 ｐｐｍ以下が望ましい。
	○ 水平面照度	・ 200 ルクス以上が望ましい。

```
語群
ア　1500　　　　イ　10　　　　ウ　200　　　　エ　0.4
オ　0.5　　　　カ　12　　　　キ　1.0　　　　ク　2
ケ　3.0　　　　コ　0.2　　　　サ　トルエン　　シ　塩化物イオン
ス　大腸菌　　　セ　80　　　　ソ　0.06　　　　タ　100
チ　260　　　　ツ　870　　　　テ　20　　　　ト　臭気
ナ　0.1　　　　ニ　ホルムアルデヒド　　　　　ヌ　大腸菌群
ネ　塩素ガス
```

② 表中の[　B　]にあてはまる対策を簡潔に答えよ。

(☆☆☆☆◎◎◎◎)

【二次試験】

【1】 健康診断について示した次の表を見て，下の(1)～(5)の各問いに答えよ。

種類	実施時期	実施
就学時の健康診断	〈学校保健安全法施行令第1条〉 ・（ A ）が作成された後（ B ）の初めから4月前までの間に行うものとする。	（ C ）が実施
D児童生徒等の健康診断	〈学校保健安全法施行規則第5条〉 ・毎学年，6月30日までに行うものとする。ただし，疾病その他やむを得ない事由によって当該期日に健康診断を受けることのできなかった者に対しては，その事由のなくなった後すみやかに健康診断を行うものとする。 ・E結核の有無の検査において結核発病のおそれがあると診断された者については，おおむね6か月の後に再度結核の有無の検査を行うものとする。	学校において実施
F職員の健康診断	〈学校保健安全法施行規則第12条〉 ・学校の設置者が定める適切な時期に行うものとする。	学校の設置者が実施

(1) 表中の（ A ），（ B ）にあてはまる語句をそれぞれ答えよ。

(2) 学校保健安全法弟11条ではどこが就学時の健康診断を行うことになっているか。表中の（ C ）にあてはまる語句を答えよ。

(3) 下線部Dについて，次の①～③の各問いに答えよ。

① 次の文は，下線部Dの事後措置について，学校保健安全法施行規則第9条に示されているものである。文中の（ ア ）～（ ケ ）にあてはまる語句を答えよ。

・疾病の（ ア ）を行うこと。

・必要な（ イ ）を受けるよう指示すること。

・必要な検査，（ ウ ）等を受けるよう指示すること。

・（ エ ）のため必要な期間学校において学習しないよう指導すること。

・（ オ ）への編入について指導及び助言を行うこと。

・（ カ ）又は運動・作業の軽減，停止，変更等を行うこと。

・（ キ ），対外運動競技等への参加を制限すること。

・机又は腰掛の調整，座席の変更及び（ ク ）の適正を図ること。

・その他発育，健康状態等に応じて適当な（ ケ ）を行うこと。

② 学校保健安全法施行規則第9条では，健康診断を行った時，何日以内に結果を通知しなければならないと示されているか答えよ。

③　学校保健安全法第13条第2項の臨時の健康診断について，どのような場合で必要があるときに行うのか，学校保健安全法施行規則第10条に示されている5つの場合について答えよ。

(4)　下線部Eについて，次のような結果が出た場合は，健康診断票にどのように記入するか答えよ。

区分		内容
生活規正の面	要軽業	授業に制限を加える必要のあるもの
医療の面	要医療	医師による直接の医療行為を必要とするもの

(5)　下線部Fについて，次の①，②の各問いに答えよ。

①　35歳未満の職員及び36歳以上40歳未満の職員が除くことができる検査の項目はどれか。あてはまるものを下の語群の中のア～サから5つ選び，記号で答えよ。

語群
ア　身長，体重及び腹囲　　イ　心電図検査
ウ　肝機能検査　　　　　　エ　尿
オ　血圧　　　　　　　　　カ　視力及び聴力
キ　結核の有無　　　　　　ク　貧血検査
ケ　血中脂質検査　　　　　コ　血糖検査
サ　胃の疾病及び異常の有無

②　身長が180cm，体重が75kgの男性職員のBMIを答えよ。ただし，小数第2位を四捨五入し，小数第1位まで求めること。

(☆☆☆☆◎◎◎◎)

【2】学校保健委員会と薬物乱用防止について，次の(1)～(3)の各問いに答えよ。

(1)　学校保健委員会は，「子どもの心身の健康を守り，安全・安心を確保するために学校全体としての取組を進めるための方策について」(H20.1.17　中央教育審議会答申)では，何をするための組織であるとされているか答えよ。

(2) 学校保健委員会の中心となって，企画，運営にあたる者の役職を答えよ。

(3) 次の学校保健委員会の資料を見て，下の①～⑤の各問いに答えよ。

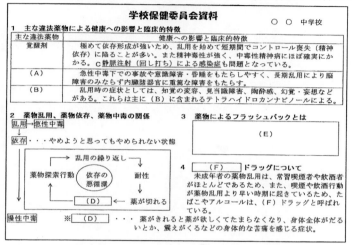

① 資料中の(A)，(B)にあてはまる違法薬物名を答えよ。
② 下線部Cについて，どのような感染症が引き起こされるか1つ答えよ。
③ 資料中の(D)にあてはまる語句を答えよ。
④ 資料中の(E)に薬物によるフラッシュバックについての説明を記せ。
⑤ 資料中の(F)にあてはまる語句をカタカナで答えよ。

(☆☆☆○○○○)

【3】次の条文は，学校保健安全法の第7条である。(①)～(④)にあてはまる語句をそれぞれ漢字4文字で答えよ。

> 学校には，(①)，(②)，(③)，(④)その他の保健に関する措置を行うため，保健室を設けるものとする。

(☆☆☆☆○○○○)

183

【４】アナフィラキシーショックについて説明せよ。

(☆☆☆◎◎◎)

【５】次の事例を読んで，下の問いに答えよ。

> 事例
> A男・・小学3年生，家族構成7人(本人，祖父母，両親，兄
> (小6)，妹(年長))
> 家族はA男の行動を疑問に思っている様子は特に
> ない。両親はPTA活動等にも協力的である。
>
> 　小学3年生のA男は，活発で元気な児童だが感情の起伏が激
> しく，級友とのトラブルが多い。3年生に進級してから，ます
> ます落ち着きを欠くようになった。新しい担任(女性)からの
> 情報では，「じっと机に向かっていることが苦手で授業に集中
> できず，頻繁に席を離れて歩き回り級友にいたずらをする。
> 先日も，突然，友達に腹を立て，物を投げて窓ガラスを割っ
> てしまうことがあった。このような行動から，A男を怖いと感
> じる児童も少なくない。」ということである。担任は，集団行
> 動や決まりを守れないA男の指導に苦慮している様子である。
> 　A男は「頭が痛い。お腹が痛い。」と口癖のように言い，毎
> 日2時間ほど保健室に来室するが，学校を休むことはない。こ
> れまで，目立った病気がなく，健康診断の結果も特に問題は
> ない。しかし，朝の健康観察からは，テレビゲームなどによ
> る夜更かしや朝ごはんを食べないなど，生活習慣の乱れが見
> られる。

問　次の(1)～(3)について，あなたは養護教諭としてどのように対応す
るか，あわせて800字以内で述べよ。
(1)　A男を支援する協力体制作りのための養護教諭の役割
(2)　言葉かけも含めたA男への接し方

(3)　A男の生活習慣の確立に向けた具体的な計画

(☆☆☆◎◎◎◎)

解答・解説

【一次試験】

【1】①　タ　②　ク　③　ト　④　コ　⑤　オ　⑥　サ
⑦　キ　⑧　エ　⑨　ス　⑩　ソ

〈解説〉内容は，(1)心身の機能の発達と心の健康では4項目，(2)健康と環
境では3項目，(3)傷害の予防では4項目，(4)健康な生活と疾病の予防で
は6項目掲げられており，いずれも文言と内容を十分理解しておく必
要がある。

【2】(1)　a　心身の状況　A　学校保健安全法　　(2)　b　6月30日
B　学校保健安全法施行規則　　(3)　c　障害者　C　障害者基本法
(4)　d　学校薬剤師執務記録簿　D　学校教育法施行規則
(5)　e　食育　E　学校給食法

〈解説〉(1)　学校保健安全法第9条は保健指導について定めている。今回
の改正で新設された条文である。　　(2)　児童生徒等の健康診断の時期
について定めた条文の第1項である。第2項は，結核の有無の検査の時
期について規定しているので，あわせて押さえること。　　(3)　障害者
基本法は，平成16年6月に改正・施行された。　　(4)　学校教育法施行
規則第28条第1項第1号は，学校に関係のある法令，第3号は職員の名
簿，履歴書，出勤簿並びに担任学級，担任の教科又は科目及び時間表，
第4号は，指導要録，その写し及び抄本並びに出席簿及び健康診断に
関する表簿，第5号は，入学者の選抜及び成績考査に関する表簿，第6
号は，資産原簿，出納簿及び経費の予算決算についての帳簿並びに図
書機械器具，標本，模型等の教具の目録，第7号は，往復文書処理簿

である。　(5)　平成20年6月に改正された。

【３】(1)　医療費，障害見舞金，死亡見舞金　　(2)　①　授業
②　課外指導　　③　休憩時間　　④　通学　　(3)　5000
(4)　①　学校給食　　②　疾病　　③　事件

〈解説〉(1)　独立行政法人日本スポーツ振興センター法施行令第3条(災害
共済給付の給付基準)に定められている。　　(2)　同施行令第5条第2項
に規定されている条文である。　　(4)　なお，突然死であってその顕著
な徴候が学校の管理下において発生したものが定められている。あわ
せて押さえておくこと。

【４】(1)　①　オ　　②　エ　　③　ウ　　④　キ　　⑤　カ　　⑥　イ
⑦　ア　　(2)　A　a　　B　b　　C　d　　D　e　　E　f
(3)　①　イ　　②　オ　　③　キ　　④　ウ

〈解説〉(1)　①　論理的な思考や，判断，言葉を使うなど高度な知能活
動を営む重要な場所である。　　②　食欲や性欲などの本能的な活動と
怒り・恐怖といった感情を支配する場所である。　　③　全身の感覚器
官から集まってきた情報を大脳皮質に中継するとともに，脳の働きを
統合する。　　④　視床下部の容積は脳全体の1％に満たないが，性行
動や感情，ホルモンの産生や自律神経系，体温調節など，多くの体の
働きに重要な影響をあたえる。　　⑤　中脳には光反射，眼瞼，角膜反
射等の眼球反射の中枢がある。　　⑥　その他指先を使った作業など細
かな作業を行う働きを司っている。　　⑦　大脳や小脳と延髄をつなぐ
中継地点である。　　(3)　脊髄から出ている末梢神経を，脊髄神経とい
う。脊髄神経のうち，胸を走るものをとくに肋間神経，脊髄の末端か
ら足へと走る人体でもっとも太い神経を座骨神経という。

【５】(1)　①　二類　　②　三類　　③　五類　　④　四類　　⑤　一類
(2)　①　ウイルス　　②　免疫　　③　まん延　　④　生命
(3)　エ　　(4)　①　a　エ　　b　キ　　c　ス　　d　ウ　　e　カ

f　ク　g　コ　h　オ　i　ナ　j　ア　k　ネ

②〈解答例〉栄養状態を良好にする。予防接種を行う。

〈解説〉(1)　同法第6条(定義)に規定されている。　(2)　同法第6条(定義)の第7項に規定されている。　(3)　フェーズとは新型インフルエンザのパンデミック(世界的大流行)に備える警戒レベルのことを言う。WHOではフェーズを6つの段階に設定して，数値が上がるほど深刻な状態にあることあらわしている。フェーズは刻々と変わるものなので，WHOが発する警告に留意しておくこと。　(4)　②　その他として，喫煙を控える，適度な飲酒，睡眠，運動，笑う，ストレスをためない，体温を下げないなどがあげられる。

【二次試験】

【1】(1)　A　学齢簿　　B　翌学年　　(2)　市町村教育委員会
(3)　①　ア　予防処置　イ　医療　ウ　予防接種　エ　療養
オ　特別支援学級　　カ　学習　キ　修学旅行　　ク　学級の編制
ケ　保健指導　　②　21日　　③　・感染症又は食中毒の発生したとき
・風水害等により感染症の発生のおそれのあるとき　・夏季における
休業日の直前又は直後　・結核，寄生虫病その他の疾病の有無につい
て検査を行う必要のあるとき　・卒業のとき　　(4)　B1
(5)　①　イウクケコ　　②　23.1

〈解説〉(1)(2)　就学時健康診断は，就学予定者に対し，あらかじめ健康診断を行い，就学予定者の心身の状況を把握し，治療の勧告その他保健上必要な助言を行うとともに，適正な就学についての指導を行い，義務教育の円滑な実施に資するために行われるものであり，市町村の教育委員会があらかじめ学齢簿を作成し，入学期日の通知などを行う就学事務との関連において行うものである。　(3)　①②　健康診断の結果を通知する際は，幼児，児童又は生徒にあっては当該幼児，児童又は生徒及びその保護者に，学生にあっては当該学生に通知する(学校保健安全法施行規則第9条)となっており，対象により異なるので留意すること。　③　これらは，主な例示であり，これ以外の場合でも，

必要があるときは，臨時に健康診断を行うものとされている。例えば，歯及び口腔の定期の健康診断で，CO(要観察歯)，GO(歯周疾患要観察者)の児童生徒を対象にその後の経過を把握し，指導や管理に役立てるために行うなどが考えられる。　　(4)　別表第1に規定されている。

(5)　①②　学校保健安全法施行規則第13条第3項に規定されている。なお，BMIの計算式は，体重(kg)／身長(m)²である。

【2】(1)　学校における健康に関する課題を研究協議し，健康づくりを推進するための組織である。　(2)　保健主事　(3)　①　A　有機溶剤　B　大麻　②　B型肝炎(C型肝炎，HIV/AIDS)　③　退薬症状(退薬症候，離脱症状，禁断症状)　④　〈解答例〉薬物を使用しなくても，ストレスや不眠などによる疲労，大量の飲酒などが契機となって，脳が薬物を乱用したときの状態を急に思い出し，幻覚や妄想といった精神病の症状に襲われる現象。　⑤　ゲートウェイ

〈解説〉(1)　学校保健委員会の①に述べられている。あわせて③の「学校保健委員会を通じて，学校内の保健活動の中心として機能するだけではなく，学校，家庭，地域の関係機関などの連携による効果的な学校保健活動を展開することが可能となることから，その活性化を図っていくことが必要である。」という文言にも留意しておくこと。

(2)　前述した①に，「学校保健委員会は，校長，養護教諭，栄養教諭，学校栄養職員などの教職員，学校医，学校歯科医，学校薬剤師，保護者代表，児童生徒，地域の保健関係機関の代表などを主な委員とし，保健主事が中心となって，運営することとされている。」と述べられている。　(3)　①　A　シンナー等の有機溶剤である。　B　大麻は，全世界でみると最も乱用されている薬物である。　②　ウイルスの混入した血液を介して感染するもので，その他に入れ墨やピアスの穴開けなども感染の可能性がある。　③　依存に陥った者は，不快な離脱症状を軽減したり回避したりするため，同じ物質を探し求め，摂取する。離脱症状のため，依存は強化される。　⑤　ゲートウェイドラッグ(Gateway drug)の使用が，副作用や依存性の強い麻薬への使用を誘導

するとの考え方のもとで，アルコール飲料やたばこ，有機溶剤などを
指す際に用いられる。入門薬物とも訳される。

【3】① 健康診断 ② 健康相談 ③ 保健指導 ④ 救急処置
〈解説〉保健室については，旧法(学校保健法)と比較すると，第19条から
　　　第7条に位置づけが変わったこと，「保健指導」と「その他の保健に関
　　　する措置」が加わったことがあげられる。

【4】解説参照
〈解説〉アナフィラキシーとは，ハチ毒や食物，薬物等が原因で起こる，
　　　急性アレルギー反応のひとつである。じんましんや紅潮(皮膚が赤くな
　　　ること)等の皮膚症状や，ときに呼吸困難，めまい，意識障害等の症状
　　　を伴うことがあり，血圧低下等の血液循環の異常が急激にあらわれる
　　　ショック症状を引き起こし，生命をおびやかすような危険な状態に陥
　　　ってしまうことがある。これをアナフィラキシーショックという。

【5】〈解答例〉(1)　A男を支援する協力体制を作るために，養護教諭に
　　　は，学級担任等，学校医，スクールカウンセラーなど学校内における
　　　連携，また医療関係者など地域の関係機関との連携を推進するコーデ
　　　ィネーターの役割を担う必要があることを述べる。　(2)　A男の抱え
　　　ている問題を整理して状況を把握したうえで，A男の困り感を受け止
　　　めて，理解すること。本人を認め，褒めることを対応の視点とするこ
　　　と。言葉かけは小さな良い点も認めて，おだやかに話しかけること。
　　　スキンシップをいやがる場合はしないこと。A男の行動や言動を含め
　　　た全体を注意深く観察すること。　(3)　本人に向けて，「自分の生活
　　　を振りかえらせるために，生活調べを行う。」「生活調べをもとに食事，
　　　運動，睡眠についての個別指導を行う。」「夜十分に睡眠がとれるよう
　　　に，休み時間に体を動かすよう働きかける。」など。学級担任に対し
　　　て，「A男の日常の様子を観察してもらい，気になるところを整理して
　　　もらう。」「給食時の摂食状況について観察してもらう。」「休み時間の

運動について，働きかけをしてもらう。」「Ａ男について学級担任，養護教諭，保護者で面談する機会を設けて話し合いをする。」など。保護者に対して，「Ａ男について家庭での気になるところについて整理してもらう。」「規則正しく，栄養のある食事について留意してもらう。」「就寝時間を少しずつ早くしていくように協力いただく。」「Ａ男について学級担任，養護教諭との話し合いをもつことについて説明し，出席いただく。」などがあげられる。

〈解説〉(1)　「子どもの心身の健康を守り，安全・安心を確保するために学校全体としての取組を進めるための方策について」(平成20年1月)に述べられている養護教諭の役割を押さえること。特に本答申では，養護教諭のコーディネーターとしての役割が強調されているので，留意すること。　　(2)　広汎性発達障害，ADHD(注意欠陥多動性障害)，LD(学習障害)などの軽度発達障害の特徴を押さえておくこと。

(3)　学校保健安全法第9条(保健指導)で「児童生徒等の心身の状況を把握し，健康上の問題があると認めるときは，遅滞なく，当該児童生徒等に対して必要な指導を行うとともに，保護者に対して必要な助言を行うものとする」と述べられているように，Ａ男のような心身の健康上，問題が認められた時は，速やかに必要な保健指導を行うことが，養護教諭はじめ学校職員に求められている。

2009年度　実施問題

【一次試験】

【1】次の文は「生涯にわたる心身の健康の保持増進のための今後の健康に関する教育及びスポーツの振興の在り方について」(1997年9月保健体育審議会答申)と「子どもの心身の健康を守り，安全・安心を確保するために学校全体としての取組を進めるための方策について」(2008年1月中央教育審議会答申)からの抜粋である。次の[　①　]〜[　⑩　]に入る語句をあとの語群の中のア〜コから1つ選び，記号で答えよ。

○　近年の心の健康問題等の深刻化に伴い，学校における[　①　]等の機能の充実が求められるようになってきている。この中で，養護教諭は，児童生徒の身体的不調の背景に，[　②　]などの心の健康問題がかかわっていること等のサインにいち早く気付くことのできる立場にあり，養護教諭の[　③　]が一層重要な役割を持ってきている。・・・(中略)

　　もとより心の健康問題等への対応は，養護教諭のみではなく，生徒指導の観点から教諭も担当するものであるが，養護教諭については，健康に関する現代的課題など近年の問題状況の変化に伴い，[　④　]，保健指導，[　⑤　]などの従来の職務に加え，専門性と[　⑥　]の機能を最大限に生かして，心の健康問題にも対応した[　⑦　]を実践できる資質の向上を図る必要がある。

○　養護教諭の職務は，学校教育法で「児童生徒の養護をつかさどる」と定められており，昭和47年及び平成9年の保健体育審議会答申において主要な役割が示されている。それらを踏まえて，現在，[　⑤　]，[　④　]，疾病予防などの保健管理，[　⑧　]，健康相談活動，[　⑥　]経営，保険組織活動などを行っている。また，子どもの現代的な健康課題の対応に当たり，学級担任等，学校医，学校歯科医，学校薬剤師，[　⑨　]など学校内における連携，また医療関係者や福祉関係者など地域の関係機関との連携を推進することが

必要となっている中，養護教諭は[　⑩　]の役割を担う必要がある。

語群

ア　スクールカウンセラー　　　イ　ヘルスカウンセリング
ウ　健康診断　　　　　　　　　エ　保健室
オ　コーディネーター　　　　　カ　カウンセリング
キ　救急処置　　　　　　　　　ク　保健教育
ケ　健康の保持増進　　　　　　コ　いじめ

(☆☆○○○○)

【2】次の(1)～(6)は法令の条文である。それぞれについて，[　a　]～
[　i　]にあてはまる語句を答えよ。また，A～Fには，これを定めてい
る法令の名称を答えよ。

(1)　教育は，[　a　]を目指し，平和で民主的な国家及び社会の形成者
として必要な資質を備えた心身ともに[　b　]な国民の育成を期して
行われなければならない。

[　A　]第1条

(2)　学校には，その学校の目的を実現するために必要な校地，校舎，
校具，運動場，図書館又は図書室，[　c　]その他の設備を設けなけ
ればならない。

[　B　]第1条第1項

(3)　校長は，法第十二条の規定により出席を停止させようとするとき
は，その[　d　]及び[　e　]を明らかにして，児童，生徒(高等学校
(中等教育学校の後期課程及び特別支援学校の高等部を含む。以下
同じ。)の生徒を除く。)又は幼児にあつてはその保護者に，高等学校
の生徒又は学生にあつては当該生徒又は学生にこれを指示しなけれ
ばならない。

[　C　]第5条第1項

(4)　この法律において「発達障害」とは，[　f　]，アスペルガー症候
群その他の広汎性発達障害，[　g　]，注意欠陥多動性障害その他こ
れに類する脳機能の障害であってその症状が通常低年齢において発

現するものとして政令で定めるものをいう。

[　D　]第2条第1項

(5)　学校，児童福祉施設，病院その他児童の福祉に業務上関係のある団体及び学校の教職員，児童福祉施設の職員，医師，保健師，弁護士その他児童の福祉に職務上関係のある者は，児童虐待を発見しやすい立場にあることを自覚し，児童虐待の[　h　]に努めなければならない。

[　E　]第5条

(6)　学校においては，[　i　]，採光，照明及び保温を適切に行い，清潔を保つ等環境衛生の維持に努め，必要に応じてその改善を図らなければならない。

[　F　]第3条

(☆☆☆◎◎◎)

【3】次の[熱中症]の分類の表を見て，下の(1)～(3)の各問いに答えよ。

名　称	熱けいれん	熱疲労	熱射病
発症の仕方と症状	大量の発汗があり，水のみを補給した場合に血液中 A が低下して起こるもので，筋の興奮性が亢進して，四肢や腹筋のけいれんと筋肉痛が起こる。	B によるもので，全身倦怠感，脱力感，めまい，吐き気，嘔吐，頭痛などが起こる。顔眠，顔面蒼白となる。 C の上昇は顕著ではない。	D が破綻して起こり，高体温で種々の程度の意識障害が起こる。少しでも意識障害がある場合には，熱射病を疑う。
応急処置	・ E を補給する。・回復しないときは，救急車を要請する。	・水分を補給する。・ F を高くして寝かせ，手足を末梢から　中心部に向けてマッサージする。・回復しないときは，救急車を要請。	・すぐに救急車を要請し，同時に G 応急手当を行う。

(1)　表中 A ～ F にあてはまる語句を答えよ。

(2)　表中下線部Gにあてはまる救急車到着までの間に行う応急処置を答えよ。

(3)　学校における熱中症予防のための指導のポイントを正しく述べたものを次のア～オからすべて選び，記号で答えよ。

　　ア　屋外で運動やスポーツ，作業を行うときは，帽子をかぶらせ，できるだけ薄着にする。

　　イ　児童生徒等が心身に不調を感じたら申し出て休むよう習慣付け，無理をさせないようにする。

193

　　ウ　屋外で運動やスポーツ，作業を行うときは，途中1回は水分補
　　　　給をさせる。
　　エ　施設及び設備の点検を適切に行い，必要に応じて修繕する等危
　　　　険を防止するための措置を講じる。
　　オ　常に健康観察を行い，児童生徒等の健康管理に留意する。

(☆☆☆◎◎◎◎)

【4】学校環境衛生の基準(平成16年2月10日改訂)について，次の(1)，(2)
　　の各問いに答えよ。
　(1)　「教室等の空気」の判定基準について，正しく述べているものを
　　　次のア～オからすべて選び，記号で答えよ。
　　ア　温度：冬期では10℃以上，夏期では30℃以下であることが望ま
　　　　しい。また，最も望ましい温度は冬期では18～20℃，夏期では25
　　　　～28℃であること。
　　イ　相対温度：相対温度は，50～80%であることが望ましい。
　　ウ　二酸化炭素：換気の基準として，室内は1500ppm(0.15%)以下で
　　　　あることが望ましい。
　　エ　気流：人工換気の場合は，0.5m/秒以下であることが望ましい。
　　オ　一酸化炭素：20ppm(0.002%)以下であること。
　(2)　「照明及び照明環境」の判定基準について，次の文中の[　①　]
　　　～[　⑦　]にあてはまる語句をあとの語群の中のア～スから1つ選
　　　び，記号で答えよ。
　　ア　教室及びそれに準ずる場所の照度の下限値は[　①　]ルクスと
　　　　する。さらに，教室及び黒板の照度は[　②　]ルクス以上である
　　　　ことが望ましい。
　　イ　教室及び黒板のそれぞれの最大照度と最小照度の比は，
　　　　[　③　]を超えないこととし，やむを得ず超えた場合でも
　　　　[　④　]を超えないこと。
　　ウ　テレビ及びディスプレイの画面の垂直照度は[　⑤　]ルクス程
　　　　度が望ましい。

エ　コンピュータ設置の教室やワープロ，ディスプレイ等を使用する教室の机上の照度は[　⑤　]ルクス程度が望ましく，画面等に反射や影が見られないこと。

オ　まぶしさの判定基準は，次のとおりとする。

・教室内の児童生徒等から見て，黒板の外側[　⑦　]以内の範囲に輝きの強い光源(昼光の場合は窓)がないこと。

・見え方を妨害するような光沢が，黒板面及び机上面にないこと。

・見え方を妨害するような電灯や明るい窓等が，テレビ及びディスプレイの画面に映じていないこと。

語群

ア	100〜500	イ	20：1	ウ	15°	エ	10：1
オ	500	カ	300	キ	500〜1000	ク	400
ケ	200〜500	コ	30：1	サ	25°	シ	100
ス	40：1						

(☆☆☆◎◎◎)

【5】感染症について次の(1)，(2)の各問いに答えよ。

(1)　次の文は，感染症全般にわたる最近の動向についての説明である。(　①　)〜(　⑬　)にあてはまる語句をあとの語群の中のア〜ノから1つ選び，記号で答えよ。

○　感染症は，細菌，(　①　)，真菌，寄生虫などが病原体となって体内に侵入することによって引き起こされる疾病であり，多くの人命を奪ってきた。

○　衛生環境の改善，栄養状態の改善，(　②　)，さらに(　③　)をはじめとする抗菌剤の開発などにより，感染症はかつてほどの重大な危機ではなくなったかのように思われている。しかし，メチシリン耐性黄色ブドウ球菌(MRSA)やバンコマイシン耐性黄色ブドウ球菌(VRSA)，(　④　)をはじめとする各種耐性菌の出現，かつては知られていなかった重症急性呼吸器症候群(SARS)，(　⑤　)，後天性免疫不全症候群，ラッサ熱，レジオネラ症，エ

ボラ出血熱などの新興感染症が大きな問題となっている。

○　2007年のWHOの「世界健康報告」によれば，1967年以降40年間の間に（　⑥　）種の新しい病気が発生しているという。SARS，エボラ出血熱，エイズ(HIV感染症)，牛海綿状脳症(BSE)など，平均すると1年に1種の割合という恐ろしいペースで未知の感染症が出現していることになる。

○　平成18年には，フィリピンから帰国した2名の日本人がフィリピンで（　⑦　）に感染，帰国後発症して死亡した。日本では昭和29年を最後に国内感染の（　⑦　）による死者はなく，犬の感染も昭和33年以後は認められていなかったが，海外においてはいまだに重大な問題であることを知るべきである。飛行機による海外旅行が普及したため，感染症の病原体は安易に世界中に拡散されるようになった。SARSがよい例である。海外から国内に持ち込まれる輸入感染症(旅行者感染症)対策は大きな課題となっている。

○　性感染症の増加も大きな問題となっている。十分な知識を持たない性行動は望まない妊娠以外にも，（　⑧　）をはじめとする性感染症の問題を起こす。（　⑧　）に感染するとHIVに感染しやすくなる上，卵管炎から（　⑨　）の原因になることがある。（　⑩　）に感染すると，将来子宮頸癌のリスクが上昇することが知られている。

○　近年，インフルエンザの特効薬として登場した（　⑪　）が異常行動を誘発するのではないかという問題が起きた。インフルエンザと薬剤治療との因果関係はまだ未明で，（　⑪　）によるものなのか，その他の薬剤などの影響もあるのかは確定していない。まれにインフルエンザ自体が（　⑫　）を来すこともあり，インフルエンザによる影響も否定できない。そのため，小児・未成年者については，インフルエンザと診断されて治療が開始された後は，（　⑪　）処方の有無を問わず少なくとも（　⑬　）日間は患者を一人にしないように，医師から保護者へ十分な説明をしてほしいという依頼が厚生労働省から医療機関に出された。（　⑪　）は新型

196

インフルエンザの治療薬としても期待されているが，異常行動との関連については，厚生労働省が現在研究中である。

語群

ア	A型インフルエンザ	イ	微生物
ウ	ウイルス	エ	43
オ	ジフテリア	カ	2
キ	ヒトパピローマウイルス	ク	狂犬病
ケ	リタリン	コ	39
サ	脳炎・脳症	シ	4
ス	高病原性鳥インフルエンザ	セ	予防接種
ソ	クラミジア	タ	不妊
チ	O‐157	ツ	梅毒
テ	多剤耐性結核菌	ト	タミフル
ナ	ペニシリン	ニ	動物
ヌ	淋病感染症	ネ	流産
ノ	マイコプラズマ		

(2)　「麻しん」について述べた次のア～エの下線部について，正しいものには〇印を，誤っているものには正しい語句を答えよ。

ア　麻しんは，<u>第2種</u>の学校伝染病である。

イ　麻しんは，<u>発しん期</u>に最も感染力が強くなる。

ウ　麻しんにかかると，口の粘膜に<u>コプリック斑</u>が生じる。

エ　麻しんによる2大死因は，肺炎と<u>心筋炎</u>である。

(☆☆☆☆◎◎)

【6】スポーツ外傷時の応急処置としてRICE処置が基本的に使われる。RICEとは，応急処置時に必要な4つの処置内容を意味する英単語のそれぞれ頭文字を並べたものである。次の①～④にあてはまる処置内容を日本語で簡潔に答えよ。

R［　①　］　　I［　②　］　　C［　③　］　　E［　④　］

(☆☆◎◎)

【二次試験】

【１】予防接種を呼びかける次の保健便りを見て，下の(1)～(7)の各問い
に答えよ。

保健便り

平成 20 年 5 月 1 日発行
富山県立○○高等学校

はしか（麻しん）・風しんの予防接種を受けましょう

今年の 4 月から中学 Ａ 年生と高校 Ｂ 年生に相当する年齢の人は，はしか（麻しん），風しんの予防接種を受けることになりました。過去に一度接種を受けている人も，もう一度接種を受けましょう。

1　はしか（麻しん）や風しんはこんな病気

◎はしか（麻しん）とは

| Ｃ |

はしか（麻しん）にかかると肺炎や脳炎を引き起こすことがあり，はしか（麻しん）を発症するとおよそ Ｄ 人に 1 人の割合で命を落とすことがあります。さらに，10 年ほどしてから Ｅ という重い脳炎が，10 万人に 1 人の割合で発生することが知られています。

◎風しんとは

症状は，はしか（麻しん）より軽いですが，妊婦さんが妊娠初期にかかると，Ｆ 先天性風しん症候群になることがあります。

2　はしか（麻しん）や風しんの予防は？

◎予防は，予防接種を受けることです。

現在は，はしか（麻しん）と風しんの両方を予防する Ｇ ワクチンがあります。1 人 1 人が確実に，はしか（麻しん）にかからないようにするためには，2 回の接種を受けることが大切です。

3　養護教諭からのお知らせ

今年もはしか（麻しん）の流行は始まっている。

一般に子どもが多くかかる病気として知られている麻しん（はしか）ですが，今年も地域によっては，10 代～ 20 代を中心とした流行が始まっています。

予防接種を受けていないとこんな時に大変です。

| Ｈ |

---

(1)　空欄 Ａ ， Ｂ にあてはまる数字をそれぞれ答えよ。

(2)　空欄 Ｃ に，はしか(麻しん)の症状を初期症状から説明した文を入れたい。空欄 Ｃ に入る説明文を答えよ。

(3)　空欄 Ｄ ， Ｅ にあてはまる語句や数字を答えよ。

(4)　下線部Fについて説明せよ。

(5)　空欄 Ｇ にあてはまる語句を答えよ。

(6)　空欄 Ｈ に，今後予防接種を受けないで生活した場合の問題点を書きたい。空欄 Ｈ に書くべき問題点を答えよ。

(7)　はしか(麻しん)・風しんなどの感染症を予防するための対策を3つ答えよ。

(☆☆☆☆◎◎◎)

【2】喫煙防止の授業の指導案の展開例を見て，次の(1)～(3)の各問いに答えよ。

	学習内容・活動	指導・支援上の留意点
導入	○「禁煙マークの標識」を確認し，身の周りの禁煙場所について発表する。	○バスや電車などの交通機関，病院などの公共の場所など，周りにいる人の健康に害を与える危険性があると共に，迷惑になる場所が禁煙になっていることを理解させる。
展開	○喫煙に関する基礎的な知識を獲得する。 ・A有害な物質が含まれている。 ・喫煙による影響を知る。	○喫煙の影響にはB急性影響とC慢性影響があることをおさえる。
まとめ	○ワークシートに学習内容をまとめる。 ○D養護教諭の説話	○将来にわたって，喫煙しない態度や意志を育てる。

(1) 指導案中の下線部Aにあてはまるものを3つ答えよ。

(2) 指導案中の下線部B・Cについてそれぞれ簡潔に説明せよ。

(3) 指導案中の下線部Dでは，未成年者の喫煙の害について養護教諭として話したい。あなたならどのような話をするか記せ。

(☆☆☆☆◎◎)

【3】学校における救急処置について，次の(1)～(3)の各問いに答えよ。

(1) 学校における救急処置の医学的意義と教育的意義についてそれぞれ答えよ。

(2) 体育の授業時間中，5年1組のA君が，「バドミントンのラケットが左目に当たった」と訴え，保健室に来た。この時の対応について，次の①，②の各問いに答えよ。

① A君の傷害に対する観察点を箇条書きで答えよ。

② 観察の結果，「眼窩底骨折の疑いがある」と判断した。この後，養護教諭としてどのような対応をとればよいか答えよ。

(3) 出血を伴うけがの手当について，次の①，②の各問いに答えよ。

① 次の(ア)～(キ)に適する語句や数字を答えよ。

人間の体にある血液の量は，体重1kg当たり約(ア)mlである。全血液量の(イ)分の(ウ)を失うと生命に危険であり，(エ)分の(オ)を失うと死亡するといわれている。出血死しないとしても，体温下降や(カ)で脳に(キ)が供給されず，脳障害を起こすおそれがある。

② 額・頭頂部，頸部，前腕，手指，下腿において出血した際の，

止血すべき動脈の名称をそれぞれ答えよ。

(☆☆☆☆◎◎◎◎)

解答・解説

【一次試験】

【1】　①　カ　　②　コ　　③　イ　　④　ウ　　⑤　キ　　⑥　エ
　　　　⑦　ケ　　⑧　ク　　⑨　ア　　⑩　オ

〈解説〉1997年9月の保健体育審議会答申で養護教諭の新たな役割として，健康相談活動(ヘルスカウンセリング)が大きく取り上げられた。2008年1月の中央教育審議会答申でも養護教諭の職務について，現代的な健康課題の解決に向けた環境整備や関係者との連携のためのコーディネーターの役割，常に新たな知識や技能などを修得していくことなどが述べられている。

【2】a　人格の完成　　b　健康　　c　保健室　　d　理由　　e　期間
　　　f　自閉症　　g　学習障害　　h　早期発見　　i　換気
　　　A　教育基本法　　B　学校教育法施行規則　　C　学校保健法施行令
　　　D　発達障害者支援法　　E　児童虐待の防止に関する法律
　　　F　学校保健法

〈解説〉学校保健法はもちろんのこと，教育基本法や学校教育法についても関係する条文を覚えておきたい。発達障害等については，それぞれの障害の定義も知っておくと良いだろう。

【3】(1)　A　塩分濃度(浸透圧も可)　　B　脱水　　C　体温
　　　D　体温調節(体温調節中枢も可)　　E　(0.9%)生理食塩水　　F　足
(下肢も可)　　(2)　積極的に体を冷やす。具体的には，水をかけたり，ぬれタオルを当てて扇ぐ，氷やアイスパックがあれば，頸部，脇の下，足の付け根などの大きい血管を冷やす。　　(3)　ア，イ，オ

〈解説〉近年，学校管理下での熱中症死亡事故が発生している。これらの事故を防ぐためには，予防や発生時の適切な対応が誰でもできるようにしなければならない。　(3)　ウ　水分補給は1回ではなく，こまめにするようにする。　エ　これは熱中症予防のためのポイントではないため誤りである。詳しくは独立法人日本スポーツ振興センターが刊行している，熱中症予防のための啓発資料「熱中症を予防しよう－知って防ごう熱中症－」を参照するとよい(HPで閲覧可)。

【4】(1)　ア，ウ，エ　　(2)　①　カ　　②　オ　　③　エ　　④　イ　⑤　ア　　⑥　キ　　⑦　ウ

〈解説〉(1)　イ　相対湿度は30〜80%が望ましい。　オ　一酸化炭素は10ppm(0.001%)以下である。　(2)　検査の結果，照度が不足する場合は，増灯し，採光・照明について適切な措置を講じるようにする。まぶしさをおこす光源は，これを覆うか，又は目に入らないような措置を講じるようにする。まぶしさを起こす光沢は，その面をつや消しにするか，又は光沢の原因となる光源や窓を覆ってまぶしさを防止できるようにする。

【5】(1)　①　ウ　　②　セ　　③　ナ　　④　テ　　⑤　ス　　⑥　コ　⑦　ク　　⑧　ソ　　⑨　タ　　⑩　キ　　⑪　ト　　⑫　サ　⑬　カ　　(2)　ア　○　　イ　カタル期　　ウ　○　　エ　脳炎

〈解説〉(1)　これまでの知識だけでなく，時事など最近の動向についても問われるため，ニュースをはじめとして，文部科学省，厚生労働省等のHPや動きにも注目しておくとよい。　(2)　麻しんは感染力が強いため，予防や発生時の迅速な対応が重要である。麻疹については予防や発生時の対応等が文部科学省のHPで「学校における麻疹対策ガイドライン」が掲載されているので参照するとよい。

【６】①　安静にする　　②　冷やす　　③　固定する，圧迫する
　　④　高く上げる
〈解説〉RICE処置は打撲，捻挫，骨折等の救急処置における基本原則である。ちなみに，R:Rest，I:Ice，C:Compression，E:Elevationを表す。

【二次試験】

【１】(1)　A　1　　B　3　　(2)　C　(解説参照)　　(3)　D　1000
　　E　亜急性硬化性全脳炎　　(4)　F　(解説参照)　　(5)　G　麻しん風しん混合ワクチン　　(6)　H　(解説参照)　　(7)　感染源対策，感染経路対策，感受性対策
〈解説〉麻疹は『学校における麻しん対策ガイドライン』に目を通しておくこと(文部科学省HPにて閲覧可)。文部科学省発行のマニュアルは頻出である。　(1)　麻疹の定期予防接種は2回，1歳児と小学校段階入学前1年間の幼児である。また平成20年4月から5年間に限り，これまで1回しか定期接種の機会が与えられていなかった各年度の中学1年生と高校3年生に相当する年齢の者も対象者に位置づけられている。
(2)　麻疹は潜伏期→カタル期→発疹期→回復期と症状をたどり，カタル期が最も感染力が強い。麻疹の症状は経過をおってまとめておきたい。　(3)　亜急性硬化性全脳炎は麻疹感染後に起きる合併症である。麻疹にかかっている間に，起こる合併症は肺炎や脳炎，中耳炎，心筋炎があげられ，肺炎と脳炎が麻疹による2大死因である。麻疹は合併症を起こす頻度が高い。　(4)　先天性風疹症候群(CRS)とは，妊婦から胎児へ感染し，新生児に現れる場合のある疾患である。主な症状としては難聴(耳の症状)と白内障(眼の症状)と心臓疾患の頻度が高く，他に低体重で生まれたり，血小板減少性紫斑病脳炎等を起こす場合もある。妊婦が妊娠経過のいつ風疹を発症したかによって出生時の重症度や頻度が異なる。　(5)　MRワクチンともいう。　(6)　近年は麻疹の流行規模が当時に比べて随分小さくなり，また流行と流行の感覚も長くなったため，このブースター効果を受ける頻度が減っている。問題点としては，今世界的に麻しん排除計画が進み，他国滞在中に麻しん

を発症することは発症者及び同行者の自由が厳しく制限されるだけでなく，国際的な批判を招くことがある。南北アメリカでは2000年に，大韓民国では2006年に既に麻しん排除が達成されている。また，(4)にもあるように，妊娠初期に風疹にかかると新生児へのリスクが高いため，定期接種として無料あるいは小額で受けられる時に受けておきたい。

【2】(1)　ニコチン，タール，一酸化炭素　※他の物質もあり
　　(2)　B（解説参照）　C（解説参照）　　(3)　（解説参照）
〈解説〉(1)　ほかにシアン化合物等があげられる。それぞれの人体への作用と影響をまとめておきたい。　　(2)　B：毛細血管の収縮，脈拍数の増加，血圧上昇，酸素運搬能力の低下，のどの線毛の損傷，めまい，咳，心臓への負担等　C：肺がん，慢性気管支炎，心疾患等
　　(3)　①ニコチンによる依存が強く現れること②体力や運動能力が劣ることがみられたり，咳・痰・息切れなどの出現率が高くなる③喫煙開始年齢が低いほど喫煙関連三大疾患群(がん，虚血性心疾患，慢性閉塞性肺疾患)の発病とそれによる早死の危険が高い，ということ等をふまえる。

【3】(1)　（解説参照）　(2)　（解説参照）　(3)　①　ア　80　　イ　3
　　ウ　1　　エ　2　　オ　1　　カ　血圧低下　　キ　酸素
　　②　額・頭頂部：浅側頭動脈　　頚部：総頚動脈　　前腕：上腕動脈
手指：指動脈　　下腿：膝窩動脈
〈解説〉(1)〔例〕医学的意義：傷病者を医療機関へ送致するまで，正しい救命手当，応急手当をして，救命する。送致の対象にならない程度の軽度の場合は応急手当をして苦痛を緩和する。　教育学的意義：自他の生命や身体を守り，不慮の事故・災害に対応できる社会環境をつくるために，傷病の発生要因や防止の方法を理解し，応急手当等を身につけ，自ら進んで行う態度を養う。等　　(2)　眼部打撲時の観察点は，〔例〕①開眼可能か　②打撲原因(どのくらいの大きさでどのくらいの硬さのものが当たったのか等)　③視力　④複視の有無　⑤出血や

203

外傷はないか　⑥頭痛や吐き気はないか　⑦対光反射　⑧左右の眼球が均等に動くか。等　小さなボール(物体)は眼球そのものに損傷を与えやすく，大きなボール(物体)は眼窩底骨折を起こしやすい。眼窩底骨折を疑った場合，早急に医療機関を受診する必要がある。まばたきや眼球運動を抑制するために眼帯をしたり眼を覆う。出来る限り健側も閉じさせる(健側に伴って反対側の眼球も一緒に動いてしまうため)。眼球内容の脱出や骨折の拡大につながるため，圧迫は禁忌である。同様の理由で，鼻を強くかむことも禁忌(骨折により眼窩内と副鼻腔内とつながり，鼻をかむと骨折部位より空気が眼窩内に流入する場合があり，眼窩容量の増加につながり骨折部位の拡大・眼窩内容の脱出のおそれがある)であり注意が必要である。眼内に出血が予想される場合には仰臥位は避け，座位や枕を高めにしたり患側を上にして側臥位をとる。　　(3)　②は止血点に関する問題である。間接圧迫止血は出血部位より心臓に近い止血点を圧迫する。一方，直接圧迫止血とは，部位に関わらず受傷部を直接強く抑えることである。止血点は頻出であり，全身の止血点をまとめておくとよい。

2008年度　実施問題

【一次試験】

【1】次の文は「食に関する指導体制の整備について」(平成16年1月20日中央教育審議会答申)からの抜粋である。①〜⑩に入る語句を下の語群のア〜タから選び，記号で答えよ。

　　近年，食生活を取り巻く社会環境の変化などに伴い，偏った栄養摂取などの食生活の乱れや，（　①　）傾向の増大，過度の（　②　）などが見られるところであり，また，増大しつつある（　③　）と食生活の関係も指摘されている。このように，望ましい（　④　）の形成は，今や国民的課題となっているともいえる。・・・中略

　　子どもの体力は低下傾向が続いており，体力の向上のためには，適切な（　⑤　）と十分な（　⑥　）に，調和のとれた（　⑦　）という，健康3原則の徹底による生活習慣の改善が不可欠である。・・・中略

　　このように，子どもの体力の向上を図るとともに，食に関する（　⑧　）の育成を通じて将来の（　③　）の危険性を低下させるなど，子どもが将来にわたって健康に生活していけるようにするためには，子どもに対する食に関する指導を充実し，望ましい（　④　）の形成を促すことが極めて重要である。

　　また，（　⑨　）は今後の教育が目指すべき「（　⑩　）」の基礎となるものであり，食に関する指導の充実は，子どもの「（　⑩　）」を育んでいく上でも非常に重要な課題であるといえる。

語群

ア　運動	イ　食物アレルギー	ウ　生きる力			
エ　生活習慣病	オ　自己管理能力	カ　食習慣			
キ　確かな学力	ク　精神	ケ　痩身	コ　心		
サ　給食	シ　栄養管理	ス　食事	セ　肥満		
ソ　休養・睡眠	タ　健康と体力				

（☆☆◎◎◎）

【２】次の(1)～(5)は法令の条文である。それぞれについて，下線部①～
⑩が正しければ○印を，まちがっていれば，正しい語句あるいは数字
を答えよ。また，A～Eには，これを定めている法令の名称を答えよ。

(1)　養護教諭の免許状を有する者(五年_①以上養護教諭として勤務し
たことがある者に限る。)で養護教諭として勤務しているものは，当
分の間，第三条の規定にかかわらず，その勤務する学校(幼稚園を
除く。)において，保健の教科の領域に係る事項(小学校又は特別支援
学校の小学部にあっては，体育_②の教科の領域の一部に係る事項
で文部科学省令で定めるもの)の教授を担任する教諭又は講師とな
ることができる。

[　A　]附則第15項

(2)　都道府県の教育委員会_③は，学校内において，伝染病_④にか
かつており，又はかかつておる疑がある児童，生徒，学生又は幼児
を発見した場合において，必要と認めるときは，学校医に診断させ，
法第十二条の規定による早期治療_⑤の指示をするほか，消毒その
他適当な処置をするものとする。

[　B　]第22条

(3)　学校給食_⑥は，食に関する適切な判断力を養い，生涯にわたっ
て健全な食生活を実現することにより，国民の心身の健康の増進と
豊かな人間性_⑦に資することを旨として，行わなければならない。

[　C　]第2条

(4)　災害共済給付は，部活動中_⑧における児童生徒等の災害につき，
学校の設置者が，児童生徒等の保護者(児童生徒等のうち生徒又は
学生が成年に達している場合にあっては当該生徒又は学生。次条第
四項において同じ。)の同意_⑨を得て，当該児童生徒等についてセン
ターとの間に締結する災害共済給付契約により行うものとする。

[　D　]第16条第1項

(5)　養護教諭_⑩は，校長の監督を受け，小学校における保健に関す
る事項の管理に当る。

[　E　]第22条の4

(☆○○○○○)

【3】 [発達障害]について(1)・(2)の問いに答えよ。

障害名	定　義
LD（学習障害）	基本的には全般的な知的発達に遅れはないが、聞く、（　ア　）、読む、書く、（　イ　）、（　ウ　）能力のうち特定のものの習得と使用に著しい困難を示す様々な状態を指すものである。
A	年齢あるいは発達に不釣り合いな注意力、又は衝動性、多動性を特徴とする行動の障害で、社会的な活動や学業の機能に支障をきたすものである。
高機能自閉症	（　エ　）歳くらいまでに現れ、①他人との（　オ　）の形成の困難さ、②（　カ　）の発達の遅れ、③興味や関心が狭く特定のものに（　キ　）ことを特徴とする行動の障害である自閉症のうち、（　ク　）に遅れを伴わないものをいう。また、（　ケ　）に何らかの要因による機能不全があると推定される。

(1) 表中 A にあてはまる障害名をアルファベットを用いて答えよ。

(2) 表中のア～ケにあてはまる語句を答えよ。

(☆☆◎◎◎)

【4】 学校環境衛生の基準(平成16年2月10日改訂)の教室等の空気環境について，(1)～(4)の問いに答えよ。

[ホルムアルデヒド及び揮発性有機化合物について]

（　検査事項　）と（　判定基準　）	（　事後措置　）
検査は、ア、イの事項について行い、特に必要と認める場合は、ウ～カの事項についても行う。 ア　ホルムアルデヒド（夏期に行うことが望ましい）・・・　③ ppm以下であること イ　トルエン　・・・　④ ppm以下であること ウ　キシレン　・・・　⑤ ppm以下であること エ　パラジクロロベンゼン　・・・　⑥ ppm以下であること オ　①　・・・　0.88ppm以下であること カ　②　・・・　0.05ppm以下であること	⑦
（　検査方法　）	
検査は、普通教室、音楽室、図工室、コンピュータ教室、体育館等必要と認める教室において、原則として次の方法によって行う。 ア　採取は、授業を行う時間帯に行い、当該教室で授業が行われている場合は、通常の授業時と同様の状態で、当該教室に児童生徒等がいない場合は窓等を閉めた状態で、　⑧　の高さで行う。なお、測定する教室においては、採取前に、　⑨　以上換気の後、　⑩　以上密閉してから採取を行う。 イ　採取時間は、吸引方式では30分間で　⑪　以上、拡散方式では　⑫　以上とする。 ウ　測定は、　⑬　が室内空気中化学物質の濃度を測定するための標準的な方法として示した、次の（ア）、（イ）によって行う。または（ア）及び（イ）と相等の方法によって行うこともできる。 （ア）ホルムアルデヒドは、ジニトロフェニルヒドラジン誘導体固相吸着溶媒抽出法によって採取し、高速液体クロマトグラフ法によって行う。 （イ）揮発性有機化合物は、固相吸着溶媒抽出法、固相吸着加熱脱着法、容器採取法の3種の方法のいずれかを用いて採取し、　⑭　一質量分析法によって行う。	

(1) 表中 ① ， ② は平成16年2月10日の改訂で新たに追加されたものである。あてはまる語句を答えよ。

(2) 表中 ③ ～ ⑥ にあてはまる判定基準を次のA～Hから選び，記号で答えよ。

A　0.20ppm以下　　B　0.01ppm以下　　C　0.04ppm以下

D　0.66ppm以下　　E　0.55ppm以下　　F　0.08ppm以下

G　0.07ppm以下　　H　0.10ppm以下

(3)　表中 ⑦ について，判定基準を超えた場合に行う主な事後措置を2つ答えよ。

(4)　表中 ⑧ ～ ⑭ について，あてはまるものを次の語群のA～Nから選び，記号で答えよ。

語群

A　目　　　　B　座高　　　C　ガスクロマトグラフ
D　2回　　　E　6時間　　F　厚生労働省　　G　5時間
H　30分　　 I　8時間　　J　文部科学省　　K　直接測定法
L　机上　　　M　5回　　　N　ザルツマン法　　O　3回

(☆☆○○○○)

【5】次に示した代表的な性感染症について，(1)～(4)の各問いに答えよ。

性感染症	潜伏期間	症　状
A梅毒	①	a
淋菌感染症	2～9日	b
B	②	男性→尿道から膿が出る。排尿の時に痛いが，やや軽い痛み。 女性→自覚症状がない場合が多い。腹膜炎を起こして腹痛で発見されることがある。
性器ヘルペスウイルス感染症	③	c
尖形コンジローム	④	d
HIV感染症・AIDS	⑤	e
トリコモナス感染症	⑥	f

(1)　表中の下線部Aの合併症について正しく述べた文を次のア～ウから1つ選び，記号で答えよ。

ア　尿道狭窄。放置すると前立腺炎，副睾丸炎になることがある。

イ　母胎内で胎児が感染すると奇形になることがある。治療が遅れると後遺症が残ることがある。

ウ　卵管狭窄による不妊症になることがある。

(2)　表中 B にあてはまる性感染症名を答えよ。

(3)　表中 ① ～ ⑥ にあてはまる潜伏期間を次の語群ア～カから選び，それぞれ記号で答えよ。

語群　ア　2～3週　　イ　2～10日　　ウ　3週～8月
　　　エ　1～3週　　オ　3～4週　　カ　5～10年

(4) 表中a〜fにあてはまる症状を次のア〜カから選び，それぞれ記号で答えよ。

ア 性器に痛みを伴う小さい水疱が多発する。水疱が破れてびらんや潰瘍ができる。

イ 男性→尿道から膿が出る。排尿の時に痛い。女性→自覚症状のない場合が多い。腹膜炎を起こして腹痛で発見されることがある。膿のようなおりもの。(膿性帯下)

ウ 感染後，性器や足の付け根にしこりができる。約3か月後から全身に赤い斑点ができ，治療しなければ眼，心臓，神経等に様々な症状が出ることがある。

エ キャリアの状態では無症状である。前段階では，発熱，下痢，体重減少等が起こる。

オ 性器及びその周辺に先の尖った鶏冠状の疣がいくつもできる。痛みを伴わない。

カ 男性→特になし。女性→黄色いおりもの。(黄色帯下)

(☆☆☆☆◎◎◎)

【6】アトピー性皮膚炎の発症や悪化の要因を5つ以上記せ。

(☆☆◎◎◎)

【7】ウイルス感染症について(1)〜(3)の各問いに答えよ。

病名	病原体	感染経路
A	アデノウイルス3型、7型	飛沫
急性出血性結膜炎	エンテロウイルス70型	①
伝染性紅斑	a	飛沫
手足口病	b	② 、経口
B	ムンプスウイルス	③
流行性角結膜炎	c	④
伝染性軟属腫	d	接触

(1) 表中の A ， B にあてはまる正式な病名を漢字で答えよ。

(2) 表中の語句 a 〜 d に関係の深い病原体を次のア〜エから選び，記号で答えよ。

ア コクサッキーウイルスA16型　　イ ヒトパルボウイルスB19
ウ アデノウイルス8型　　　　　　エ ポックスウイルス

(3)　表中の　①　～　④　にあてはまる感染経路を答えよ。

(☆☆☆◎◎◎◎)

【二次試験】

【1】学校において予防すべき伝染病(学校保健法施行規則の一部を改正する省令　平成19年4月1日から施行)について次の(1)～(4)の各問いに答えよ。

(1)　学校保健法施行規則の一部を改正する省令(平成19年4月1日から施行)により，第1種に新たに加わった伝染病を答えよ。

(2)　(1)の伝染病について説明せよ。

(3)　学校保健法施行規則の一部を改正する省令(平成19年4月1日から施行)により，第1種から第3種へ変更された伝染病が4つある。その伝染病を答えよ。

(4)　次の表は，第2種の伝染病とその出席停止の期間の基準である。空欄にあてはまる語句や数を埋めよ。

種別	伝染病	出席停止の期間の基準
第2種	・インフルエンザ	解熱した後　　　　　日を経過するまで
	・百日咳	特有の　　　　　が消失するまで
	・麻疹	解熱した後　　　　　日を経過するまで
	・流行性耳下腺炎	耳下腺の　　　　　が消失するまで
	・風疹	が消失するまで
	・水痘	すべての発疹が　　　　　するまで
	・咽頭結膜熱	主要症状が消退した後　　　　　日を経過するまで
	・結核	病状により学校医その他の医師において伝染のおそれがないと認めるまで

(☆☆☆◎◎◎◎)

【2】健康増進法第25条について，次の(1)～(3)の各問いに答えよ。

第25条　（　A　），（　B　），病院，劇場，観覧場，集会場，展示場，百貨店，事務所，官公庁施設，飲食店，その他の多数のものが利用する施設を管理する者は，これらを利用する者について，①受動喫煙を防止するために②必要な措置を講ずるように努めなければならない。

(1)　条文中A，Bにあてはまる語句を答えよ。

(2)　条文中の下線部①について，説明せよ。

(3)　条文中の下線部②について，どのような措置があるか具体的に記せ。

（☆☆☆◎◎◎）

【3】非常災害時の子どもの心のケアを適切に行うためには，学校において平常時から，子どもの心の健康への支援体制を確立しておく必要がある。これについて，養護教諭の役割(専門的な立場からの対応)を5つ答えよ。

（☆☆☆◎◎◎）

【4】児童生徒にとっての朝食の効用について，3点に分けて説明せよ。

（☆☆☆◎◎◎◎）

【5】あなたが赴任したA小学校で歯科検診をしたところ，う歯罹患率が市や県，全国の平均と比較して非常に高いことがわかった。あなたは，これをA小学校児童の健康課題であると判断した。この課題解決に向けて，養護教諭としてのあなたの具体的な取り組みを記せ。

次の事例を読んで，あとの問いに答えよ。

中3のA子は，素直で明るく，学習成績は中の上，テニス部に所属し，部長を務めている。学級や部活動の仲間たちと，休み時間や放課後，週に1～2回，保健室に来室しては，談笑していく。私(養護教諭)も会

話に入りながら，特に問題を感じることもなかった。

　ある日，Ａ子が一人で来室した。おかしいな？とは思ったが，最近，他の中学校のテニス部のＢ男とつきあっていることなどをいつも以上に明るく話して帰ったので，取り立てて詮索しなかった。

　その後，Ａ子の仲間たちが，保健室に来ても，Ａ子の姿はなく，２～３回そのような状況が続いたので，「最近，Ａちゃん一緒じゃないね。どうしたの？」と聞いたところ，「Ａちゃん，最近，すぐ帰るから。」との返答だった。

　そんなある日，職員室で，Ａ子の学級担任が「最近，Ａ子の学習成績が下がっていて，お母さんも心配しておられるんだ。どうしたのかな？。」と他の先生に話しているのを耳にした。私は定期検診の準備で忙しく，それどころではなかった。

　ところが，ある日の放課後，Ａ子が大変暗く不安そうな表情で来室した。ちょうど保健室には私しかいなかったので，中へ招き入れて椅子に座らせ，「何かあったの？」と聞いたところ，Ａ子は，泣きながら「生理が遅れているの。」と言った。

(☆☆☆◎◎)

【６】次の(1)，(2)について，合わせて800字以内で述べよ。
(1)　あなたが考える，養護教諭に求められる資質及び生徒等に対する
　　対応の仕方。
(2)　あなたがこの養護教諭であった場合の，Ａ子の訴えに対する今後
　　の対応。

(☆☆☆◎)

解答・解説

【1】① セ　②ケ　③エ　④カ　⑤ア　⑥ソ
⑦ ス　⑧オ　⑨タ　⑩ウ

〈解説〉「食に関する指導体制の整備について（答申）」は，「第1章　基本的な考え方」「第2章　栄養教諭制度の創設」「第3章　食に関する指導の充実のための総合的な方策」学校における食に関する指導の充実の観点からまとめられている。

【2】(1)　①　三年　②　○　(2)　③　校長　④　○
⑤ 出席停止　(3)　⑥　食育　⑦　○　(4)　⑧　学校の管理下
⑨ ○　(5)　⑩　保健主事　A　教育職員免許法　B　学校保健法施行規則　C　食育基本法　D　独立行政法人日本スポーツ振興センター法　E　学校教育法施行規則

〈解説〉養護教諭の職務および学校保健に関する法律については，熟知しておく必要がある。

【3】(1)　A　ADHD　(2)　ア　話す　イ　計算する　ウ　推論する
エ 3　オ　社会的関係　カ　言葉　キ　こだわる
ク 知的発達　ケ　中枢神経系

〈解説〉ADHD(Attention-Deficit/Hyperactivity Disorder)とは，注意欠陥多動性障害のことである。ちなみにLDとは，Learning Disabilitiesの略語である。平成18年4月より，通級による指導の対象にLD・ADHDが新たに加えられ，平成19年4月から「特別支援教育」が学校教育法に位置づけられた。

【4】(1)　①　エチルベンゼン　②　スチレン　(2)　③　F
④ G　⑤　A　⑥　C　(3)　⑦　換気を励行する。発生の原因

213

を究明し，汚染物質の発生を低くする。　　(4)　⑧　L　　⑨　H

⑩　G　　⑪　D　　⑫　I　　⑬　F　　⑭　C

〈解説〉平成12年6月に厚生労働省が，空気中の化学物質により膚や眼，咽頭，気道などの皮膚・粘膜刺激症状や全身倦怠，めまい，頭痛・頭重などの不定愁訴といった，いわゆるシックハウス症候群に関し，室内空気中化学物質濃度の指針値を設定した。文部科学省では，これを受けて，「学校環境衛生の基準」が平成16年2月に改訂された。

【5】(1)　イ　　(2)　B　性器クラミジア感染症　　(3)　①　オ
②　エ　③　イ　④　ウ　⑤　カ　⑥　ア　　(4)　a　ウ
b　イ　c　ア　d　オ　e　エ　f　カ

〈解説〉10代の性感染症が増加しており，その中でも「クラミジア」「性器ヘルペス」「尖形コンジローム」「B型肝炎」「エイズ」などの自覚症状がほとんどなく，これまでの抗生物質が効かない新しい性感染症の感染の拡大が問題となっている。そのため，性感染症流行の実態を把握し，予防教育を行う必要がある。「財団法人　性の医学財団」のHPを参照。

【6】アトピーによる素因(体質)　　掻くこと　　食べ物　　室内のチリ，
ダニ，細菌，カビ　　ストレス　　かぶれ　　衣類による刺激
ペット　汗　汚れ　日光　乾燥　カビ　夜更かし　など

〈解説〉遺伝的素因を基盤として，さまざまなアレルゲンと機械的刺激に曝された時に起こる皮膚炎のことであるが，その発症の仕組みはまだ不明な点が多い。また，心理的ストレスも悪化の原因とされている。アトピー性皮膚炎の悪化を予防するためには，皮膚を清潔に保ち，皮膚の乾燥を防ぐケアを行うことが重要であり，規則正しい生活やバランスのとれた食事，適度な運動などの健康的な生活習慣を心がけることも大切である。

【7】(1)　A　咽頭結膜熱　　B　流行性耳下腺炎　　(2)　a　イ
b　ア　c　ウ　d　エ　　(3)　①　接触　　②　飛沫　　③　飛沫
④　接触

〈解説〉咽頭結膜熱：学校伝染病第2種，出席停止期間の基準は，主要症
状が消退した後2日を経過するまで。　　急性出血性結膜炎：学校伝染
病第3種，出席停止期間の基準は，症状により学校医，その他の医師
において伝染のおそれがないと認めるまで。　　伝染性紅斑（リンゴ
病）：学校伝染病第3種，出席停止期間の基準は，症状により学校医，
その他の医師において伝染のおそれがないと認めるまで。　　手足口
病：学校伝染病第3種，出席停止期間の基準は，症状により学校医，
その他の医師において伝染のおそれがないと認めるまで。　　流行性耳
下腺炎：学校伝染病第2種，出席停止期間の基準は，耳下腺の腫脹が
消失するまで。　　流行性角結膜炎：学校伝染病第3種，出席停止期間
の基準は，症状により学校医，その他の医師において伝染のおそれが
ないと認めるまで。　　伝染性軟属腫（水いぼ）：学校伝染病第3種，
症状により学校医，その他の医師において伝染のおそれがないと認め
るまで。

【二次試験】

【1】(1)　南米出血熱　　(2)　（解答例）南米ウイルス出血熱とは，ア
ルゼンチン出血熱，ボリビア出血熱，ベネズエラ出血熱，ブラジル出
血熱の総称で，それぞれアレナウイルスに属するウイルスによる出血
性熱性疾患のことである。流行地に棲息するネズミの唾液や排泄物と
の接触または排泄物に汚染された食器や食物を介しての感染や汚染さ
れた粉塵の吸入，出血熱患者との接触などにより感染する。　　(3)　コレ
ラ，細菌性赤痢，腸チフス，パラチフス　　(4)　インフルエンザ　二
百日咳　咳　麻疹　三　流行性耳下腺炎　腫脹　風疹　発疹
水痘　痂皮化　咽頭結膜熱　二

〈解説〉学校保健法施行規則の一部を改正する省令(平成19年文部科学省
省令第6号)が平成19年3月30日に公布され，同4月1日から施行された。

　学校保健法施行規則第19条に規定された伝染病の種類は次のとおりである。

第一種　エボラ出血熱，クリミア・コンゴ出血熱，痘瘡，南米出血熱，ペスト，マールブルグ病，ラッサ熱，急性灰白髄炎，ジフテリア及び重症急性呼吸器症候群(病原体がコロナウイルス属SARSコロナウイルスであるものに限る。)

第二種　インフルエンザ，百日咳，麻疹，流行性耳下腺炎，風疹，水痘，咽頭結膜熱及び結核

第三種　コレラ，細菌性赤痢，腸管出血性大腸菌感染症，腸チフス，パラチフス，流行性角結膜炎，急性出血性結膜炎その他の伝染病

【２】(1)　A　学校　　B　体育館　　(2)　受動喫煙とは，室内又はこれに準ずる環境において，他人のたばこの煙を吸わされること。

(3)　(解答例)　敷地内全てや屋内(建物の中)を禁煙として標示したり，屋外に喫煙場所を設置する場合は，非喫煙者が受動喫煙しない場所に設置し，標示したりする。また，分煙対策として，煙やにおいが漏れない分煙室を設置したり，喫煙席と禁煙席を遮断するなどの方法を行う。

〈解説〉高齢化の進展や疾病構造の変化に伴い，国民の健康の増進の重要性が増大しており，健康づくりや疾病予防を積極的に推進するため，医療制度改革の一環として，健康増進法は平成14年8月2日に公布された。健康増進法第25条は，受動喫煙による健康への悪影響を排除するため，多くの人が利用する施設の管理者に対して，受動喫煙を防止する措置をとる努力義務を課している。本条において，受動喫煙とは，「室内又はこれに準ずる環境において，他人のたばこの煙を吸わされること」と定義されている。

【３】(解答例：次の項目の中から，5つ答える。)　①　子どもの健康観察の項目や結果について専門的検討を加える。　②　保健室来室状況の把握を常に行う。　③　心身の健康調査の調査統計等に助言・協

力する。　④　臨時の健康診断を常に実施できる準備をしておく。
⑤　健康相談活動を展開する。　⑥　専門家等との連携を図り，連携
図等を作成する。　⑦　災害時においても常に保健室が運営できる条
件づくりをする。

〈解説〉災害に遭遇した子どもに対しては，できるだけ早い段階に，適切
な対応をすることが重要である。また，災害後に起こる子どもの心身
の健康への影響について教職員が十分に共通理解しておくことで，災
害時の子どもに対しても教育的配慮のある対応ができる。さらに詳し
い内容については，「非常災害時における子どもの心のケアのために」
(文部科学省，平成15年)を参照。

【4】(解答例)　まず一つめの効用は，朝食を取ることにより，睡眠中に
下がった体温を上昇させて，血流を良くする。それによって，消化器
官や脳の活動を促したり，咀嚼，嚥下といった食行為によって感覚神
経も刺激され，体全体を目覚めさせることである。二つめに，夜の間
に消費されたブドウ糖を朝食によって供給することで，脳を活性化さ
せ集中力を高めることができる。三つめに，生活習慣病を防ぐという
効用がある。これは，朝食を抜くことによって，一食の食事量が多く
なり，血糖値が上昇し，過剰になったブドウ糖が脂肪として蓄積され
たり，反対に食事量が減り，栄養不足になることもあるため。

〈解説〉子ども達が健やかに成長していくためには，適切な運動，調和の
とれた食事，十分な休養・睡眠が大切である。今日の子どもの課題と
して，食事，休養・睡眠，運動といった基本的生活習慣の乱れがあげ
られている。基本的生活習慣の乱れは，学習意欲や体力，気力の低下
などの要因の一つとして指摘されており，それを社会的な課題として
解決に取り組んでいくことが重要である。また，文部科学省では「子
どもの生活リズム向上プロジェクト」として，全国的な普及啓発活動
や調査研究を行っている。

【5】(解答例)　養護教諭の取り組みとして，次のことを行う。　①　う歯罹患者や保護者に対して，治療勧告や個別の保健指導を行う。　②　学級活動や全校集会において保健指導を実施する。　③　学級担任や保護者へ保健資料や情報を提供する(保健便り等の活用)。　④　児童保健委員会の活動を通して，全校児童へ啓発を行う。　⑤　う歯罹患者とその保護者に対して，学校歯科医による健康相談を実施。　⑥　学校保健委員会の議題として取り上げ，学校や保護者，関係者のそれぞれの取り組みや連携のあり方について協議する。

〈解説〉児童の健康問題の解決において，健康にとって望ましい行動を身につけさせるという点から，保護者との密接な連携を図ることが重要となってくる。そのため，学校で児童への保健指導とともに，保護者に対しても健康問題やその解決に向けた取り組みへの意識を高めるために健康相談や情報提供などの啓発活動を行う必要がある。

【6】解説参照

〈解説〉対応としては，①本人の生理が来ないことに対する不安な気持ちを受け止める。②状況を把握するために，A子から情報を聞き出す。②生徒が自分自身の状態や状況を理解するための正確な知識や情報を教える。③妊娠の可能性が考えられる場合には，保護者や医療機関と連携した対応を行う（生徒にも説明をしておく必要がある）。④事実を確認した上で，医療機関等の関係機関に紹介する。などがあげられる。

　本事例の場合，A子の訴えは「生理が遅れている」であり，妊娠の可能性も考えられるが，他の可能性も考えられる。そのため，本人の気持ちを受け止めつつ，得た情報や状況を冷静に分析し，あらゆる可能性を想定することが必要である。

2007年度　実施問題

【一次試験】

【1】次の文は「健康教育が目指すこと」(平成9年9月22日　保健体育審議会答申)からの抜粋である。①～⑩に入る語句をそれぞれ下の語群から選び，その記号で答えよ。

　健康教育の目標は，時代を超えて変わらない健康課題や日々生起する健康課題に対して，一人一人がよりよく（　①　）していく（　②　）や資質を身に付け，（　③　）を通して健康で安全な生活を送ることができるようにすることである。

　このためにも，健康教育においては，単に（　④　）を習得するためだけに行われるものではなく，自分自身の（　⑤　）と体を大切にし，高めることが大切であるという内面に根ざした人としての（　⑥　）観を身に付け，知識を（　⑦　）に生かす態度の育成を重視する必要がある。……中略

　このような「健康の価値を認識し，自ら（　⑧　）を見付け，健康に関する知識を理解し，（　⑨　）的に考え，判断し，（　⑩　）し，よりよく（　⑧　）を解決する」という過程そのものが[生きる力]を身に付けることにもつながるものと考える。

語群

A	能力	B	客観	C	基礎基本	D	学校	E	解決
F	価値	G	実践	H	行動	I	体験	J	主体
K	心	L	生涯	M	知識	N	課題	O	健康
P	生活								

(☆☆◎◎)

【2】次の(1)～(5)は法令の条文である。それぞれについて，下線部が正しければ○印を，まちがっていれば，正しい語句あるいは数字を記せ。また，A～Eには，これを定めている法令の名称を記せ。

(1)　学校，児童福祉施設，病院その他児童の福祉に業務上関係のある団体及び学校の教職員，児童福祉施設の職員，医師，保健師，弁護士その他児童の福祉に職務上関係のある者は，児童虐待を発見しやすい立場にあることを自覚し，児童虐待の①防止に努めなければならない。[　　Ａ　　]　　　　　　　　　　　　　第5条

(2)　学校においては，前条の健康診断の結果に基き，疾病の②予防処置を行い，又は治療を指示し，並びに③学習及び作業を軽減する等適切な措置をとらなければならない。[　　Ｂ　　]　　　　　　第7条

(3)　④市町村の教育委員会は，学校保健法(昭和33年法律第56号)⑤第6条に規定する健康診断を行うに当たり，発達障害の早期発見に十分留意しなければならない。[　　Ｃ　　]　　　　　　　　第5条第2項

(4)　⑥学校は，児童又は生徒が進学した場合においては，その作成に係る当該児童又は生徒の健康診断票を進学先の⑦保健室に送付しなければならない。[　　Ｄ　　]　　　　　　　　　　第6条第2項

(5)　健康増進事業実施者は，健康教育，健康相談その他⑧子どもの健康の増進のために必要な事業(以下「健康増進事業」という。)を積極的に推進するよう努めなければならない。　　(　　Ｅ　　)　第4条

　　　　　　　　　　　　　　　　　　　　　(☆☆☆◎◎◎◎)

【3】次の①～⑥は「学校環境衛生の基準」(平成16年2月改訂)で示されている〔教室等の空気〕に関する検査項目である。「学校環境衛生の基準」で示される検査方法，測定に関係するものを，それぞれ下の語群からすべて選び，その記号を記せ。

①　温度・相対湿度　　②　二酸化炭素　　③　気流
④　二酸化窒素　　⑤　落下細菌　　⑥　実効輻射温度

語群

A　カタ温度計　　B　DPD法　　C　標準寒天培地　　D　微風速計
E　ザルツマン法　　F　相対濃度　　G　アスマン通風乾湿計
H　黒球温度計　　I　検知管　　J　コロニー数

　　　　　　　　　　　　　　　　　　　　　(☆☆☆◎◎◎◎)

【4】 伝染病・食中毒について(1)～(4)の問いに答えよ。

(1) 次の①～⑧は，学校保健法施行規則では第何種の伝染病か，数字で記せ。

① O−157 ② 流行性角結膜炎 ③ マイコプラズマ肺炎

④ 結核 ⑤ 細菌性赤痢 ⑥ インフルエンザ

⑦ 感染性胃腸炎 ⑧ 麻疹

(2) インフルエンザの出席停止の期間の基準を記せ。

(3) 次の文は「学校におけるインフルエンザ予防措置要項」(昭和32年10月 文部省通達)に示されているインフルエンザが集団発生した際の学校がとるべき措置についての記述である。⑩～⑬の空欄に適する語句を下の語群から選び，その記号を記せ。

インフルエンザが発生して，欠席率が(⑩)より急速に高くなったとき，または被患者が急激に多くなったときは，その状況を考慮し，また，その(⑪)における(⑫)状況を参酌の上時期を失うことなく学級又は(⑬)を単位として，臨時に休業を行うこと。

語群

A 学校 B 20％ C 地域 D 学年 E 保健所
F 30％ G 平素の欠席率 H 流行

(4) 最近多発しているウイルス性食中毒の原因の1つ，ノロウイルスはどこで増殖するか，記せ。また，ノロウイルスの感染ルートを2つあげ，箇条書きで記せ。

(☆☆☆◎◎◎◎)

【5】 次の〔A〕～〔C〕は，保健統計上で使用される指標を算出する式である。

各式の空欄①～③に適する語句や数値を記入して式を完成せよ。また，〔C〕式中の「DMF」とは何か，説明せよ。

〔A〕 $\dfrac{体重(kg)}{身長(m)^2}$ ＝[①]

〔B〕 $\dfrac{体重(kg)}{身長(cm)^3} \times [\quad ②\quad] = ローレル指数$

〔C〕 $\dfrac{被受診者全員のDMF歯の合計}{被受診者数} = [\quad ③\quad]$

(☆☆◎◎◎)

【6】下の図は，人体の骨格の一部及び骨の断面図である。次の(1)，(2)の問いに答えよ。

(1)　A～Hに対応するそれぞれの名称を記し，骨の役割を4つあげよ。

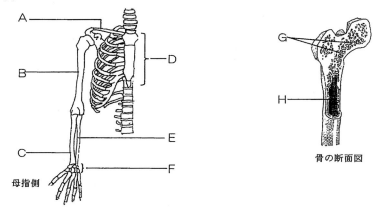

骨の断面図

母指側

(2)　次の文は骨折時の症状及びその救急処置について述べている。空欄の①～⑨に適する語句をあとの語群から選び，その記号を記せ。

ア　骨折があるときは，一般的に，捻挫・打撲等と比べると痛みが激しく，（　①　）の変色，異常（　②　），軋轢音，機能障害，（　③　）痛がある。

イ　骨折によって（　④　）を起こしたときは仰向きに寝かせ，頭を少し高くして身体を保温する。

ウ　骨折の救急処置の原則は，骨折した部位を動かさないことである。副木で固定するときは，骨折部の（　⑤　）の関節にまたがる長さのものとする。

エ　鎖骨骨折の時に三角巾を利用するときは，骨折した方の

(⑥)を全巾で(⑦)から吊り，さらに他のたたみ三角巾で上腕と身体を(⑧)する。

オ　固定後，出血や痛みを少なくするために(⑨)した位置に骨折部を保つのがよい。

語群

A　前腕	B　介達	C　皮膚	D　上下	E　肩
F　変形	G　手首	H　爪	I　真上	J　垂直に
K　挙上	L　固定	M　持続	N　意識障害	O　可動
P　首	Q　嘔吐	R　ショック症状		

(☆☆◎◎◎)

【7】次の①～④の用語に関係するものを下の語群の中からそれぞれ2つずつ選び，その記号を記せ。

① ブレインストーミング　　② ロールプレイング

③ 交流分析　　　　　　　　④ 来談者中心療法

語群

A　カウンセリングスキルの訓練　　　B　集団的思考法

C　描画法　　　　　　　　　　　　　D　非指示的カウンセリング

E　思いつき・アイデアを出し合う　　F　バーン

G　共感性の訓練　　　　　　　　　　H　TEG(東大式エゴグラム)

I　家屋，樹木，人物の絵を描く　　　J　P－Fスタディ

K　ロジャーズ　　　　　　　　　　　L　コラージュ療法

(☆☆◎◎◎)

【二次試験】

【1】次の条文は，健康診断における検査の項目(学校保健法施行規則第4条より抜粋)である。( )にそれぞれ正しい語句を記せ。

一　身長，( )及び( )

二　( )状態

三　( )及び胸郭の疾病及び異常の有無

四　視力及び( )

　五　眼の疾病及び異常の有無

　六　耳鼻咽頭疾患及び(　　　　)疾患の有無

　七　歯及び(　　　)の疾病及び異常の有無

　八　(　　　　)の有無

　九　(　　　　)の疾病及び異常の有無

　十　尿

十一　(　　　)の有無

十二　その他の疾病及び異常の有無

(☆◎◎◎◎◎)

【２】「突然死」について，次の(1)(2)の問いに答えよ。

(1)　①～⑤の(　　　)に最も適切な語句を下のそれぞれの語群から1つ選んで記号で答えよ。また，[　　　]には，適する語を書き入れよ。

　　毎年，学校管理下で少なからず突然死の例を認めている。その突然死の原因をみると，心臓に起因したと思われるものが全体の(　①　)％を占めている。主たる原因疾患は先天性心疾患，(　②　)，一部の(　③　)である。突然死発生の状況をみると，(　④　)との関係が強く示唆されている。特に(　⑤　)においてこの傾向が強い。

　　また，健康な子供や若い人の「胸部」に衝撃が加わることにより起こる突然死がある。その多くは競技スポーツ中に発生しているが，これを[　　　]と言う。胸に比較的軽い衝撃を受けた直後に，突然虚脱状態となって死亡するもので，心臓及び胸部に病気や構造的な損傷がないのが特徴で，1990年代に米国において報告され，注目されるようになった。これらの心臓系の突然死の救命率を高めるために，現在，心肺蘇生法とともに，[　　　]の普及が求められている。

	語　　　群		
①	ア　90	イ　80	ウ　65
②	ア　心筋症	イ　リウマチ性弁膜症	ウ　胸郭異常
③	ア　無害性心雑音	イ　スポーツ心臓	ウ　不整脈
④	ア　朝食摂取	イ　生活リズム	ウ　運動
⑤	ア　幼児・小学生	イ　小学生・中学生	ウ　中学生・高校生

(2)　4歳以下の乳幼児期で発症し，心臓障害の後遺症を残すことがあるために心臓病管理が必要とされる疾患名を答えよ。

(☆◎◎◎)

【3】脊柱側わん症早期発見のための4つのチェックポイントを箇条書きせよ。

(☆☆◎◎◎◎)

【4】次の消毒剤について，あてはまるものを(1)～(5)はA群，(6)～(10)はB群からそれぞれ選び，記号で記せ。

消　毒　剤	特徴（A群より選択）	用途（B群より選択）
エチルアルコール	(1)	(6)
グルコン酸クロルヘキシジン	(2)	(7)
次亜塩素酸ナトリウム	(3)	(8)
クレゾール石けん液	(4)	(9)
塩化ベンザルコニウム	(5)	(10)

A　群	B　群
ア　皮膚に対する刺激が弱く低毒性である。ただし，粘膜・耳への使用は禁忌。	カ　ノロウイルスの消毒
イ　即効的な殺菌力を発揮する。金属に対しては腐食性が高いため使用は避ける。	キ　創傷，挫傷等の消毒
ウ　揮発性が高いため乾きが早く，使用しやすい。	ク　便所等の消毒等に使用
エ　皮膚粘膜に対する刺激性が少なく臭気がほとんどない。	ケ　手，器具，創傷周囲の消毒
オ　結核菌に有効であるが，皮膚刺激と強い臭気がある。	コ　手指，器具等の消毒に用いるが普通石けんとの併用は不可

(☆☆☆◎◎)

【5】下の①～⑫の病原微生物について，主な感染経路として適するものを次の語群から選び，その記号を記せ。

語群

ア　空気感染　　イ　接触感染　　ウ　経口感染　　エ　経皮感染

①　アタマジラミ　　②　リケッチア　　③　病原性大腸菌

④　肺炎球菌　　⑤　日本脳炎　　⑥　A型肝炎

⑦　HIV　　　　　　⑧　B型肝炎　　　　　⑨　麻疹ウイルス

⑩　破傷風菌　　　　⑪　カンピロバクター　⑫　コレラ菌

(☆☆◎◎◎)

【6】日常における伝染病・食中毒の集団発生防止対策について，簡潔に6点にまとめて記せ。

(☆☆☆☆◎◎◎)

【7】保健室に求められる機能は，社会の変化とともに変化している。平成9年9月の保健体育審議会答申もふまえ，期待されている保健室の機能について，簡潔に6点にまとめて記せ。

〔例〕けがや病気などの児童生徒の救急処置や休養の場としての機能

(☆☆☆◎◎◎)

解答・解説

【一次試験】

【1】①　P　　②　A　　③　L　　④　M　　⑤　K　　⑥　F
⑦　G　　⑧　N　　⑨　J　　⑩　H

〈解説〉平成9年9月22日に示された25年ぶりになる保健体育審議会答申は，「生涯にわたる心身の健康の保持増進のための今後の健康に関する教育及びスポーツの振興の在り方について」というものである。本問題の他にも，学校教育における養護教諭の新たな役割についてなどよく出題されるので，従来の答申とともによく理解しておくことが必要である。

【2】(1)　①　早期発見　　(2)　②　○　　③　運動　　(3)　④　○
⑤　4条　　(4)　⑥　校長　　⑦　校長　　(5)　⑧　国民　　[A]　児童

虐待の防止等に関する法律　　[B]　学校保健法　　[C]　発達障害者支援法　　[D]　学校保健法施行規則　　[E]　健康増進法

〈解説〉児童虐待の防止等に関する法律(児童虐待防止法)は，平成16年に改正され，平成17年施行(一部は平成18年4月施行)になっている。同法では，身体的虐待，性的虐待，ネグレクト，心理的虐待が虐待として定められている。また，配偶者への暴力も虐待に含まれると定められた。そのほかに，虐待を受けていると思われる児童も通告の対象となった。第5条の3項は，「学校及び児童福祉施設は，児童及び保護者に対して，児童虐待の防止のための教育または啓発に努めなければならない。」とあり，学校の積極的な取り組みに期待している。健康増進法にある「健康増進事業実施者」には，養護教諭も該当することになっている。

【3】　①　G　　②　I　　③　A，D　　④　E　　⑤　C，J　　⑥　H
〈解説〉学校環境衛生の基準については，検査方法・判定基準・事後措置をしっかり学んでおくことが必要である。　　①　アスマン通風乾湿計を用いて測定する。温度においては，冬期では10℃以上夏期では30℃以下であることが望ましい。最も望ましい温度は，冬期では18～20℃，夏期では25～28℃である。相対湿度は，30～80％であることが望ましい。　　②　検知管を用いて測定する。換気の基準として，室内は1500ppm(0.15％)以下であることが望ましい。　　③　カタ温度計または微風速計を用いて測定する。人工換気の場合は，0.5m/秒以下であることが望ましい。　　④　ザルツマン法を用いて測定する。教室内は0.06ppm以下であることが望ましい。　　⑤　1教室3点以上において標準寒天培地を用い，5分間露出し，37℃で48±3時間培養し，コロニー数を測定する。1教室平均10コロニー以下であることが望ましい。　　⑥　黒球温度計を用いて測定する。黒球温度と乾球温度の差は5℃未満であることが望ましい。

【４】(1)　①　3　　②　3　　③　3　　④　2　　⑤　1　　⑥　2
　　　⑦　3　　⑧　2　　(2)　解熱後2日を経過するまで　　(3)　⑩　G
　　　⑪　C　　⑫　H　　⑬　A　　(4)　場所　小腸(腸管)　　感染ルート・
　　汚染された食品(食材・器具・水・調理人)を介した感染(食品→ヒト)：
　　食中毒型　・感染した人(嘔吐物・排泄物)による手指あるいはエアロ
　　ゾルなどからの感染(ヒト→ヒト)：感染型

〈解説〉(1)　学校保健法施行規則第19条に学校伝染病の種類，同第20条に
　　出席停止の期間の基準が定められている。　　(4)　ノロウイルスは人の
　　小腸で増え，吐き気・嘔吐・下痢・腹痛・発熱など，風邪に似た症状が
　　起こる。二次感染に注意する時期は下痢・嘔吐の時期である。潜伏期間
　　は12〜48時間である。感染性胃腸炎は年間を通じて発生するが，特に
　　ノロウイルスによる感染性胃腸炎の増加する季節は冬である。ノロウ
　　イルスの感染経路や，学校での感染対策など学んでおく必要がある。

【５】①　BMI指数　　②　10^7　　③　DMFT指数(一人平均DMF歯数)
　　説明DMFとは，むし歯を経験した歯を意味する用語であり，永久歯の
　　未処置う歯(D)とう蝕による喪失歯(M)と処置完了歯(F)のこと。

〈解説〉BMI指数やローレル指数は学校において肥満児童を検出する際に
　　よく用いられる指標である。

【６】(1)　A：鎖骨　　B：上腕骨　　C：橈骨　　D：胸骨　　E：尺骨
　　F：手根骨　　G：海綿質　　H：骨髄　　骨の役割体を支える機能(支
　　持・運動機能)，造血機能，電解質(カルシウム・リン・ナトリウム・
　　カリウム)の貯蔵機能，内臓保護機能　　(2)　①　C　　②　O
　　③　B　　④　R　　⑤　D　　⑥　A　　⑦　P　　⑧　L　　⑨　K

〈解説〉骨折は学校においてとても頻度の高いものである。養護教諭とし
　　て医療機関へ運ぶまでの間，正しい救急処置をすることが，損傷を最
　　小限にとどめることであり責任である。骨折の一般的症状，骨折部位
　　に応じた固定法など骨折に関する知識や救急処置についてよく学習し
　　ておかなければならない。

【7】① B, E ② A, G ③ F, H ④ D, K

〈解説〉① あるテーマについて，グループ全員が協力しながら，限られた時間のなかで様々なアイデアや意見を出していく活動。 ② あるテーマについて，行動場面を模擬的に設定し，参加者にその場面における役割を演じさせ，気付きを促す活動。 ③ バーンが創始。他者との交流様式を分析することによって，対人関係上の問題解決を図る。無意識の存在を仮定せず，「今ここで」の自我状態に気付くことで自己をコントロールする。自我状態の分析にTEG(東大式エゴグラム)を用いる。 ④ ロジャーズが創始。非指示的カウンセリングとも言う。カウンセラーはクライエントに対して直接的な指示は行わず，クライエントの自発的な力が問題解決のためにはたらくよう，話を傾聴するなどクライエントを心理的に受容し，自分自身を見直せるようにする。

【二次試験】

【1】一. 体重・座高 二. 栄養 三. 脊柱 四. 聴力 六. 皮膚 七. 口腔 八. 結核 九. 心臓 十一. 寄生虫卵

〈解説〉学校保健法施行規則第4条に定められているのは『児童，生徒，学生及び幼児の健康診断における検査の項目』である。『就学時の健康診断における検査項目』は，学校保健法施行令第2条，『職員の健康診断における検査項目』は，学校保健法施行規則第10条に定められている。

【2】(1) ① イ ② ア ③ ウ ④ ウ ⑤ ウ

適する語：心臓震盪 自動体外式除細動器(AED) (2) 川崎病

〈解説〉(1) 突然死とは突然の予期されなかった病気による自然死で，原則として24時間以内に死亡したものを「突然死」と呼んでいる。(2) 川崎病の症状としては，①5日以上続く発熱 ②四肢末端の変化 ③不定型発疹 ④結膜の充血 ⑤イチゴ舌 ⑥リンパ節腫脹，などがある。原因は不明。根本的な治療はないが早期発見すれば，80%は約一ヶ月で炎症が治まる。冠動脈瘤の後遺症を残す確立は10%前後である。

【3】(1)　左右の肩の高さに差があるかどうか　　(2)　左右の肩甲骨の高さや突き出し方に差があるかどうか　　(3)　左右の脇腺(ウエストライン)の非対称性があるかどうか　　(4)　前屈させて肋骨隆起や腰部隆起の有無およびその程度はどうか

〈解説〉側わん症の中には主原因が生活習慣による一過性の姿勢性側わん症，構築性の側わん症の一種でその多くが原因不明で突発性の思春期側わん症などがある。前者は特別の治療をしなくても指導によって自然に矯正されるが後者は早期に診断して治療する必要がある。

【4】(1)　ウ　　(2)　ア　　(3)　イ　　(4)　オ　　(5)　エ　　(6)　ケ　　(7)　キ　　(8)　カ　　(9)　ク　　(10)　コ

〈解説〉消毒剤には様々な種類があり，用途に適したものを使用する必要がある。皮膚刺激や，強い臭気があるものもあるので使用の際には手袋を使用する，換気を十分にするなどの注意が必要である。

【5】①　エ　　②　イ　　③　ウ　　④　ア　　⑤　エ　　⑥　ウ　　⑦　イ　　⑧　イ　　⑨　ア　　⑩　エ　　⑪　ウ　　⑫　ウ

〈解説〉空気感染とは空気中に散布され，ほこり等に付着した病原体を呼吸と共に吸い込む事で感染すること，接触感染とは患者との直接接触あるいは患者の使用した物品，環境表面との間接的接触により感染すること，経口感染とは，水，飲料，食物により感染すること，経皮感染とは，皮膚を介して感染することである。

【6】1．患者の早期発見，早期処理　2．学校環境衛生管理の強化徹底　3．調理従事者の保健管理，保健指導の強化徹底　4．児童生徒に対する保健教育の強化徹底　5．伝染病にかかっており，かかっている疑いがあり，又はかかるおそれのある児童，生徒，学生又は幼児があるときは出席停止の措置を行う。　6．伝染病予防上必要があるときは臨時に，学校の全部又は一部の休業を行う。

〈解説〉伝染病・食中毒の発生防止の事項については，学校保健委員会，学校医の意見を聞き，行うことが適当である。また出席停止は学校保健法第12条，臨時休業は学校保健法第13条により定められている。

【7】1．個人及び集団の健康問題(課題)を把握(健康診断，発育測定など)する機能　2．心身の健康に問題を有する児童生徒の保健指導，プライバシーを保持しつつの健康相談・健康相談活動(ヘルスカウンセリング)を行う機能　3．現代的な健康課題解決のためのタイムリーな情報収集・活用・管理を行う機能　4．伝染病及び疾病予防のための措置を行う機能　5．保健教育推進のための資料の収集，保管，調査を行う機能　6．児童生徒の保健活動の場としての機能

〈解説〉児童生徒の心や体の健康問題等の変化とともに保健室への期待も高まり，その機能も変化してきている。これからの保健室の機能としては，心や体の健康問題，保健教育と保健管理の調整，家庭や地域社会とのよりよい連携の観点が必要となる。

2006年度　実施問題

【一次試験】

【1】次の文は，児童，生徒，学生及び幼児の健康診断についての方法
及び技術的規準について規定した学校保健法施行規則の抜粋である。
①～⑬に入る語句をそれぞれ下の語群から選び，その記号を記せ。

(1)　身長は，たび，靴下等を脱ぎ，両かかとを密接し，（　①　），
（　②　）及びかかとを身長計の尺柱に接して直立し，両上肢を体側
に垂れ，（　③　）を正位に保たせて測定する。

(2)　体重は，衣服を脱ぎ，体重計のはかり台の（　④　）に静止させて
測定する。ただし，衣服を着たまま測定したときは，その衣服の重
量を（　⑤　）する。

(3)　脊柱の疾病及び異常の有無は，形態等について検査し，（　⑥　）
等に注意する。

(4)　胸郭の異常の有無は，形態及び（　⑦　）について検査する。

(5)　眼の疾病及び異常の有無は，（　⑧　）眼疾患その他の（　⑨　）疾
患及び（　⑩　）の異常等について注意する。

(6)　皮膚疾患の有無は，伝染性皮膚疾患，（　⑪　）疾患等による皮膚
の状態に注意する。

(7)　歯及び口腔の疾病及び異常の有無は，齲歯，（　⑫　），（　⑬　）
その他の疾病及び異常について検査する。

語群

A　後頭部	B　姿勢	C　顎関節異常	D　眼耳水平位
E　考慮	F　発育	G　湿疹	H　眼瞼
I　わん曲	J　歯垢の状態	K　歯周疾患	L　側わん症
M　背	N　眼位	O　真上	P　頭部
Q　外眼部	R　アレルギー	S　伝染性	T　不正咬合
U　臀部	V　中央	W　控除	X　機能

(☆☆◎◎◎)

【2】以下は，平成10年12月改訂の小学校学習指導要領総則と保健教育を
教育課程の位置付けから見た図である。①～⑫に入る語句をそれぞれ
下の語群から選び，その記号を記せ。

　学校における体育・健康に関する指導は，学校の（　①　）全体を通
じて適切に行うものとする。特に，体力の向上及び心身の健康の保持
増進に関する指導については，体育科の時間はもとより，（　②　）な
どにおいてもそれぞれの特質に応じて適切に行うよう努めることとす
る。また，それらの指導を通して，（　③　）や（　④　）との連携を図り
ながら，日常生活において適切な体育・健康に関する活動の（　⑤　）
を促し，生涯を通じて健康・安全で活力ある生活を送るための基礎が
培われるよう配慮しなければならない。

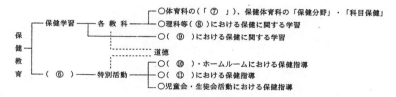

語群

A	医療機関	B	学校行事	C	給食
D	義務教育	E	保健指導	F	連携
G	家庭	H	生きる力	I	特別活動
J	保健領域	K	運動会	L	教育活動
M	関連教科	N	能力	O	実践
P	問題	Q	学級活動	R	保健教育
S	体位	T	地域社会	U	ボランティア
V	校外	W	総合的な学習の時間		

（☆☆◎◎◎◎）

【３】次の表の疾病の学校伝染病の分類，病原体，出席停止の基準について，①～⑭にそれぞれ記せ。また，病原体の所在，潜伏期間については，ア～サに当てはまるものを下の語群から選び，その記号を記せ。

疾病名	分類	病原体	出席停止の期間の基準	病原体の所在	潜伏期間
(1) 水痘	第（①）種	水痘ウイルス	⑪	ア	キ
(2) ジフテリア	第（②）種	⑥	⑫	イ	２～５日
(3) 急性灰白髄炎	第（③）種	⑦	⑬	ウ	ク
(4) 流行性耳下腺炎	第（④）種	⑧	⑭	エ	ケ
(5) エボラ出血熱	第　１　種	⑨	治癒するまで	オ	コ
(6) 溶連菌感染症	第（⑤）種	⑩	抗生剤治療開始後24時間を経て全身状態がよければ登校可能	カ	サ

語群

A　咽頭，喉頭，鼻粘膜，皮膚，他

B　創傷から全身へ　　　　C　気道から全身へ

D　消化管，脊髄，延髄，中脳，糞便

E　小腸，肝臓　　　　　　F　気道，粘膜，水疱，飛沫感染

G　鼻咽頭分泌物，糞便　　H　咽頭分泌物

I　赤血球，肝臓

J　１～２日　　　K　２～21日　　L　２～３週間

M　７～12日　　　N　～24時間　　O　13～15日

P　４～６週間　　Q　２～７日　　R　15日～18日

(☆☆☆☆◎◎◎)

【４】次の文の下線部が正しければ○印を，まちがっていれば，それぞれ正しい語句あるいは数字を記せ。また，[　　]には，これを規定している法令の名称を記せ。

(1) 学校においては，換気，(①)遮光，照明及び保温を適切に行い，清潔を保つ等環境衛生の維持に努め，必要に応じてその改善を図らなければならない。　　　　　　　　　　　　[　②　]第3条

(2) 学校においては，別に法律で定めるところにより，学生，生徒，児童及び幼児並びに(③)職員の健康の保持増進を図るため，健康診断を行い，その他その保健に必要な措置を講じなければならない。

[　④　]第12条

(3) (⑤)<u>健康観察</u>に関する表簿や，学校医執務記録簿，学校歯科医執務記録簿，学校薬剤師執務記録簿は，学校に備えなければならない表簿として規定されている。　　　　　　　[　⑥　]第15条

(4) 市町村の教育委員会は，就学時健康診断を行うに当って，あらかじめ，その(⑦)<u>目的</u>，場所及び実施の要領等を(⑧)<u>校長</u>に通知しなければならない。　　　　　　　　　　　[　⑨　]第3条

(5) 安全点検は，毎学期(⑩)<u>3回以上</u>，児童等が通常使用する施設，及び設備の異常の有無について系統的に行わなければならない。

[　⑪　]第22条

(☆☆☆☆◎◎◎)

【5】次の(　　)の①〜④に「学校環境衛生の基準」(平成16年2月改訂)で示される適切な値を記せ。

(1) 教室内の一酸化炭素濃度　　　(　①　)ppm以下であること

(2) プール水の残留塩素濃度　　　(　②　)mg/ℓ以上，(　③　)mg/ℓ以下

(3) 教室内の浮遊粉じん　　　　　(　④　)mg/m³以下であること

(☆☆☆◎◎◎)

【6】次の図のa〜gは，内分泌に属する器官を示している。①〜⑥に器官名を記せ。また，その機能について，ア〜キに当てはまるものをあとの語群からすべて選び，その記号を記せ。

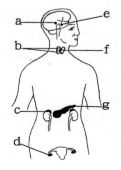

器官	器官名	機能
a	松果体	ア
b	①	イ
c	②	ウ
d	③	エ
e	④	オ
f	⑤	カ
g	⑥	キ

語群

A　20種類以上のステロイドホルモンが分泌される。血圧の調節にも関与している。

B　分泌されるホルモンには，女性の一次性徴と二次性徴とを高める作用がある。

C　α細胞からはグルカゴン，β細胞からはインスリンが分泌される。

D　ホルモンの分泌が不足すると血液中のCa量が減少し，神経興奮が高まり，筋は痙攣し特有のテタニーを起こす。

E　前葉，後葉，中間部の3つに大別され，他の内分泌器官の上部にあって，それぞれの働きを調整している。

F　生体の日内リズムの形成に関与すると考えられているメラトニンを分泌する。

G　中心部からは，アドレナリン，ノルアドレナリン等のホルモンが分泌される。

H　分泌不足が発育期にあると心身の発育が阻害されクレチン症になる。分泌過多のときは，バセドー病になる。

(☆☆☆◎◎◎)

【7】アナフィラキシーショックについて答えよ。

(1)　次の文の①〜⑨にあてはまる語句をそれぞれあとの語群から選び，その記号を記入し⑩には適語を書き入れよ。

　　アナフィラキシーショックは，(　①　)血管拡張性ショックの代表で，食物アレルギーや蜂に刺されたときなど，短時間のうちに急激なアレルギー症状が(　②　)に起こり，治療が遅れると死亡することもある。急死の原因は呼吸にあり，(　③　)から気道粘膜にかけて(　④　)が生じると(　⑤　)が狭くなり，(　⑥　)不良が起こるからである。じん麻疹，(　⑦　)などで始まり，呼吸困難や(　⑧　)低下，(　⑨　)低下などのショック状態に陥る。また，ある特定の食品を食べて数時間のうちにある程度以上の運動をするとアナフィラキシー症状があらわれるものを[　⑩　]という。

語群

A 浮腫 　 B 皮膚 　 C 換気 　 D 末梢
E 冷汗 　 F 気道 　 G 呼吸 　 H 毛細
I 全身 　 J 意識 　 K 血圧 　 L 粘膜
M 口腔 　 N 食道 　 O 呼気 　 P 喉頭部

(2) 食物アレルギーに対応するため，食品衛生法により食品表示が義務化された特定原材料名を5品目あげよ。

(☆☆☆◎◎◎)

【8】次の用語について簡潔に説明せよ。

(1) PTSD 　 (2) アサーション訓練 　 (3) 薬物乱用と薬物依存

(☆☆☆◎◎◎)

【二次試験】

【1】次の感染症や食中毒と結びつくものを，それぞれ下のA～Jから選び，(　)に記号で記せ。

ア 腸管出血性大腸菌O-157 （　）

イ MRSA （　）

ウ 腸チフス （　）

エ 疥癬 （　）

オ 結核 （　）

カ 性器クラミジア （　）

キ ノロウイルス （　）

ク ツツガムシ病 （　）

ケ 腸炎ビブリオ （　）

コ SARS （　）

A 生ガキなどの貝類や調理者の手指を介する。二次感染で拡大しやすい。

B 病原体が空中に長時間浮遊する。距離が離れていても感染する。

C 野ネズミなどに寄生するするダニの幼虫に刺されることで感染する。

D　コロナウイルスが原因で起こる。患者の10％が死亡している。

E　増殖するとき耐熱性のエンテロトキシンという毒素をつくる。

F　赤痢菌並みの強い感染力と毒性を持つ。溶血性尿毒症症候群を引き起こす。

G　女性は自覚症状に乏しく10代に増加している。不妊症や母子感染の危険がある。

H　肝臓などでも菌が増殖し、高熱が続きバラ疹という赤い発疹が現れ全身が衰弱する。

I　海に潜み、水温の上がる夏に大量に増える。真水や酸、熱に弱い。

J　感染は直接接触やペットなどを介した間接接触によるものである。痒みは夜間に強くなる。

（☆☆☆◎◎◎◎）

【２】食中毒の予防について基本とされる3原則を挙げて、その具体的な留意点も述べよ。

（☆☆☆◎◎◎◎）

【３】循環器系に関する以下の問いに答えよ。

(1)　次の図は、脈拍の触診部位を示している。①～⑥の血管の名称を記入せよ。

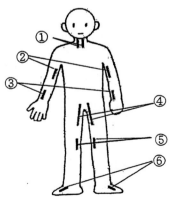

238

(2)　学童の脈拍の正常値について記せ。

(3)　次の所見について，健康管理上の観点から簡潔に記せ。

呼吸性不整脈

QT延長症候群

(4)　一般に体内の血液の約何％を急速に失うと出血性ショックを起こすか。また，直接圧迫止血法と，その留意点について述べよ。

(☆☆☆◎◎◎◎)

【4】たばこに含まれるニコチン，タールや喫煙によって生じる一酸化炭素の人体への有害性を以下に記せ。

ニコチン

タール

一酸化炭素

(☆☆◎◎◎◎)

【5】昼休憩中，小学校2年生のA男が，頭部から一筋血を流し，5年生のB男に付き添われて保健室に来た。A男は特に取り乱した様子はないが，B男は，口を押さえながら「廊下でA男とぶつかり，けがをさせたようなのでみてください。」と緊張した口調で訴えた。

あなたが養護教諭なら，この後，どのような問診をしていきますか。小学生に対して問診する際の留意事項を6点以上含ませながら記せ。

例：念のため，事故現場に居合わせ目撃した第3者からも状況を聞き，客観的な事実を把握する。

(☆☆☆◎◎◎◎)

解答・解説

【一次試験】

【1】① M　② U　③ P　④ V　⑤ W　⑥ L
　　⑦ F　⑧ S　⑨ Q　⑩ N　⑪ R　⑫ K　⑬ T

〈解説〉学校保健法施行規則第1条である。よく読んでおくことが望ましい。⑩その他の疾病及び異常には，顎関節異常や歯列異常などが含まれ，実際は検診しているということに注意する。

【2】① L　② I　③ G　④ T　⑤ O　⑥ E　⑦ J
　　⑧ M　⑨ W　⑩ Q　⑪ B　⑫ P

〈解説〉指導要領総則は，小・中・高と読み比べておくとよい。保健学習と保健指導の違いは頻出である。また，小学校では体育科の保健領域，中学校では保健体育科の分野保健，高校では保健体育科の科目保健であるということにも注意する。

【3】① 2　② 1　③ 1　④ 2　⑤ 3　⑥ ジフテリア菌
　　⑦ ポリオウィルス　⑧ ムンプスウィルス　⑨ エボラウィルス
　　⑩ 溶血性連鎖球菌　⑪ すべての発疹が痂皮化するまで
　　⑫ 治癒するまで　⑬ 治癒するまで　⑭ 耳下腺の腫脹が消失
するまで
　　ア F　イ A　ウ D　エ C　オ B　カ H　キ O
　　ク M　ケ L　コ K　サ Q

〈解説〉学校伝染病についての問題も頻出である。分類はもちろん，病原体の名前や所在，出席停止の期間の基準，潜伏期間ともにあわせて覚えておきたい。

【4】① 採光　② 学校保健法　③ ○　④ 学校教育法
　　⑤ 健康診断　⑥ 学校教育法施行規則　⑦ 日時
　　⑧ 保護者　⑨ 学校保健法施行令　⑩ 1　⑪ 学校保健法施

行規則

〈解説〉学校保健に関する関係法規は正確に覚える必要がある。学校保健
　法は基本となるもので，施行令は教育委員会について定められている
　ものが多い。施行規則では，法・施行令をより詳しく定めたものであ
　る。

【5】①　10　　②　0.4　　③　1.0　　④　0.10

〈解説〉昭和39年に保健体育審議会から出された答申である『学校環境衛
　生の基準』は，その後何度か改訂されている。重要な部分は覚えると
　ともに，これからも改訂がないか注意する必要がある。

【6】①　上皮小体(副甲状腺)　　②　副腎　　③　卵巣　　④　脳下垂体
　　⑤　甲状腺　　⑥　膵臓　　ア　F　　イ　D　　ウ　A, G　　エ　B
　　オ　E　　カ　H　　キ　C

〈解説〉解剖生理学と疾病について理解していなくては解けない問題であ
　る。難易度が高い問題ではあるが，確実な知識があれば解答できるだ
　ろう。

【7】(1)①　D　　②　I　　③　P　　④　A　　⑤　F　　⑥　C
　　⑦　E　　⑧　JまたはK　　⑨　JまたはK　　⑩　運動誘発性アナフ
　　ィラキシー　　(2)　小麦，そば，卵，乳製品，落花生(ピーナッツ)

〈解説〉食物アレルギーは免疫学的機序による反応で，摂取した食物が原
　因で症状があらわれる。その原因となる食物やあらわれる症状はさま
　ざまであるが，子どもの場合，卵・牛乳・小麦・ダイズが主要アレル
　ゲンで，症状の頻度として皮膚粘膜症状・消化器症状が多い。

【8】(1)　大きなショックを受けるような出来事を体験した後，その光景を何度も繰り返し思い出し，悪夢にうなされる，不安・緊張が続いているなどの症状があり，そのために通常の社会生活が送れない状態が続く場合にはPTSD(心的外傷後ストレス障害)とされる。　(2)　自己主張訓練のこと。自分も相手も大切にするような自己表現や対人関係の持ち方を訓練する技法。自己表現が上手にできないのか，主張する場を適切に見極められないのか，技術欠如のためかを明確にして，足りない部分を訓練していく。　(3)　薬物乱用は，医薬品を医療目的以外に使用すること，または，医療目的にない薬物を不正に使用することをいう。シンナーや法令により取り扱いが禁止または制限されている薬物を常用し，乱用する量や回数が増え，離脱できない状態を薬物依存という。

〈解説〉語句説明は多くの県で出題されている。学校保健や養護教諭に関して，話題になっていることは説明できるようにしておくとよいだろう。

【二次試験】

【1】ア　F　イ　E　ウ　H　エ　J　オ　B　カ　G　キ　A　ク　C　ケ　I　コ　D

〈解説〉ア　溶血性尿毒症症候群を引き起こすのはO-157の特徴である。　イ　メチシリン耐性黄色ブドウ球菌のこと。メチシリン耐性菌にはバンコマイシンが有効である。　カ　女性は自覚症状を感じにくいため気づかないまま感染を拡大させてしまったり不妊症をまねく危険がある。感染が増加しているため予防教育の必要性が高い。　キ　特に11月頃から2月の間に，乳幼児や高齢者の間でノロウイルスによる急性胃腸炎が流行する。　ケ　8〜9月にかけて特に多い。原因食は生鮮魚介類が主であり汚染された野菜もまた原因食となる。　コ　SARSの原因菌がコロナウイルスであることは有名。

【2】3原則：①菌をつけない　②菌を増やさない　③菌を殺す

留意点：①十分な手洗いうがいを励行する，調理器具や食材をよく洗う
②調理後すぐ食べる　③食材を十分加熱する

〈解説〉その原因菌によって起こりやすい季節や原因食は異なるが，食中
毒は身近であり集団発生する場合もあるので基礎知識はきちんと身に
つけておきたい。主な原因菌については，その名称，症状，感染経路
等がよく出題されるのでおさえておく必要がある。

【3】(1)　①　頸動脈　②　上腕動脈　③　橈骨動脈　④　大腿
動脈　⑤　膝窩動脈　⑥　足背動脈　(2)　70〜90回/分

(3)　呼吸性不整脈：脈が，吸気時に速くなり呼気時に遅くなるもので，
生理的な現象である。　QT延長症候群：失神発作が起こり突然死にい
たる場合もある。遺伝性のものもあるため水泳授業の前などは家族歴
を問うなどをする。　(4)　20%　直接圧迫止血法：きず口の上をガー
ゼやハンカチで直接強く押さえてしばらく圧迫する方法。

留意点・自分の手にきずがある時には素手で傷病者の血液に触れない
ようにする。・直接きず口に綿やチリ紙を乗せてはいけない。・きず
の上で話したり咳をしたりして唾をとばさない。・ガーゼや包帯は清
潔なものを使う。・全身状態もよく見る。

〈解説〉(1)　脈拍を測ることのできる主要な動脈である。解剖の基本で
あり実践でも必要な知識であるためしっかりと把握しておく。

(2)　成人よりも少し速いが頻脈と捉えないようにする。　(3)　呼吸性
不整脈は若年者，特に学童に多くみられる。また強い感情の変化や肉
体的ストレスなどによって失神または心停止をおこすことがある。
心疾患では突然死をおこすものもあるため整理して覚えておくとよ
い。　(4)　大出血の場合はただちに救急車を要請し，直接圧迫法とと
もに間接圧迫法を用い止血する必要がある。

【4】ニコチン：血管を収縮させ，血液の流れを悪くし動脈硬化を促進させることから，心筋梗塞や狭心症などの虚血性心疾患にかかりやすくなる。また依存を起こさせる。　タール：ベンツピレンといった数十種類近くの発がん性物質を含んでいる。　一酸化炭素：酸素よりも赤血球中の血色素(ヘモグロビン)と結びつきやすい。そのため酸素を身体のすみずみに運搬する働きを妨害してしまい，慢性的に脳細胞や全身の細胞に酸素欠乏状態をもたらす。

〈解説〉中学校指導要領でも「たばこの煙の中にはニコチン，タール及び一酸化炭素などの有害物質が含まれており，ニコチンには依存性もあること，また，喫煙するとそれらの作用により，血圧の上昇や心拍数の増加による心臓への負担，酸素運搬能力の低下，のどの痛み，せき・たん・息切れの増加など様々な急性影響が現れること及び喫煙の常習化により，肺がんなど様々な病気を起こしやすくなることを理解できるようにする」ことが目的とされている。

【5】・他に痛いところはないか，視診も行いながら全身の状態を把握する。　・意識ははっきりしているかを簡単な質問をしながら確認する。・気持ちが悪かったり吐きたい感じはある？などと聞く(嘔吐・嘔気の有無)。　・A男の頭部と何がぶつかったのかを本人・B男・目撃者などから聞き，そのときの状況をできるだけ正確に把握する。　・受傷してから保健室にくるまでにかかった時間やどのようにして来たかを本人・B男などに聞く。　・受傷直後から現在までにA男の様子に変化はないかをB男・目撃者(または本人)から聞く。(特に意識障害について)

〈解説〉まず緊急処置としてバイタルサインを確認する。ある程度安全がわかったら本人やぶつかった相手などから状況を詳しく聞き取り，できるだけ正確に情報を収集し判断材料とする。部位が頭部の場合は特にすみやかに校長，担任，保護者等に連絡をとるようにする。また軽度の場合でも，担任や保護者に経過観察をお願いする。

2005年度　実施問題

【一次試験】

【1】次の文は、「養護教諭の新たな役割と求められる資質」(平成10年6月30日中央教育審議会答申) からの抜粋である。①~⑩に入る語句をそれぞれ下の語群から選び、その記号で答えよ。

中央教育審議会答申

　養護教諭は、悩みや（　①　）を聞いたり、身体的不調の（　②　）に目を向けることを通じて、子どもの発する様々な（　③　）に早くから気付くことができる立場にある。薬物問題,（　④　）,（　⑤　）,（　⑥　）などの心身の健康に関する（　⑦　）の深刻化を踏まえると、養護教諭の健康相談活動（ヘルスカウンセリング）の役割はますます重要となってきている。こうした考え方の下、各学校では、養護教諭から子どもたちの様子について、日ごろからよく（　⑧　）ようにし、養護教諭と他の教員、スクールカウンセラーとが連携・協力して（　⑨　）の健康問題に適時適切に対処していく（　⑩　）を整える必要がある。

語群

A 話を聞く	B 学校	C 基礎	D 現代的課題
E 体制	F サイン	G 性の逸脱行動	H 不登校
I 発達課題	J 訴え	K 観察する	L 心
M いじめ	N 背景		

(☆☆○○○○)

【2】次の症状から疑われる病名をあとの語群からすべて選び、①~⑤にその記号で答えよ。

症　状	疑われる病名
視野が狭くなったり，一部欠けたりする。	①
発熱して，全身に次々に赤い発疹ができ，中心部が水疱となる。	②
激しい下痢，吐き気，おう吐，発熱，血便の症状がある。	③
頭痛，頭重感，朝は調子が悪くめまいや立ちくらみがある。	④
けいれん，発熱，激しい頭痛やおう吐，意識障害がある。	⑤

語群

A　膀胱炎　　　　B　低血圧　　　C　食中毒　　　D　てんかん

E　手足口病　　　F　ヘルパンギーナ　　　　　　G　過換気症候群

H　網膜剥離　　　I　髄膜炎　　　J　腎盂腎炎　　K　蕁麻疹

L　脳腫瘍　　　　M　起立性調節障害　　　　　　N　急性大腸炎

O　円錐角膜　　　P　水痘　　　Q　ウィルス性脳炎

R　緑内障　　　　S　過敏性大腸症候群

(☆☆☆◎◎◎◎)

【3】次の語群はシックハウス症候群の原因物質とされる揮発性の有機化
合物である。下の表の①〜⑤に該当するものをそれぞれ語群から1つ
選び，その記号で答えよ。

語群

A　パラジクロロベンゼン　　　B　キシレン　　　C　エチルベンゼン

D　トルエン　　　　　　　　　E　フェノブカルブ

F　スチレン　　　　　　　　　G　ホルムアルデヒド

＜表＞

①	消臭剤，芳香剤，防虫剤等に含まれるもの
②	油性ニス，樹脂系接着剤，ワックス溶剤，可塑剤，アンチノッキング剤等に含まれるもの
③	接着剤や塗料の溶剤及び希釈剤等に含まれるもの
④	机・椅子(合板接着剤)，パーティクルボード，フローリング，断熱材等に含まれるもの
⑤	油性ペイント，樹脂塗料，ワックス溶剤，可塑剤等に含まれるもの

(☆☆☆☆☆◎◎)

【4】以下の表には，プールで感染しやすい病気について，それぞれの病名と分類，病原体，感染経路，潜伏期間，主な症状，出席停止の基準が記載されている。①〜⑳に適するものをそれぞれ下の語群から選び，その記号で答えよ。

病　　　名	（①）	（②）	急性出血性結膜炎	（③）
学校における伝染病の分類	（④）	（⑤）	第3種	その他
病　原　体	（⑥）	（⑦）	（⑧）	（⑨）
感　染　経　路	（⑩），プール水	プール水,（⑪），タオル等	プール水，タオル等	（⑫），タオルやビート板等
潜　伏　期　間	（⑬）	1週間以上	（⑭）	（⑮）
主　な　症　状	高熱(38〜40度)，結膜炎，喉頭炎を主症状とする。	結膜炎,（⑯），耳前腺腫張，眼瞼及び目の周囲の浮腫	眼瞼腫脹，（⑰），球結膜出血，耳前リンパ節炎	体幹，四肢にできる。半球状に隆起し中央がくぼんで光沢を帯びた粟粒大から米粒大のいぼ
出席停止の基準	発熱，咽頭炎，結膜炎等の主要症状が消退した後（⑱）を経過するまで出席停止。ただし，症状により伝染のおそれがないと認められたときはこの限りではない	眼の症状が軽減してからも感染力の残る場合があり，（⑲）において伝染のおそれがないと認められるまで出席停止		出席停止はない。多数の発疹のある者については，水泳のプールでボート板や浮輪の（⑳）をさせない等の配慮

語群

A	エンテロウィルス70型	B	2〜6週間
C	結膜充血	D	ぶどう膜炎
E	学校	F	2日
G	ポックスウィルス	H	第2種

I　伝染性膿痂疹	J　アデノウィルス3型・7型
K　接触	L　アデノウィルス8型
M　伝染性軟属腫	N　角膜の混濁
O　飛沫感染	P　共用
Q　医師	R　咽頭結膜熱
S　アポロ病	T　3～4日
U　5～6日	V　第3種
W　手指	X　24～36時間
Y　ロタウィルス	Z　流行性角結膜炎

(☆☆☆☆○○○○)

【5】次の文の下線部が正しければ○印を，まちがっていれば，それぞれ正しい語句あるいは数字を答えよ。

(1)　伝染病予防のための『臨時休業』については学校保健法第①22条に「②校長は伝染病予防上必要があるときは，臨時に学校の全部又は③学級の休業を行うことができる。」とある。

(2)　騒音環境及び騒音レベルの検査については，環境調査によって騒音の影響の④大きな教室を選び，⑤児童生徒等を在室させた状態で，教室の⑥前側と後側で窓を閉じたときと開けたときの⑦騒音レベルを測定する。

(3)　教室及び黒板のそれぞれの最大照度と最小照度の比は⑧10：1を超えないこととし，やむを得ず超えた場合でも⑨15：1を超えないこと。

(4)　児童，生徒，学生又は幼児の健康診断票は，⑩3年間保存しなければならない。

(☆☆☆○○○○)

【6】次の図は，中枢神経系の分類である。枠内のア～キに対応するそれぞれの名称を答えよ。また，その機能について，それぞれあとの語群から選び，その記号で答えよ。

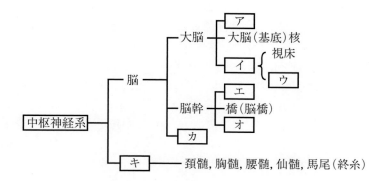

記号	名　称	その機能
ア	①	⑧
イ	②	⑨　⑩
ウ	③	
エ	④	⑪
オ	⑤	⑫
カ	⑥	⑬
キ	⑦	⑭

語群

A　自律機能の総合中枢　　B　脳と末梢神経の連絡・中継，反射

C　平衡機能を保ち運動をスムーズに行わせる

D　体温調節中枢

E　運動野，言語野，視覚野，味覚野，聴覚野

F　神経線維の連絡通路・中継点，姿勢保持

G　ホルモンの分泌に関与

(☆☆☆☆◎◎◎◎)

【7】歯周疾患について答えよ。

(1)　次の文の①～⑩にあてはまる語句をそれぞれあとの語群から選び，その記号で答えよ。

　　健康な歯肉は，うすい（　①　）色であるが，歯肉炎になると（　②　）

やこれといった自覚症状はないが，歯肉は，（　③　）して（　④　）色になり，腫れぼったく膨れる。また，ふつうに歯みがきをしても（　⑤　）しやすくなる。

　歯科検診では，（　⑥　）と歯肉の状態を総合的に判断して，歯周疾患要観察者の場合には（　⑦　）とし，歯科医による診断と治療が必要な場合には（　⑧　）と記入する。（　⑦　）とは，軽度の歯肉炎があるが，定期的な（　⑨　）と保健指導（適切な歯みがき指導）で症状が消失すると思われるものをいう。さらに，歯肉に加えて他の歯周組織にまで炎症が広がっているものを（　⑩　）という。

　語群

A　「ZS」　　　　B　口臭　　　　C　かゆみ　　　　D　「CO」
E　痛み　　　　F　「GO」　　　G　1, 2, 3　　　H　観察
I　歯垢　　　　J　ピンク　　　K　0, 1, 2　　　L　「G」
M　暗赤　　　　N　うっ血　　　O　歯周炎　　　　P　歯石除去
Q　むらさき　　R　出血

(2)　歯肉炎の主原因はプラークであるが，小中学生期において進行が促進される間接的原因を6つあげよ。

(☆☆☆☆◎◎◎)

【8】次の救急処置に関する用語について簡潔に説明せよ。

(1)　RICE　　　　(2)　間接圧迫止血　　　(3)　ショック

(4)　一次救命処置　　　(5)　ビオー呼吸

(☆☆☆☆◎◎◎)

【二次試験】

【1】冬季にあなたの勤務する小学校の保健室に2年生担当の教諭が「昨日，児童が教室でおう吐して一人早退した。今日は，在籍35名中，14名が欠席している。欠席理由のほとんどが腹痛やおう吐で，食中毒ではないかと心配だ。」と相談に来た。2学年には3学級あるが，他の学級には欠席はない。健康観察では，4年生の1学級にだけ，腹痛・おう

吐による欠席が3名あり，他の学年には欠席はなかった。

(1) 当面，学校としてとるべき対応について7項目あげよ。

(2) おう吐・下痢の集団発生の大部分は食中毒と考えられるが，直接，食品を介さずに感染症として流行する場合がある。「食中毒ウィルス」といわれる代表的なウィルスを1つあげ，その特徴（症状，感染経路）や予防について述べよ。

(☆☆☆☆◎◎◎)

【2】次の図は，目の仕組みを示している。①〜⑤の部位名を記入するとともに，対応する働きを記せ。

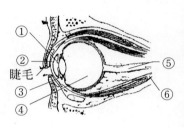

睫毛

	部位名	働き
①		
②		
③		
④		
⑤		
⑥		

(☆☆☆◎◎◎◎)

【3】不同視の原因とその症状について述べよ。また，小児期に放置した場合，どのような問題が生じるかについても述べよ。

(☆☆☆☆◎◎◎)

【4】色覚検査は，定期健康診断の必須項目ではないが，学校生活では，教育的配慮を要するものである。このことについて，異常のある子供に対する教師の基本的な姿勢と，板書，教材・資料作成等で配慮しなければならない具体的事柄について記せ。

【色覚異常についての教師の基本姿勢】

【板書，教材・資料作成等における具体的な留意点】

(☆☆☆☆◎◎)

【５】小学校の夏季休業中の生活指導として，肥満傾向のある児童の保護
　　者に保健プリントを作成することになった。必要な事項を７つ以上盛
　　り込んで記せ。

（☆☆☆☆◎◎）

解答・解説

【一次試験】

【１】①　J　　②　N　　③　F　　④　G　　⑤　M　　⑥　H
　　⑦　D　　⑧　A　　⑨　L　　⑩　E

〈解説〉この問題は，中央教育審議会答申「新しい時代を拓く心を育てる
　　ために―次世代を育てる心を失う危機―」の“「心の居場所」として
　　の保健室の役割を重視しよう”の項目からの出題である。

　　　これと伴に，養護教諭の新たな役割として健康相談活動（ヘルスカ
　　ウンセリング）が述べられた，平成９年に出された保健体育審議会答
　　申についても，その内容を理解しておくこと。

【２】①　R　　②　P　　③　N　　④　M　　⑤　I

〈解説〉〈起立性調節障害について〉

　　　自律神経失調症の一つで，立ちくらみが主な症状。思春期前後に多
　　く家族性がみとめられる。朝起きられなかったり，午前中調子が悪い
　　ので，不登校と間違われることもある。症状による診断基準があるの
　　でそちらも一読しておくとよい。

【3】① A ② D ③ C ④ G ⑤ B

〈解説〉2004年2月10日に学校環境衛生の基準が改訂された。今回の改訂
で，「教室等の空気」の検査事項の「ホルムアルデヒド及び揮発性有
機化合物」に「エチルベンゼン」と「スチレン」が加えられた。基準
値などもおさえておくこと。

【4】① R ② Z ③ M ④ H ⑤ V ⑥ J
⑦ L ⑧ A ⑨ G ⑩ K ⑪ W ⑫ K ⑬ U
⑭ X ⑮ B ⑯ N ⑰ C ⑱ F ⑲ Q ⑳ P

〈解説〉〈プールに入ることによって起こる病気の予防法〉
①入泳時の健康観察を徹底し，異常の認められる者の入泳禁止措置を
とる。 ②プールの水の消毒を徹底する ③入泳者の身体の清潔に
留意させ，入泳時，排尿，排便後の清毒を徹底する ④タオルなど
の共有をさせない ⑤耳垢，鼻汁などはきれいにして入泳する
⑥入泳後は洗眼，身体の清潔に留意する

【5】① 13 ② 学校の設置者 ③ 一部 ④ ○ ⑤ 児童
生徒等がいない ⑥ 窓側と廊下側 ⑦ 等価騒音レベル
⑧ ○ ⑨ 20 ⑩ 5

〈解説〉(1)について 伝染病予防のための措置については『臨時休業』
のほかに『出席停止』がある。出席停止は，学校保健法第12条に「校
長は，伝染病にかかっており，かかっておる疑いがあり，またはかか
るおそれのある児童生徒があるときは，政令で定めるところにより，
出席を停止させることができる。」と定められている。『臨時休業』と
『出席停止』は混同しやすいので，注意して覚えること。

【6】① 大脳皮質　② 間脳　③ 視床下部　④ 延髄
⑤ 中脳　⑥ 小脳　⑦ 脊髄　⑧ E　⑨ G　⑩ D
⑪ A　⑫ F　⑬ C　⑭ B
〈解説〉脳については，その解剖図と共に，機能なども合わせて覚えておくこと。

【7】(1) ① J　② E　③ N　④ M　⑤ R　⑥ I
⑦ F　⑧ L　⑨ H　⑩ O　(2) ① 砂糖の摂取量が多い
② 歯みがきが不十分　③ 歯の質が弱い　④ 歯が生え変わりの時期で，みがきにくい　⑤ 歯肉炎は自覚症状がなく進行するため，発見しにくい　⑥ 歯みがきの習慣が確立していない
〈解説〉6年ごとに行われている歯科疾患実態調査によると，1999年の統計では，5〜14歳の平均で21.1％が歯肉炎と診断され，19.6％に歯石が認められている。とくに歯肉炎は，10代になると50％以上の高い率で罹っていて，むし歯と同様に放っておけない問題である。

【8】(1) スポーツ外傷時の処置法である。R＝安静（Rest），I＝冷却（Ice），C＝圧迫・固定（Compression），E＝高挙（Elevation）
(2) 傷口より心臓に近い動脈を，手や指で圧迫して血液の流れを止める。　(3) 何らかの原因で血圧が下がり，全身の血液のめぐりが急に悪くなり，酵素や老廃物の運搬が円滑に行われなくなった結果引き起こされる様々な全身症状　(4) 一般市民の行う救急蘇生法（心肺蘇生法＋止血法）　(5) 脳腫瘍，脳外傷，脳炎等，脳圧亢進があるときに起こる。無呼吸期から突如として多呼吸になる。これは周期的な繰り返しで，間隔は不規則である。
〈解説〉(2)について　間接圧迫止血は止血点を圧迫して行う。出血部位と止血点についても覚えること。

【二次試験】

【1】(1) ・症状の出ていない児童の様子や欠席状況に注意する。
・学校医，教育委員会，保健所等に連絡し，患者の措置に万全を期する。
・学校医の意見を聞き，健康診断，出席停止，臨時休業，消毒その他
の事後措置の計画を立て，これに基づいて予防措置を行う。 ・保護
者その他関係方面に対して，患者の発生状況を周知させ，協力を求め
る。 ・児童の食生活について十分の注意と指導を行う。 ・関係機
関の協力を求め，食中毒の発生原因を明らかにするようにつとめ，そ
の原因の除去，予防につとめる。 ・給食の調理従事者，また配膳を
する児童の健康管理や手洗いの徹底と給食室や器具類の清潔に注意す
る。 (2) ① ノロウイルス ② 症状…下痢，吐き気，腹痛，
38℃以下の発熱 感染経路…水やノロウイルスに汚染された食品
（特にカキ）を摂取することによる一次感染。また，感染者の便や嘔
吐物に接触したり飛散したりすることによる二次感染。 予防法…
手洗い後，使用するタオル等は清潔にする。 感染者の便や嘔吐物に
は接触しない。 よく手洗い，うがいをする。
〈解説〉伝染病や食中毒の発生防止のためには，①患者の早期発見，早期
処理 ②学校環境衛生管理の強化徹底 ③調理従事者の保健管
理・保健指導の強化徹底 ④児童生徒等に対する保健教育の強化の
4点が大切である。

【2】① 虹彩…瞳孔から入る光の量を調節する。 ② 角膜…眼球外
膜の$\frac{1}{6}$を形成する透明な膜で光線の入口。 ③ 毛様体小帯（チン
氏帯）…毛様筋の緊張，弛緩によって水晶体の厚さを変え，遠近調
節をする。 ④ 硝子体…透明なゼリー状のもので，眼球の形と弾
性を維持する。 ⑤ 視神経…視細胞の軸索突起が集まり，脳の視
中枢に電気信号を伝える。 ⑥ 眼筋（外眼筋）…目の働きを助け
るもので，眼球の外側についていて眼球を動かす。
〈解説〉目のしくみについては，きちんと確認しておくこと。また耳のし
くみについても，出題頻度が高いので，よく確認しておくこと。

【３】原因・・・左右の眼の屈折度が違う。　症状・・・左右の視力に著しい差があり，両眼に映る像の鮮明度や大きさが違うため，両眼でものを見ることが困難になる。　問題・・・眼精疲労がおこったり，見えにくい方の目の視機能発達が遅れて弱視の原因になる。また，最悪の場合は両眼視機能を失うこともある。

〈解説〉子どもがかかえる眼の問題には，不同視の他に，近視・遠視・弱視・乱視などがあるので，原因や症状，注意することなどを確認しておくこと。

【４】基本姿勢　・色覚に異常があることも，その児童生徒の個性と考え，当該児童生徒に対する指導も，その他の児童生徒に対する指導も同様に進める。　・色覚異常の児童生徒を特別視することのない姿勢を保つことが必要である。　・一人一人が個性をもったかけがえのない児童生徒である。

留意点　・緑色黒板上では，主に白や黄色のチョークを用いる。・掲示物などの文字・線等は主に黒色や青色を用いる。　・色チョークを使用する場合は，色名をはっきり告げる。　・文字，図，絵等はできるかぎり大きくはっきり書く。　・図を描いて，色分けする場合は，文字や記号を併記する。

〈解説〉色覚異常については，平成元年3月文部省（現・文部科学省）から『色覚問題に関する指導の手引』が出されたので，確認しておくこと。

【５】初夏の候，ますますご健勝の事と存じます。いつも一方ならぬお力添えにあずかり，誠にありがとうございます。

　　いよいよ来週からは夏休みが始まります。夏休み中は，子どもたちが家庭で過ごす時間が増え，生活習慣が不規則になってしまうことが考えられます。

　　一学期の身体測定や内科検診などの健診結果通知でもお知らせ致しましたように，お子様のBMI値が要注意という結果が出ておりました。

　　子どもの軽度肥満は動脈硬化などの合併症はまだ見られず，起こっ

ていたとしても軽微なものであります。しかし，子どもの肥満をそのまま放置してしまうと，7～8割が成人肥満へと移行してしまいます。

　軽度肥満のうちに治療をあせって，<u>厳しい食事制限をすると，成長期の子どもたちの成長に悪影響をおよぼしたり，摂食障害などの心因性の病気を誘発するもとになったりする</u>ことがあります。

　日々の生活の中で成長期の子どもたちが無理せず実行できることや目標を決めてみてはいかがでしょうか。下記にあげるようなことを例にお子様と話し合ってみてください。

生活上の注意点

① <u>規則正しい生活リズムを心がける。</u>

② <u>偏食をさけ，穀物を中心としたバランスのよい3食の食事を摂取する。</u>

③ <u>食事をする時は，ゆっくりとよくかんで食べる。</u>

④ <u>間食を減らす。(決まった時間に食べたい量の半分くらいを食べる)</u>

⑤ <u>適度にスポーツをして体を動かし，消費エネルギーを多くする。</u>

⑥ <u>子どもにだけ生活に制限をするのではなく，家族全員が子どもに合わせた生活を心がける。</u>

　<u>何か心配なこと，相談などがありましたら，いつでも養護教諭○○にご連絡ください。</u>

〈解説〉必要な事項として，8項目をあげた。解答を例にして，それぞれ必要な事項を考え，作成しておくこと。

2003年度　実施問題

【1】中3の女生徒がハァハァと浅い呼吸をしながら，手足がしびれると訴え，友人に連れられ来室した。考えられる疾患と応急処置を書け。

(☆☆☆◎◎◎◎)

【2】体のしくみについての文である。(　　　)の中に適語を入れなさい。
- 1日に排出される尿は(　①　)l，膀胱は(　②　)〜(　③　)mlに達すると強い尿意を感じる。
- 虚血性心疾患の原因は，(　④　)，(　⑤　)などである。
- 心臓の重量は(　⑥　)〜(　⑦　)gである。
- 血液は，(　⑧　)，(　⑨　)，(　⑩　)，(　⑪　)からできている。体重の約(　⑫　)分の(　⑬　)を占める。
- AB型とA型からは，(　⑭　)，(　⑮　)，(　⑯　)が生まれる。
- 血糖の正常値は(　⑰　)〜(　⑱　)mg/l。
- 自律神経は交感神経と副交感神経から成り，交感神経は心臓の拍動を(　⑲　)し，副交感神経はこれを(　⑳　)する。
- 歯の歯槽内にある部分を(　㉑　)，外に露出した部分を(　㉒　)，中間のややくびれた狭い部分(歯肉にうずまった部分)を(　㉓　)という。乳歯(　㉔　)本，永久歯は(　㉕　)本。

(☆☆☆☆◎◎)

【3】学校環境衛生について(　　　)に適語を入れよ。
- (1)　教室の温度は冬期(　　)℃以上，夏期(　　)℃以下である。
- (2)　コンピュータ設置の教室や，ワープロ，ディスプレイ等を使用する教室の机上の照度は(　　)〜(　　)ルクス程度が望ましい。
- (3)　教室内の騒音レベルは窓を閉じている時は中央値(　　)dB以下，窓を開けている時は中央値(　　)dB以下である。

258

(4)　飲料水の残留塩素は給水栓における水で，遊離残留塩素(　　)mg/l
以上を保持すること。

(☆◎◎◎◎)

【4】次の語句について説明せよ。
　①　WPW症候群
　②　アレルギー疾患
　③　顎関節症
　④　滲出性中耳炎
　⑤　ADHD

(☆☆☆◎◎◎)

【5】出席停止の指示は，誰が，誰に対して行うか。また，学校の設置者
に報告をする際，必要な事項を5つ述べよ。

(☆☆☆◎◎◎)

【6】次の条文の(　　)の中に適語を入れ，条文を完成させなさい。また，
学校保健法はA，学校保健法施行令はB，学校保健法施行規則はCを
[　　]に記入せよ。
(1)　[　　]学校においては，児童，生徒，学生又は幼児及び職員の
　　(　　)，(　　)，(　　)その他の保健又は(　　)に関する事項につい
　　て計画を立て，これを実施しなければならない。
(2)　[　　]学校においては，前条の健康診断の結果に基き，(　　)を
　　行い，又は(　　)を指示し，並びに運動及び作業を軽減する等
　　(　　)をとらなければならない。
(3)　[　　]学校には，(　　)，(　　)，(　　)等を行うため，(　　)を
　　設けるものとする。
(4)　[　　](　)は，この法律の規定による健康診断を行おうとする
　　場合その他政令で定める場合においては，(　　)と連絡するものと
　　する。

(5)　[　　　]（　　　）は翌学年の始めから（　　　）までに，（　　　）を就学時の健康診断を受けた者の入学する学校の校長に送付しなければならない。

(6)　[　　　]栄養状態は，皮膚の色沢，皮下脂肪の充実，（　　　），（　　　）等について検査し，栄養不良又は（　　　）で特に注意を要する者の発見につとめる。

(7)　[　　　]結核の有無の検査において，（　　　）と診断された者については，おおむね（　　　）に再度結核の有無の検査を行うものとする。

(8)　[　　　]（　　　）は，児童，生徒，学生又は幼児が転学した場合においては，その作成に係る当該児童，生徒，学生又は幼児の健康診断票を（　　　）に送付しなければならない。

(9)　[　　　]校長は，学校内に，伝染病の（　　　）に汚染し，又は汚染した疑いがある（　　　）があるときは（　　　）その他（　　　）をするものとする。

(☆☆○○○○)

解答・解説

【１】過呼吸症候群(過換気症候群)

　周りの者を遠ざけ，休ませ安心感を与える。紙袋を口と鼻を覆うようにしてあて，この中で呼吸させる。また段々ゆっくり呼吸をするようにし，深呼吸に導く。

〈解説〉酸素の採り過ぎから生じるため，酸素の過剰摂取を抑えるよう援助する。症状は，過呼吸発作から，筋肉の強直，意識の混濁，卒倒と進行する。

【2】① 1.5 ② 350 ③ 400 ④ 動脈硬化 ⑤ 高血圧
⑥ 200 ⑦ 300 ⑧ 赤血球 ⑨ 白血球 ⑩ 血小板
⑪ 血しょう ⑫ 13 ⑬ 1 ⑭ A型 ⑮ B型
⑯ AB型 ⑰ 70 ⑱ 110 ⑲ 促進 ⑳ 抑制
㉑ 歯根 ㉒ 歯冠 ㉓ 歯頸 ㉔ 20 ㉕ 32
〈解説〉幅広い医学的知識を要求される。

【3】(1) 10, 30 (2) 500〜1000 (3) 50, 55 (4) 0.1
〈解説〉学校環境衛生の問題は数値を空欄に入れる問題がほとんどである。基準を暗記しておく必要がある。

【4】① ウォルク，パーキンソン，ホワイトの3人によって発見された病気。心臓の刺激，興奮を伝える正規の道筋とは別の道筋があることにより生じる心疾患。発作性頻拍症がみられることが多い。
② 抗原が生体内に入ると，生体内に抗体ができる。すると身体は前と異なった状態になり，再び抗原が体内に入ると異常な反応が起こる。これをアレルギー反応といい，この反応によって引き起こされる疾患をアレルギー疾患という。気管支喘息，蕁麻疹など。 ③ 軟らかい食物の氾濫で，よく噛んで食べることが少なくなり，その結果咬筋力が弱くなり，大きく口を開くことができない症状をいう。 ④ 慢性中耳炎の一種。8歳以下の幼児，児童に見られる。耳痛や耳漏などの急性症状を欠き，初めから中耳腔に液体が貯ってくる。軽い難聴があるが，気付きづらい。聞き返すことが多い，テレビのボリュームを大きくするなど，普段の様子に注意する。 ⑤ attention defioit hyperactivity disorderの略で，注意欠陥多動性障害と訳される。代表的な特徴としては，不注意，多動性，衝動性が挙げられる。

【5】校長が，児童，生徒又は幼児にあっては保護者に，高等学校の生徒
　　又は学生にあっては当該生徒又は学生に指示をする。
　　報告事項
　　①　学校の名称
　　②　出席を停止させた理由及び期間
　　③　出席停止を指示した年月日
　　④　出席を停止させた児童，生徒，学生又は幼児の学年別人員数
　　⑤　その他参考となる事項
〈解説〉学校保健法第12条，出席停止
　　学校保健法施行令第5条，出席停止の指示
　　　　　〃　　　　　第6条，出席停止の報告
　　学校保健法施行規則第21条，出席停止の報告事項

【6】(1)　A，健康診断，環境衛生検査，安全点検，安全
　　(2)　A，疾病の予防処置，治療，適切な措置　　(3)　A，健康診断，
　　健康相談，救急処置，保健室　　(4)　A，学校の設置者，保健所
　　(5)　B，市町村の教育委員会，15日前，就学児健康診断票
　　(6)　C，筋骨の発達，貧血の有無，肥満傾向　　(7)　C，結核発病の
　　おそれがある，6ヶ月の後　　(8)　C，校長，転学先の校長
　　(9)　C，病毒，物件，消毒，適当な処置
〈解説〉(1)　2条　　(2)　7条　　(3)　19条　　(4)　20条　　(5)　4条
　　(6)　1条　　(7)　4条　　(8)　6条　　(9)　22条

第 3 部

チェックテスト

養護教諭

【1】学校保健について，次の文中の各空欄に適する語句を答えよ。

（各2点　計10点）

　学校保健は学校における(①)と保健管理をいう。(①)の目的は，自らが健康な行動を選択し，決定し，実践していくことのできる主体の育成にある。また，(①)は保健学習と(②)に大別され，保健学習は教科の体育及び保健体育を中心に，(②)は特別活動の(③)・ホームルーム活動を中心に教育活動全体を通じて行われる。このため，保健学習は，小学校では体育科の(④)で，中学校では保健体育科の(⑤)で，高等学校では保健体育科の科目保健で，学習指導要領に示された内容と授業時数で行われるようになっている。また，関連教科や総合的な学習の時間においても，健康や安全に関する学習が行われる。

【2】学校安全について，次の各問いに答えよ。

（(1) 各2点，(2) 4点　計10点）

(1)　学校安全における3領域を答えよ。

(2)　危機管理対策の一環として心のケアを位置づける必要性がある理由を答えよ。

【3】学校環境衛生基準(平成30年4月)について，(1)～(8)の文中にある①～⑱に適切な語句や数値をあとのア～ネから1つずつ選び，記号で答えよ。

（各1点　計18点）

(1)　机面の高さは(①)に座高の(②)を加えたもの，いすの高さは(①)であるものが望ましい。

(2)　教室の温度は，(③)℃以上，(④)℃以下であることが望

ましい。

(3)　教室内の(　⑤　)は，0.06ppm以下であることが望ましい。

(4)　ダニ又はダニアレルゲンについては，(　⑥　)/m²以下又はこれと同等の(　⑦　)以下であること。

(5)　コンピュータ教室等の机上の照度は，(　⑧　)～(　⑨　)lx程度が望ましい。

(6)　日常点検は毎授業日に教職員が実施するものだが，教室の換気について は，外部から教室に入ったとき，不快な刺激や(　⑩　)がないか，換気が(　⑪　)に行われているかを点検する。

(7)　まぶしさは，児童生徒等から見て，(　⑫　)の外側15°以内の範囲に輝きの強い光源(昼光の場合は(　⑬　))がないこと。

(8)　次のような場合，臨時に必要な検査を行うものとする。

ア　感染症又は(　⑭　)の発生のおそれがある場合や，発生したとき

イ　(　⑮　)等により環境が不潔になり又は汚染され，感染症の発生のおそれがあるとき

ウ　新築，(　⑯　)，改修等及び机，いす，(　⑰　)等新たな学校用備品の搬入等により(　⑱　)の発生のおそれがあるとき，その他必要なとき

ア	風水害	イ	500	ウ	コンピュータ
エ	300	オ	適切	カ	下腿長
キ	食中毒	ク	100匹	ケ	揮発性有機化合物
コ	二分の一	サ	24	シ	1500
ス	臭気	セ	三分の一	ソ	二酸化炭素
タ	1000	チ	黒板	ツ	アレルゲン量
テ	改築	ト	17	ナ	二酸化窒素
ニ	200匹	ヌ	28	ネ	窓

【4】養護教諭の行う健康相談活動の定義について，文中の各空欄に適する語句を答えよ。

（各2点　計12点）

健康相談活動の定義　～平成9年保健体育審議会答申～

　　養護教諭の(　①　)や(　②　)を十分に生かし，児童生徒の様々な訴えに対して，常に心的な要因や背景を念頭に置いて，(　③　)，(　④　)，(　⑤　)，(　⑥　)など，心や体の両面への対応を行う活動です。

【5】次の文は，平成27年12月21日に中央教育審議会から出された「チームとしての学校の在り方と今後の改善方策について」(答申) の中の「3.「チームとしての学校」を実現するための具体的な改善方策」で，養護教諭の現状について述べたものである。文中の各空欄に適する語句を答えよ。

(各2点　計10点)

　　養護教諭は，児童生徒等の「養護をつかさどる」教員(学校教育法第37条第12項等)として，児童生徒等の保健及び(　①　)の実態を的確に把握し，心身の健康に問題を持つ児童生徒等の指導に当たるとともに，健康な児童生徒等についても健康の増進に関する指導を行うこととされている。

　　また，養護教諭は，児童生徒等の身体的不調の背景に，や虐待などの問題がかかわっていること等の(　②　)にいち早く気付くことのできる立場にあることから，近年，児童生徒等の(　③　)においても重要な役割を担っている。

　　特に，養護教諭は，主として保健室において，教諭とは異なる(　④　)に基づき，心身の健康に問題を持つ児童生徒等に対して指導を行っており，健康面だけでなく(　⑤　)面でも大きな役割を担っている。

【6】次の各文は，児童生徒の健康診断について述べたものである。文中の各空欄に適する語句を答えよ。

(各1点　計14点)

(1)　特発性側わん症は発見された年齢により乳児期側わん症，学童期側わん症，思春期側わん症の3つに分けられるが，(　①　)%以上が(　②　)側わん症で占められ，7対1の割合で(　③　)に多い。

(2) 視力検査において，視力表の視標は (④)m用が望ましいが，(⑤)m用を使用してもよい。また視標面の照度は (⑥)～(⑦)ルクスとする。

(3) 就学時健康診断あるいは，定期健康診断において栄養状態が悪いと思われる子どもの場合は，「子どもの(⑧)」を心にとめておく必要がある。

(4) 心臓検診の目的は，心疾患の(⑨)と心疾患児に日常生活の適切な指導を行い子どもの(⑩)を高め，生涯を通じて，できるだけ健康な生活を送ることができるように子どもを援助することである。

(5) 聴力検査は，正常の聴力の人が(⑪)Hz(⑫)dBの音をはっきり聞きとれるくらいの静かな場所で行う。検査学年は，小学校(⑬)，6学年及び中・高等学校(⑭)学年は除くことができる。

【7】 次の文は，ある疾病及び用語について説明したものである。それぞれの疾病名又は用語を答えよ。

(各2点　計20点)

(1) あごの関節痛，関節雑音，開口障害が主な症状で，心理的ストレス，そしゃく機能の低下，歯列，咬合異常などが原因とされる。

(2) 心疾患の1つで特徴のあるデルタ波を生じる不整脈で，ケント束という副伝導があり，発作性上室性頻脈を伴うことがある。発作時は，動悸や呼吸困難がある。

(3) 医療機能が制約される中で，一人でも多くの傷病者に対して最善の治療を行うため，傷病者の緊急度や重症度によって処置の優先順位を決めること。

(4) 「化学物質過敏症」の1つで建材や家具に使用されているホルムアルデヒドや有機溶剤などが原因となり，頭痛，目・鼻の刺激症状，せき，呼吸困難などを感じたり発疹が出たりする。

(5) 神経性習癖の1つで，繰り返し体の一部を無意識的にかつ無目的に急に動かす(例えば顔をしかめたり，まばたきしたり，首を振っ

たりするなど）。何らかの心理的な悩みが続き，その結果生じた不安や心の緊張が習癖となって現れる。学童期の男子に多く，ほとんどの症例は，一過性である。

(6)　10〜15歳の男子に多く認められる。急激な骨の成長による筋，腱の成長のアンバランスから，腱に対する牽引力，負荷増大によって起こる。膝の下部が前方にとび出していて，エックス線写真で見ると成長軟骨の一部が不規則な状態になっている。

(7)　事件・事故や自然災害等に遭遇すると，恐怖や喪失体験などにより心に傷を受け，その時のできごとを繰り返し思い出し，情緒不安定や睡眠障害などが現れ，生活に大きな支障をきたすことがある。この状態が1か月以上長引くような症状。

(8)　不安感・緊張感や意識されない心理的な葛藤など，さまざまな原因によって，発作的に呼吸が頻回になり，二酸化炭素の濃度が正常より低くなる。特徴的な症状として，手足のしびれ感やけいれんが起こったり，重症のときには意識障害が起こることもある。

(9)　青年期に好発する代表的な精神疾患であり，幻覚や妄想が主な症状である。約120人に1人という高い割合で発症する。以前は治りにくい疾患と思われていたが，早期治療と適切なケアにより3人に1人は治癒し，完治しなくても日常の生活を送ることができる。

(10)　アレルギー反応や運動，物理的な刺激などにより，じんましんなどの皮膚症状，腹痛や嘔吐などの消化器症状，呼吸困難などの呼吸器症状が，複数同時にかつ急激に出現し，なおかつ血圧や意識の低下，脱力状態が見られる。

【8】食物アレルギーについて，文中の各空欄に適する語句を答えよ。

（各2点　計12点）

　食物アレルギーとは，一般的に特定の食物を摂取することによって，（　①　），呼吸器，（　②　），あるいは全身性に生じるアレルギー反応のことをいう。

　原因食物は多岐にわたり，学童期では（　③　），（　④　）だけで全体

の約半数を占めるが，実際に学校の給食で起きたアレルギー発症事例の原因食物は(　⑤　)類，(　⑥　)類が多くなっている。

【9】 熱中症について，次の各問いに答えよ。

((1) 各2点，(2) 4点　計10点)

(1)　熱中症は，症状により分類される。その名称を3つ答えよ。

(2)　WBGTについて説明せよ。

【10】 次の図の①〜⑦に当てはまる臓器の名称を答えよ。

(各2点　計14点)

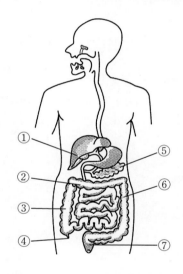

【11】 次の文章は心の健康問題への対応について養護教諭の役割のポイントが述べられている。文中の各空欄に適する語句を答えよ。ただし，同じ番号には同じ語句が入る。

(各2点　計20点)

(1)　子どもの心の健康問題の解決に向けて中核として(　①　)を助け円滑な対応に努める。

(2)　学級担任等と連携した組織的な(　②　)，健康相談，(　③　)を

行う。

(3)　子どもの心身の健康状態を日ごろから的確に把握し，問題の早期
発見・早期対応に努める。

(4)　受診等の必要性の有無を判断する。

(5)　子どもが相談しやすい保健室の(　④　)つくりに努める。

(6)　子どもの(　⑤　)を受け止め，心の安定が図れるように配慮する。

(7)　常に(　⑥　)に心がけ，問題の背景要因の把握に努める。

(8)　子どもの(　⑦　)の教育支援計画作成に参画する。

(9)　学校ではどこまで対応できるのか(　⑧　)を明確にする。

(10)　校内関係者や(　⑨　)等との連携調整等を行う。

(11)　医学的な情報を教職員等に(　⑩　)する。

(12)　地域の医療機関や相談機関等の情報を教職員等へ(　⑩　)する。

【12】保健室経営計画について，次の各問いに答えよ。

((1) 4点，(2) 各2点　計14点)

(1)　中央教育審議会答申(平成20年1月)にある「保健室経営計画」の定
義を書け。

(2)　養護教諭が，保健室経営計画を立てて職務を行うにあたり，期待
できるメリットを，箇条書きで5つ書け。

【13】養護教諭の職務について，次の各問いに答えよ。

(各2点　計20点)

(1)　中央教育審議会答申(平成20年1月17日)に示されている養護教諭の
職務を5つ答えよ。

(2)　養護教諭は児童生徒の心身の健康問題を発見しやすい立場にあ
る。その職務の特質を5つ簡潔に述べよ。

【14】次の各文は学校保健安全法の条文の一部である。文中の各空欄に
適する語句を答えよ。

(各2点　計16点)

第6条　文部科学大臣は，学校における換気，(　①　)，照明，保温，清潔保持その他(　②　)に係る事項について，児童生徒等及び職員の健康を保護する上で維持されることが望ましい基準を定めるものとする。

第9条　養護教諭その他の職員は，相互に連携して，(　③　)又は児童生徒等の健康状態の(　④　)な観察により，児童生徒等の心身の状況を把握し，健康上の問題があると認めるときは，遅滞なく，当該児童生徒等に対して必要な指導を行うとともに，必要に応じ，その保護者に対して必要な助言を行うものとする。

第10条　学校においては，救急処置，健康相談又は(　⑤　)を行うに当たつては，必要に応じ，当該学校の所在する地域の(　⑥　)その他の関係機関との連携を図るよう努めるものとする。

第29条　学校においては，児童生徒等の(　⑦　)の確保を図るため，当該学校の実情に応じて，危険等発生時において当該学校の職員がとるべき措置の具体的内容及び手順を定めた(　⑧　)を作成するものとする。

解答・解説

【1】① 保健教育　② 保健指導　③ 学級活動　④ 保健領域　⑤ 保健分野

|解説| 学校保健の構成については，図表化して整理しておくとよい。

【2】(1)　生活安全，交通安全，災害安全(防災)　(2)　強い恐怖や衝撃を受けた場合，不安や不眠などのストレス症状が現れることが多い。こうした反応は，誰にでも起こりうることであり，場合によっては長引き，生活に支障をきたすなどして，その後の成長や発達に大きな障害となることもあるため，適切な対応を図り，支援していくことが必要であるため。

解説 (1) 学校安全は安全教育と安全管理からなり，学校における安全教育の領域として生活安全，交通安全，災害安全の3つに分けられている。 (2) 災害発生時の心の健康問題としてPTSDが考えられる。不安や恐怖が持続し，たとえ一時的に症状が消失しても，再び睡眠障害や集中困難などの症状が出現することもあるため，長期的に支援する必要がある。日常生活だけでなく，その後の子どもの成長や発達に重大な障害を残すこともあるため，適切な対応を図ることが大切である。

【3】① カ ② セ ③ ト ④ ヌ ⑤ ナ ⑥ ク
⑦ ツ ⑧ イ ⑨ タ ⑩ ス ⑪ オ ⑫ チ
⑬ ネ ⑭ キ ⑮ ア ⑯ テ ⑰ ウ ⑱ ケ

解説 学校環境衛生基準は，学校保健安全法第6条で規定されている。また，平成21年4月1日施行の「学校環境衛生基準」には，詳しい基準等が記載されている。新しい基準は今後，出題される可能性が高いので数値等については，確実に覚えておこう。

【4】① 職務の特質 ② 保健室の機能 ③ 心身の観察
④ 問題の背景の分析 ⑤ 解決のための支援
⑥ 関係者との連携 (③，④，⑤，⑥は順不同)

解説 本答申は頻出である。身体的症状の訴えに対して，健康観察や器質性疾患の有無の確認等を通して心因性の疑いを判断していく。養護教諭に関する答申として，中央教育審議会答申「子どもの心身の健康を守り，安全・安心を確保するために学校全体としての取組を進めるための方策について」(平成20年1月17日)も目を通しておきたい。

【5】① 環境衛生 ② サイン ③ 健康相談 ④ 専門性
⑤ 生徒指導

解説 出題の答申では，チームとしての学校が求められる背景として，「学校において子供が成長していく上で，教員に加えて，多様な価値観や経験を持った大人と接したり，議論したりすることで，より厚み

のある経験を積むことができ，本当の意味での「生きる力」を定着さ
せることにつながる。そのために，「チームとしての学校」が求めら
れている」としている。また同答申では，「国は，養護教諭が専門性
と保健室の機能を最大限に生かすことができるよう，大規模校を中心
に，養護教諭の複数配置を進める」という考えが示されていることを
併せて確認しておこう。

【6】(1)　①　80　　②　思春期　　③　女子　　(2)　④　5　　⑤　3
⑥　500　　⑦　1,000　　(3)　⑧　虐待　　(4)　⑨　早期発見
⑩　QOL(生活の質，クオリティ・オブ・ライフも可)
(5)　⑪　1000　　⑫　25　　⑬　4　　⑭　2

解説　(3)　養護教諭は，職務上けがや身体的不調など心身の多様な健康
問題で保健室を訪れる子どもの対応に当たっていることから，身体
的・心理的な虐待などを発見しやすい立場にあり，児童虐待の早期発
見・早期対応にその役割が期待されている。　(4)　先天性心疾患とし
ては大血管転位症，単心室，ファロー四徴症等がある。手術後も突然
死の可能性が有りうるので，学校・家庭・主治医間で連携し，健康状
態の把握をすることが大切である。

【7】(1)　顎関節症　　(2)　WPW症候群　　(3)　トリアージ　　(4)　シ
ックハウス症候群　　(5)　チックまたはチック症またはチック障害
(6)　オスグートシュラッター病(オスグッド・シュラッター病)
(7)　心的外傷後ストレス障害(PTSD)　　(8)　過換気症候群　　(9)　統
合失調症　　(10)　アナフィラキシーショック

解説　(1)　『学校保健実務必携』第1部　学校保健　第2編学校における
保健管理「第9章 健康診断時に注意すべき疾病及び異常」顎関節の状
態を確認するとよい。子どもの顎関節症患者が最近増えている。顎関
節症の主な症状として，①あごが痛い，②口を大きく開けられない，
③耳の近くでカクカクと音がする，④かみ合わせに違和感がある，⑤
口を完全に閉じられない，がある。　(2)　健康診断時に注意すべき心

臓疾患の1つ。WPW症候群とは，心臓自体には何らの異常がない人が，特有の心電図所見を示し，しばしば発作性心頻拍症を起こし，またこれらの心電図異常が突然正常化する興味深い例があることが1915年頃から知られている。1930年，Wolff, Parkinson, Whiteという3人の心臓病研究者が，このような例を12例集め，その臨床所見，心電図などについて詳しく報告して以来，この疾患は3人の頭文字をとってWPW症候群と呼ばれるようになった。WPW症候群の臨床像の特徴は次の3点に要約される。①特有のWPW型心電図を示す。②このWPW型心電図が，自然に，または何らかの操作により突然正常化する。③発作性心頻拍，心房細動(粗動)などの頻脈発作を高率に合併する。しかし，中にはWPW型心電図のみを示し，頻脈発作を伴わない例や，いろいろな操作によっても正常化しないような例もある。WPW型心電図のみを示し，なんら頻脈発作を伴わない例は，学校の身体検査や人間ドックで偶然発見される。　(3)　トリアージ(Triage)は，治療(Treatment)，搬送(Transport)とともに，災害時医療で最も重要な3つの要素(3T)の1つである。多数の傷病者が一度に発生する特殊な状況下において，現存する限られた医療資源の中で，まず助かる可能性のある傷病者を救命し，社会復帰へと結びつけることに，トリアージの意義がある。負傷者を重症度，緊急度などによって分類し，治療や搬送の優先順位を決めることであり，救助，応急処置，搬送，病院での治療の際に行う。(4)　『学校保健実務必携』第1部　学校保健　第2編学校における保健管理「第3章 学校環境衛生」第2節Ⅲの8 揮発性有機化合物の項目を確認するとよい。シックハウス症候群とは住宅の高気密化や化学物質を放散する建材・内装材の使用等により，新築・改築後の住宅やビルにおいて，化学物質による室内空気汚染等により，居住者の様々な体調不良が生じている状態を指す。症状が多様で，症状の仕組みをはじめ，未解明な部分が多く，また様々な複合要因が考えられることから，シックハウス症候群と呼ばれる。　(5)　「教職員のための健康観察の方法と問題への対応」(文部科学省，平成21年3月)第6章 主な疾患と解説を参照すること。チック障害の原因は，家族の育て方や子どもの性格

の問題では決してなく，「その児童がもともとチック障害になりやすい脳の働きを有している」という理解に基づいて，本人と一緒にチックとうまく付き合っていくことが治療の基本である。学校での対応としては，チックを無理にやめさせようと叱らないと同時に，子どもの特徴の1つとして受け入れて自然体で接することが望ましい。不必要な不安や緊張は，かえってチックを悪化させることに注意する。生活に支障をきたす場合には，児童精神科を受診する必要がある。

(6)　不適切なトレーニングや身体の使い過ぎなどで発生する慢性期の疾患をスポーツ障害という。小学校高学年から中学校にかけては成長が著しい時期であり，骨端症と総称されるオスグートシュラッター病，リトルリーグショルダー，セーバー病が発症しやすい時期でもある。リトルリーグショルダーとは，間違った投球練習などにより，上腕骨骨頭の骨端部(肩)にねじれの負荷がかかり，軟骨部が損傷される(骨端線の離開)疾患である。セーバー病とは，踵骨骨端部の骨化が完成する発育期に，ジャンプ，ダッシュ，ランニングなどの激しい運動をすることにより，踵骨骨端部にアキレス腱や足底腱膜の引っ張る力が加わり，炎症と痛みが生じる疾患である。　(7)　心的外傷後ストレス障害の主な症状には，再体験症状，回避・麻痺症状，覚醒・亢進症状があり，フラッシュバックがみられることもある。災害があった数年後の同日が近付いた際に，不安など様々な反応を示すことがあり，これをアニバーサリー反応という。災害発生後の時間経過に伴う症状と対応について整理しておこう。　(8)　血液や体液がアルカリ性に傾いた状態をアルカローシス(アルカリ血症)という。処置としては，ゆっくり浅く呼吸させる呼吸調整法や紙袋呼吸法を行う。　(9)　統合失調症は，10代後半から20代での発症が多く，以前は精神分裂病と呼ばれていた。神経系に障害がみられ，幻覚や幻聴，意欲減退などの症状が見られる。(10)　アナフィラキシーの対応に関し，エピペンの使用についてもおさえておくこと。「学校のアレルギー疾患に対する取り組みガイドライン」((財)日本学校保健会)を参考にし，食物アレルギーや喘息，アトピー性皮膚炎の特徴や学校での対応を確認するとよい。

【8】① 皮膚　② 消化器　③ 乳製品　④ 鶏卵　⑤ 甲殻
⑥ 果物　(①②，③④，⑤⑥はそれぞれ順不同)

解 説　特定の食物を摂取することによって，(1)皮膚症状：全身の熱感，掻痒感に引き続き，紅斑，じんましん，血管性浮腫など，(2)消化器症状：腹痛，下痢，嘔吐など，(3)重症例では，呼吸困難，喘鳴，血圧低下，意識消失など生命の危険を伴うこともある。それらを予防するためには，①原因と考えられる食物を摂取しないこと，②食事摂取直後，特に2～4時間以内の運動を制限すること，③運動中に熱感，皮膚掻痒感，紅斑，じんましんなどの初期症状を認めたときは直ちに運動を中止すること，④万一，初期症状が出た場合は，早めに医療機関を受診して治療を受けること。アナフィラキシーの症状を経験する頻度は，中学生で6000人に1人程度とまれである。

【9】(1)　熱けいれん，熱疲労，熱射病，熱失神から3つ　　(2)　湿球黒球温度のこと。人体の熱収支に影響の大きい気温，湿度，輻射熱の3つを取り入れた指標で，乾球温度，湿球温度，黒球温度の値を使って計算する。

解 説　(1)　熱中症は総称であり，Ⅰ度が熱けいれん，熱失神，Ⅱ度が熱疲労，Ⅲ度が熱射病である。それぞれの発症機序と応急処置をまとめておくとよい。熱中症の応急処置の基本は，安静，冷却，水分補給である。　(2)　算出方法は，屋外と屋内で異なる。屋外：WBGT＝0.7×湿球温度＋0.2×黒球温度＋0.1×乾球温度，屋内：WBGT＝0.7×湿球温度＋0.3×黒球温度である。WBGT31℃以上は「運動は原則禁止」，28℃～31℃は「厳重警戒」，25℃～28℃は「警戒」，21℃～25℃は「注意」，21℃以下は「ほぼ安全」とされる。

【10】① 肝臓　② 横行結腸　③ 上行結腸　④ 虫垂
⑤ 膵臓　⑥ 下行結腸　⑦ 直腸

解 説　体の部位は漢字で正確な表記ができるようにしておくこと。

【11】① 校長 ② 健康観察 ③ 保健指導 ④ (例) 環境(場) ⑤ (例) 訴え(悩み，声，叫び) ⑥ 情報収集 ⑦ 個別 ⑧ 見立て ⑨ 関係機関 ⑩ (例) 提供(発信，伝達)

解説 学校保健安全法第9条(保健指導)では，「養護教諭その他の職員は，相互に連携して，健康相談又は児童生徒等の健康状態の日常的な観察により，児童生徒等の心身の状況を把握し，健康上の問題があると認めるときは，遅滞なく，当該児童生徒等に対して必要な指導を行うとともに，必要に応じ，その保護者に対して必要な助言を行うものとする。」と示されている。また，健康相談活動は養護教諭の新たな役割として，平成9年保健体育審議会答申により提言された。養護教諭は，専門性と保健室の機能を最大限に生かして，心の健康問題にも対応した健康の保持増進を実践できる資質の向上を図る必要がある。

【12】(1) 保健室経営計画とは，当該学校の教育目標及び学校保健の目標などを受け，その具現化を図るために，保健室の経営において達成されるべき目標を立て，計画的・組織的に運営するために作成される計画である。 (2) ① 学校教育目標や学校保健目標等に基づく保健室経営を計画的，組織的に進めることができる。 ② 保健室経営計画を教職員や保護者等へ周知を図ることによって，理解や協力が得られやすくなる。 ③ 保健室経営計画の評価を行うことにより，課題が明確になり，次年度に活かすことができる。 ④ 養護教諭の複数配置の場合には，お互いの活動内容の理解を深めることができ，効果的な連携ができる。 ⑤ 異動による引き継ぎが，円滑(スムーズ)に行える。

解説 (1)(2) 子どもが心身ともに健やかに育つことは，すべての人々の願いであり，教育の目的や目標そのものであるといえる。教育の基礎となる心身の健康・安全の確保と推進には，関係者が相互に連携を深めながら，子どもの心身の健康の保持増進を図ることが必要であり，学校保健活動のセンター的役割を果たしている保健室経営は重要である。中央教育審議会答申(平成20年1月)を確実に理解するとともに，学

校保健実務必携の保健室経営の記述を覚えること。

【13】(1) 救急処置，健康診断，疾病予防などの保健管理，保健教育，健康相談活動，保健室経営，保健組織活動 (以上から5点)

(2) ① 全校の児童生徒を対象としており，入学時から経年的に児童生徒の成長・発達を見ることができる。 ② 活動の中心となる保健室は，誰でもいつでも利用でき安心して話ができるところである。 ③ 健康診断(身長や体重測定，内科検診，歯科検診等)，救急処置，健康相談等を通して，子どもの健康状態を把握することによって，虐待等を早期に発見しやすい。 ④ 子どもは，心の問題は言葉に表すことが難しく，身体症状として現れやすいので，問題を早期に発見しやすい。 ⑤ 保健室頻回来室者，不登校傾向者，非行や性に関する問題など様々な問題を抱えている児童生徒と保健室でかかわる機会が多い。 ⑥ 職務の多くは学級担任をはじめとする教職員，学校医，保護者等との連携の下に遂行される。(以上から5点)

|解|説| (1) 中央教育審議会答申「子どもの心身の健康を守り，安全・安心を確保するために学校全体としての取組を進めるための方策について」に関する出題。同答申では，養護教諭の役割として7項目があげられており，そのうち5つを答えればよい。本答申は今後も出題が予想されるので熟読し，特に養護教諭の項目は暗記するとよいだろう。

【14】① 採光 ② 環境衛生 ③ 健康相談 ④ 日常的 ⑤ 保健指導 ⑥ 医療機関 ⑦ 安全 ⑧ 対処要領

|解|説| 学校保健安全法からの出題は全国的に頻出である。旧法(学校保健法)と比べ，「学校保健計画」と「学校安全計画」を独立させて策定することなった点や，健康相談の実施者の拡大等の改正点をしっかりと押さえておくとよい。また，各条文のキーワードは暗記しておきたい。なお，その他保健室や養護教諭に関わる法律や答申については文科省ホームページを確認し目を通しておきたい。

第4部

養護教諭
頻出問題演習

Part1

【1】学校の実態に適した学校保健計画の立案にあたって情報の収集源として考えられるものについて，文中の各空欄に適する語句を答えよ。

(1) （ ① ）の評価記録からの情報

(2) （ ② ）の健康に関する情報

(3) （ ③ ）の状況に関する情報

(4) （ ④ ）の保健・衛生に関する課題の情報

(5) 児童生徒，教師，（ ⑤ ），（ ⑥ ）等保健関係者，（ ⑦ ）からの情報

【2】「学校環境衛生基準」について，次の各問いに答えよ。

(1) 教室等の備品の管理の項に机，いすの高さが検査項目としてある。そこで示されている机面の高さといすの高さの基準を書け。

(2) 机，いすの高さの日常点検の方法を書け。

(3) 机，いすの高さの定期検査は毎学年何回行うか書け。

【3】次の文は平成21年3月に発行された「教職員のための子どもの健康観察の方法と問題への対応」第1章健康観察からの抜粋である。文中の各空欄に適する語句を答えよ。

> 健康観察の目的は以下のとおりである。
> ・子どもの心身の健康問題の（ ① ）・早期対応を図る。
> ・（ ② ）や食中毒などの（ ③ ）を把握し，感染の拡大防止や予防を図る。
> ・日々の（ ④ ）な実施によって，子どもに自他の健康に興味・関心をもたせ，（ ⑤ ）の育成を図る。

【4】次の文章は，ある疾病について説明したものである。それぞれの疾病名を答えよ。

(1)　激しい痛みや耳漏(耳だれ)などがなく，ほとんど無症状に経過し，知らない間に難聴になっている場合が多い。小学校低学年では，約4％位存在する。病態は中耳腔に漿液性，時には，にかわ状の滲出液が長時間貯留するものである。発症に関与する因子には，急性中耳炎の既往，慢性副鼻腔炎，アレルギー性鼻炎などが指摘されている。

(2)　主に，ブドウ球菌による急性化膿性炎症である。瞼が赤く腫れ，痛みがある。治療は抗生剤による薬物療法によるが，膿をもった場合は切開する。

(3)　自律神経失調症の一つで，立ちくらみが主な症状である。思春期前後に多く，家族性がみとめられる。症状による診断基準が作られている。朝起きられなかったり，午前中調子が悪かったりするので不登校と間違われることがある。

(4)　ピンク色の発疹，発熱，リンパ節の腫脹と圧痛を訴える疾患である。まれに，髄膜炎，脳炎，血小板減少性紫斑病などの合併症が見られることがあり，特に妊娠早期の妊婦が罹患すると出生児に先天異常をみることがある。

【5】次の不整脈のうち，基礎心疾患がない場合には危険性がほとんどないものを，①〜⑤から1つ選べ。

①　完全房室ブロック

②　発作性頻拍症

③　完全左脚ブロック

④　QT延長症候群

⑤　完全右脚ブロック

【6】応急手当について，次の各問いに答えよ。

(1)　次の応急手当について正しいものには○を，間違っているものには×で答えよ。

① 運動中，突然倒れ，呼吸がなく，心停止状態のときには，AED を使用する。

② 虫に刺されたら，アンモニアを塗る。

③ 鼻血が出たら，顎を上げティッシュをつめる。

(2) 熱中症は症状により分類されるが，その中で，熱が体外に放出されず体温の上昇が激しく，意識障害を生じるものを何というか。また，その応急手当を答えよ。

【7】次の文は，腎臓について説明したものである。文中の各空欄に適する語句を下のア～スから1つずつ選び，記号で答えよ。

腎臓は，(①)から第2腰椎の高さに左右1個ずつあるソラマメ形の臓器である。実質内部は(②)と(③)で構成されている。(③)は十数個の錐体からなり，その先端は乳頭を形成する。(②)には糸球体が存在し，毛細血管塊で血液の濾過を行う。腎臓の機能単位はネフロンと呼ばれ，1個の腎臓に約100万個存在する。糸球体で濾過された原尿は(④)を通過する間に再吸収と分泌を受けて最終尿が形成される。

腎臓は，尿の生成を通して有毒物質や(⑤)の排出，水・(⑥)の調節，酸塩基平衡の調節などにより生体の内部環境を維持している。腎臓はさらに，レニンやプロスタグランジンの産生と分泌を介して(⑦)の調節，またエリスロポエチンの産生を介して骨髄における(⑧)の産生を行っている。

ア	皮質	イ	灰白質	ウ	髄質	エ	老廃物
オ	血圧	カ	赤血球	キ	白血球	ク	第9胸椎
ケ	第11胸椎	コ	電解質	サ	尿細管	シ	免疫
ス	尿管						

【8】次の文は，心理的な反応として現れる防衛機制について述べたものである。文に該当する防衛機制を，あとの①～⑦から1つずつ選べ。

(1) 自分の置かれている苦痛な状況を，正当化するような理由づけを行うこと。

(2)　性的あるいは攻撃的な衝動をそのまま行動に移さず，社会的価値に従って有用の目標に向け変えること。

(3)　他人または集団の持つ身分，特権などをあたかも自分のものであるように見なすことで，自己価値観を増すこと。

(4)　実現困難な欲求や苦痛な体験などを心のなかに抑えこんで安定しようとすること。

①　同一化　　②　抑圧　　③　昇華　　④　合理化

⑤　解離　　　⑥　退行　　⑦　逃避

【9】小学校3年生の女子児童が，休み時間に教室でおにごっこをしていたところ，机の角で腹部を強打した。痛がっている児童を担任が抱え保健室に運んできた。次のa～eのうち，保健室での救急処置や経過観察のポイントとして正しいものの組合せを，下の①～⑤から1つ選べ。

a　ベッドに仰臥位で寝かせ，膝は少し高くするか，痛い方を下に側臥位をとらせる。

b　腹部を触診し，腹膜刺激症状がないか調べる。

c　腹部が大きく膨隆していないか観察する。

d　腹痛・吐き気・嘔吐がないか観察する。また，血尿が出るのは，肝臓が損傷している場合が多いので注意する。

e　腹腔内に大出血がおこりショック状態に陥った場合，頻脈及び顔面の紅潮が見られるので，脈拍と顔色に注意して観察する。

①　b・d・e　　②　a・c・e　　③　a・b・d　　④　a・b・c

⑤　b・c・d

【10】次の各問いに答えよ。

(1)　平成17年度に心血管疾患予防の目的として定義された疾患概念と診断基準が示され，内臓脂肪蓄積に加えて空腹時血糖や血清脂質，血圧が一定以上の値を示している病態を何というか。

(2)　「近年における国民の食生活をめぐる環境の変化に伴い，国民が生涯にわたって健全な心身を培い，豊かな人間性をはぐくむための食育を推進することが緊要な課題となっていることにかんがみ，食

育に関し，基本理念を定め，及び国，地方公共団体等の責務を明らかにするとともに，食育に関する施策の基本となる事項を定めることにより，食育に関する施策を総合的かつ計画的に推進し，もって現在及び将来にわたる健康で文化的な国民の生活と豊かで活力ある社会の実現に寄与すること」を目的として，平成17年6月に成立したこの法を何というか。

(3) 「21世紀の我が国を，すべての国民が健やかで心豊かに生活できる活力ある社会とするため，壮年期死亡の減少，健康寿命の延伸及び生活の質の向上を実現すること」を目的とする国民健康づくり運動の「趣旨」，「基本的な方向」，「目標」，「地域における運動の推進」などについて，その概要を解説するとともに各分野の数値目標を掲載しているものを何というか。

【11】 次の文は，小学校学習指導要領(平成20年3月)の第1章総則　第1の3「体育・健康に関する指導」について書かれたものである。文中の各空欄に適する語句を下のア～セから1つずつ選び，記号で答えよ。

　学校における体育・健康に関する指導は，児童の発達の段階を考慮して，学校の(　①　)全体を通じて適切に行うものとする。特に，学校における(　②　)の推進並びに体力の向上に関する指導，(　③　)に関する指導及び心身の健康の保持増進に関する指導については，体育科の時間はもとより，家庭科，特別活動などにおいてもそれぞれの(　④　)に応じて適切に行うよう努めることとする。また，それらの指導を通して，家庭や(　⑤　)との連携を図りながら，日常生活において適切な体育・健康に関する活動の実践を促し，生涯を通じて健康・安全で活力ある生活を送るための(　⑥　)が培われるよう配慮しなければならない。

ア　教科　　　イ　医療機関　　ウ　教育活動　　エ　基本
オ　能力　　　カ　防犯　　　　キ　性教育　　　ク　個性
ケ　特質　　　コ　地域社会　　サ　食育　　　　シ　保健活動
ス　安全　　　セ　基礎

【12】学校において予防すべき感染症に対し出席停止を行ったら，校長は学校の設置者に対し書面をもって報告しなければならない。出席停止の報告事項を5つ答えよ。

【13】次の語句について説明せよ。
(1)　DMF歯数
(2)　アナフィラキシー
(3)　起立性調節障害(OD)
(4)　オスグッド病

━━━━━ 解答・解説 ━━━━━

【1】(1)　①　学校保健活動　　(2)　②　児童生徒　　(3)　③　学校環境衛生　　(4)　④　地域社会　　(5)　⑤　保護者　　⑥　学校医　⑦　地域

解説　学校保健計画の立案にあたって，特に配慮すべき点は，学校の実態に適した計画であるということである。そのためには，様々な角度から情報を収集し，自校の学校保健の実態を把握して年度の重点課題や内容を設定していくことが大切である。

【2】(1)　机の高さ…$\dfrac{座高}{3}$＋下腿長　　いすの高さ…下腿長　　(2)　身体と机，いすの適合状況を調べる。　　(3)　1回

解説　学校環境衛生検査については，数値や検査項目等が変更する場合があるので，文科省ホームページ等で最新の情報をチェックしたい。学校環境衛生基準は全国的に頻出であるので，各項目や検査回数，検査方法，数値等は時間をかけても正確に暗記しておこう。

【3】①　早期発見　　②　感染症　　③　集団発生状況　　④　継続的　⑤　自己管理能力

解説　健康観察とは，児童生徒が心身ともに健康な状態であるか，一定の方針に基づいて詳しく見極めることである。基本的には，学級担任が朝の学級での活動(朝の会等)に行う。児童・生徒一人ひとりの心

身の健康状態の把握はもっとも重要になる。学校内の教職員全員が，あらゆる場面で，日常的な健康観察を行っていくことが大切であるが，特に学級担任は，平常と異なる点に気づいた場合，なるべく早く養護教諭に連絡をとらなければならない。

【4】(1)　滲出性中耳炎　　(2)　麦粒腫　　(3)　起立性調節障害(OD)
(4)　風しん

▎解▎説▎(1)　その他の種類の中耳炎との違いを押さえておくとよい。
(2)　麦粒腫は，「ものもらい」とも呼ばれ，まぶたに局所的な赤みの出現，軽度の痛みや痒みを伴う。治療には内服薬・点眼薬により抗生物質を用いて行われる(麦粒腫用の市販薬も存在する)。通常は2〜3日で症状は治まるので，患部を清潔に保ち，不潔な手で触ったりしないことが必要である。　　(3)　その他，風呂でのぼせる，動悸や息切れ，食欲がない，疲れやすい等の症状も見られる。　　(4)　風しんは，学校で予防すべき感染症の第2種に分類される。出席停止期間は，発しんが消失するまでである。

【5】⑤

▎解▎説▎不整脈のうち，基礎心疾患がない場合には危険性がほとんどないものとして，完全右脚ブロックの他に，「洞性不整脈」「冠静脈洞調律」「いわゆる左房調律」「移動性ペースメーカー」「1度房室ブロック」「心房期外収縮」「運動により消失する期外収縮」「発作のないWPW症候群」「不完全右脚ブロック」などがあげられる。

【6】(1)　①　○　　②　×　　③　×　　(2)　疾患名…熱射病　応急手当…涼しくて風通しのよい場所に移し，できるだけ裸に近い状態にして，冷たい濡れタオルで全身を拭いたり，覆ったりし，扇風機などで風を送る。さらに，頸部，わきの下，大腿の付け根にある脈がふれる動脈にアイスパックや氷をあてるなど，とにかく体温を下げる。早急に救急車の出動を依頼する。

▎解▎説▎(2)　熱中症の手当の基本は，休息，冷却，水分補給である。熱中症は，重度によりⅠ〜Ⅲ度に分類される。それぞれの発症の仕方と症状や，応急処置についてまとめておくとよい。

【7】①　ケ　②　ア　③　ウ　④　サ　⑤　エ　⑥　コ　⑦　オ　⑧　カ

|解|説| 腎臓は血液からの老廃物や余分な水分の濾過及び排出(尿)，体液の恒常性の維持を主な役割とする。腎臓に関する問題は頻出なので，その主な役割や尿生成と排出などは，泌尿器と共に構造図できちんと確認しておこう。

【8】(1)　④　　(2)　③　　(3)　①　　(4)　②

|解|説| ⑤　解離とは，心理的な苦痛や衝撃を伴った体験，さらには自分でも認めることのできない願望，欲求などを自分には属さないものとして自己の意識から切り放す無意識の心理機制のひとつである。⑥　退行とは，幼少時期の未熟な行動に戻る無意識的な防衛機制のひとつである。　⑦　逃避とは，不安を喚起する場面，あるいは適応できないような場面から逃れようとするための心理機制のことである。

【9】④

|解|説| dは，血尿が出るのは，腎臓，尿管，膀胱，尿道の損傷を疑う。eは，ショック状態に陥ると，脈は弱く，速くなり，顔色は蒼白になる。

【10】(1)　メタボリック症候群　　(2)　食育基本法　　(3)　健康日本21

|解|説|(1)　高血圧や糖尿病といった生活習慣病を複数もっている状態であり，男性では腹囲85cm以上，女性では90cm以上が目安となる。(2)　近年，食育に関する出題は増加傾向であるため，関連する法律や答申等には目を通しておくとよい。　(3)　平成15年に，国民の健康の増進を図り，国民保健の向上を図ることを目的として制定された健康増進法がもとになってつくられたものである。

【11】①　ウ　②　サ　③　ス　④　ケ　⑤　コ　⑥　セ

|解|説| ここでは特に，学習指導要領の改正ポイントである②食育推進，③安全に関する指導を確実におさえておくとよい。

【12】・学校の名称　　・出席を停止させた理由及び期間　　・出席停止を指示した年月日　　・出席を停止させた児童生徒等の学年別人員数・その他参考となる事項

解説 学校保健安全法施行規則第20条を参照のこと。関連事項として学校保健安全法第19条，同法施行令第6〜7条も確認しておきたい。

【13】(1)　永久歯のう蝕経験数を表す。Dは未処置のう歯，Mはう蝕による喪失歯，Fは処置歯を示す。　(2)　アレルギー反応により，蕁麻疹などの皮膚症状，腹痛や嘔吐などの消化器症状，呼吸困難などの呼吸器症状が複数同時にかつ急激に出現した状態。その中でも，血圧が低下して意識の低下や脱力をきたすような場合を，特にアナフィラキシーショックと呼び，直ちに対応しないと生命にかかわる重篤な状態。(3)　10歳前後から高校生くらいまでに見られる自律神経の失調による疾患。不登校との関係に注意が必要。主症状は立ちくらみ，めまい，頭痛，食欲不振，午前中の不調など。　(4)　10歳から17歳頃の発育期の男子に多く見られるスポーツ障害のひとつ。下肢の使いすぎが原因で，頸骨粗面に腫れや痛みが生じる。練習量を軽減し，十分なストレッチングを行うとよい。

解説 (1)　DMF歯数は，$\dfrac{\text{全受診者のDMF歯の合計}}{\text{全受診者数}}$で表す。　(2)　アナフィラキシーショックが発生した場合は気道の確保，抗原の除去，保温，安静をしながら，救急車を要請し，一刻も早く医療機関へ搬送する。　(3)　起立性調節障害は朝なかなか起きられず，調子が悪く，学校に行きたがらないために不登校と間違われることがある。

(4)　これ以外にも成長期に多く発症するスポーツ障害についてまとめておくとよい。

Part2

【1】 次の文を読み，文中の各空欄に適する語句を下の①～⑨から1つずつ選べ。

　　学校保健安全計画は，（　A　）第5条に次のように規定されている。

　　学校においては，児童生徒等及び職員の心身の健康の保持増進を図るため，児童生徒等及び職員の健康診断，（　B　），児童生徒等に対する指導その他保健に関する事項について計画を策定し，これを実施しなければならない

　　また，昭和47年保健体育審議会答申では，次のように述べられている。

（前略）　この計画は，学校における保健管理と保健教育との調整にも留意するとともに，体育，（　C　）など関連する分野との関係も考慮して策定することがたいせつである。

（後略）

① 環境衛生検査　　　　　　② 学校保健安全法施行規則
③ 学校給食　　　　　　　　④ 保健教育
⑤ 学校保健安全法施行令　　⑥ 学校保健安全法
⑦ 特別活動　　　　　　　　⑧ 学校安全
⑨ 安全教育

【2】「学校環境衛生基準」に定められている内容について，下線部の数値が正しい場合は○，間違っている場合は正しい数値を答えよ。

(1)　一酸化炭素は，<u>100</u>ppm以下であること。

(2)　相対湿度は，<u>30</u>％以上，80％以下であること。

(3)　教室及び黒板のそれぞれの最大照度と最小照度の比は，<u>10：1</u>を超えないこと。

(4)　トルエンは，<u>220</u>μg/m³以下であること。

(5)　プール水は，透明度に留意し，水中で<u>2m</u>離れた位置からプール

の壁面が見える程度に保たれていること。

(6)　定期及び臨時に行う検査の結果に関する記録は，検査日から1年間保存する。

【3】学校における児童生徒の健康診断に関する記述として<u>正しくないもの</u>はどれか。次の①～⑤から1つ選べ。

①　健康診断では，学校保健安全法に基づいた各種検診・検査によって疾病異常等の確定診断を行う。

②　健康診断では，児童生徒のプライバシーに配慮し，知り得た結果については守秘義務を遵守しなければならない。

③　健康診断には，保健管理や保健教育に必要な基礎的資料を得るという目的がある。

④　健康診断は，学習指導要領の中の特別活動における「健康安全・体育的行事」として位置づけられる。

⑤　児童生徒等の健康診断票は，5年間保存しなければならない。

【4】麻しん発生および流行を予防するため，予防接種に関する制度が改正され，平成20年4月以降，学校と設置者が連携して，予防接種の積極的勧奨を行うこととされた。次の各問いに答えよ。

(1)　新たに定期予防接種の対象者に位置づけられたのは，何年生に相当する年齢の者か。

(2)　平成20年4月以降，何年間の措置か。

(3)　予防接種を促す時期は，4月から6月頃がよいといわれているが，理由を20字以内で書け。

【5】次の各問いに答えよ。

(1)　脳・神経系の疾患について<u>誤っているもの</u>はどれか。次のア～エから1つ選び，記号で答えよ。

ア　小児の急性脳症はライ症候群とも称される。

イ　副鼻腔炎や中耳炎が髄膜炎の原因となることがある。

ウ　てんかんの欠伸発作は間代性けいれんが特徴である。

エ　日本脳炎は夏季に発生するウイルス性疾患である。

(2)　性感染症について<u>誤っているもの</u>はどれか。次のア〜エから1つ選び，記号で答えよ。

ア　ヒトパピローマウイルス感染による尖圭コンジローマはがん化率が高い。

イ　クラミジア感染症は女性の場合，症状が乏しく，放っておくと不妊症の危険性がある。

ウ　淋病は，男性では強い排尿痛を伴った急性化膿性尿道炎を示す。

エ　梅毒は，感染後約3週間で外陰部無痛性潰瘍と鼠径リンパ節の無痛性腫脹を示す。

(3)　体温調節中枢はどれか。次のア〜エから1つ選び，記号で答えよ。

ア　小脳　　イ　延髄　　ウ　視床下部　　エ　下垂体

【6】救急処置について<u>適切でないもの</u>はどれか。次の①〜⑤から1つ選べ。

①　頭，胸，腹の打撲などで内出血が疑われる場合には，飲食物を与えてはいけない。

②　上腕部の下方のけがをした場合，止血する動脈は，上腕動脈である。

③　眼球にガラス破片が刺さった場合は，ガラス破片を急いで抜き，すぐに病院で診察を受ける。

④　鼻出血の際は，キーゼルバッハ部位を指で押さえる。

⑤　硬い物を指先で急激に突いた場合は，患部を固定し冷やす。

【7】次のホルモンを主に分泌する内分泌器官の名称を答えよ。

(1)　カルシトニン　　(2)　性腺刺激ホルモン　　(3)　エストロゲン

(4)　アルドステロン

【8】発達障害について，次の各問いに答えよ。

(1)　次の文は発達障害者支援法第2条である。文中の各空欄に適する

語句を答えよ。

第2条　この法律において「発達障害」とは，自閉症，(　①　)その他の広汎性発達障害，学習障害，(　②　)その他これに類する(　③　)の障害であってその症状が通常(　④　)において発現するものとして政令で定めるものをいう。

2　この法律において「(　⑤　)」とは，発達障害を有するために日常生活又は(　⑥　)に制限を受ける者をいい，「発達障害児」とは，(　⑤　)のうち(　⑦　)のものをいう。

3　この法律において「発達支援」とは，(　⑤　)に対し，その心理機能の適正な発達を支援し，及び円滑な(　⑥　)を促進するため行う発達障害の特性に対応した(　⑧　)，福祉的及び教育的援助をいう。

(2)　学習障害の定義を書け。

【9】次の文を読んで，下の各問いに答えよ。

全校生徒200人，各学年2クラスの中学校で，12月下旬のある朝，2年1組の担任より，おう吐，下痢，腹痛，発熱等の症状による欠席者が5人いるとの報告が養護教諭にあった。

(1)　管理職に報告した後，養護教諭として，校内で収集する必要のある情報を3つ記せ。

(2)　収集した情報を基に学校医に相談したところ，ノロウィルスによる感染性胃腸炎の疑いがあるとのことだった。この場合のノロウィルスに対して有効な消毒薬を薬品名で1つ記せ。

(3)　感染症予防においては，伝染経路のうちの三段階のいずれかで遮断する対策をとればよいとされている。

①　その三段階の対策名を，それぞれ記せ。

②　それぞれの段階の対策について，学校で行う感染症予防の具体的方法を簡潔に記せ。

【10】ある小学校では，体調不良で保健室に来室する児童に，服薬を希望する傾向がみられるので，「薬と病気をなおす力」をテーマに，全校児童を対象として，全校朝会で20分間の保健指導を行うことにした。その際の指導内容のポイントを答えよ。

【11】次の文章は，「中学校学習指導要領(平成20年3月告示)」第1章「総則」において，障害のある生徒の指導について述べたものの一部である。文章を読んで，下の各問いに答えよ。

　障害のある生徒などについては，特別支援学校等の助言又は援助を活用しつつ，例えば指導についての計画又は家庭や医療，福祉等の業務を行う関係機関と連携した支援のための計画を個別に作成することなどにより，個々の生徒の障害の状態等に応じた指導内容や指導方法の工夫を計画的，組織的に行うこと。

(1)　上記の内容を実施するに当たって，次のような配慮が重要である。文中の各空欄に適する語句を下のa～kから1つずつ選び，記号で答えよ。

　ア　担任教師だけが指導に当たるのではなく，（　①　）を設置し，（　②　）を指名するなど学校全体の支援体制を整備し，組織的に取り組むこと。

　イ　障害のある生徒一人一人について，必要に応じて指導の目標や内容，配慮事項などを示した計画(個別の指導計画)を作成し，（　③　）の共通理解の下，きめ細かな指導を行うこと。

　ウ　障害のある生徒については，学校生活だけでなく，家庭生活や地域での生活も含め，（　④　）から（　⑤　）までの一貫した支援を行うことが重要である。

　　a　特別支援教育サポーター　　b　学校卒業後
　　c　就学指導委員会　　　　　　d　老後
　　e　教職員　　　　　　　　　　f　保護者
　　g　校内委員会　　　　　　　　h　幼児期
　　i　誕生　　　　　　　　　　　j　スクールカウンセラー

　　k　特別支援教育コーディネーター

(2)　次のような生徒に対して，養護教諭としてどのような対応をしたらよいか3つ書け。

　　A男は発達障害があり，友達と遊びたいと思っても相手の嫌がることをしてしまい，注意されるとますます興奮してしまうことから友達とのトラブルが多い。このA男が，昼休みに遊びの輪に入れず暴言を吐いたことから喧嘩になり，パニック状態で保健室に走ってきた。

【12】次の文は，学校保健安全法施行規則第13条及び第14条である。文中の各空欄に適する語句または数字を答えよ。

第13条　法第15条第1項の健康診断における検査の項目は，次のとおりとする。

一　身長，体重及び腹囲

二　視力及び聴力

三　結核の有無

四　血圧

五　尿

六　胃の疾病及び異常の有無

七　貧血検査

八　肝機能検査

九　血中脂質検査

十　（　①　）

十一　（　②　）

十二　その他の疾病及び異常の有無

　2　妊娠中の女性職員においては，前項第(　③　)号に掲げる検査の項目を除くものとする。

　3　第1項各号に掲げる検査の項目のうち，(　④　)の職員においては第1号の身長を，35歳未満の職員及び36歳以上40歳未満の職員，妊娠中の女性職員その他の職員であって腹囲が(　⑤　)

の蓄積を反映していないと診断されたもの，BMI(次の算式により算出した値をいう。以下同じ。)が20未満である職員並びに自ら腹囲を測定し，その値を申告した職員(BMIが22未満である職員に限る。)においては第1号の腹囲を，20歳未満の職員，21歳以上25歳未満の職員，26歳以上30歳未満の職員，31歳以上35歳未満の職員又は36歳以上40歳未満の職員であって感染症の予防及び感染症の患者に対する医療に関する法律施行令(平成10年政令第420号)第12条第1項第1号又はじん肺法(昭和35年法律第30号)第8条第1項第1号若しくは第3号に掲げる者に該当しないものにおいては第3号に掲げるものを，40歳未満の職員においては第6号に掲げるものを，35歳未満の職員及び36歳以上40歳未満の職員においては第7号から第11号に掲げるものを，それぞれ検査の項目から除くことができる。

$$BMI = \frac{体重(kg)}{(\quad ⑥ \quad)}$$

第14条　法第15条第1項の健康診断の方法及び技術的基準については，次項から第9項までに定めるもののほか，第3条(同条第10号中知能に関する部分を除く。)の規定を準用する。

2　前条第1項第2号の聴力は，1000ヘルツ及び4000ヘルツの音に係る検査を行う。ただし，45歳未満の職員(35歳及び40歳の職員を除く。)においては，医師が適当と認める方法によって行うことができる。

3　前条第1項第3号の結核の有無は，胸部エックス線検査により検査するものとし，胸部エックス線検査によって病変の発見された者及びその疑いのある者，結核患者並びに結核発病のおそれがあると診断されている者に対しては，胸部エックス線検査及び(　⑦　)を行い，更に必要に応じ聴診，打診その他必要な検査を行う。

4　前条第1項第4号の血圧は，血圧計を用いて測定するものとする。

5　前条第1項第5号の尿は，尿中の蛋白及び糖について試験紙法により検査する。

6　前条第1項第6号の胃の疾病及び異常の有無は，(　⑧　)その他の医師が適当と認める方法により検査するものとし，癌その他の疾病及び異常の発見に努める。

7　前条第1項第7号の貧血検査は，(　⑨　)及び赤血球数の検査を行う。

8　前条第1項第8号の肝機能検査は，血清グルタミックオキサロアセチックトランスアミナーゼ(GOT)，血清グルタミックピルビックトランスアミナーゼ(GPT)及びガンマーグルタミルトランスペプチダーゼ(γ－GTP)の検査を行う。

9　前条第1項第9号の血中脂質検査は，低比重リポ蛋白コレステロール(LDLコレステロール)，高比重リポ蛋白コレステロール(HDLコレステロール)及び(　⑩　)の量の検査を行う。

【13】 次の(1)〜(3)について，それぞれの語句の説明をせよ。
　(1)　起立性調節障害
　(2)　ヘルスプロモーション
　(3)　アニバーサリー反応

解答・解説

【1】A　⑥　　B　①　　C　③

解 説　学校保健安全計画については，学校保健安全法第5条に規定されている。学校保健活動は，多様な人々によって，多様な領域・側面でおこなわれる組織活動なので，計画を立案することが不可欠となる。

【2】(1)　10　　(2)　○　　(3)　20　　(4)　260　　(5)　3　　(6)　5

解 説　どれも学校環境衛生基準に示されているため，他の基準も含めて確認しておこう。数値については他の数値と混同しないように確実に憶える必要があるので，注意すること。

【3】①

解 説　健康診断は確定診断を行うのではなく，健康であるか，健康上問題があるか，疾病や異常の疑いがあるかという視点で選び出すスク

リーニング(選別)である。

【4】(1)　中学1年生，高校3年生　　(2)　5年間　　(3)　麻しんの流行の ピークが5月頃であるから

解説 (1)　これまで1回しか定期接種の機会が与えられていなかった世代であるため，新たに定期接種の対象者に位置づけられることとなった。　(2)　2007年に経験した高校・大学を中心とする学校等での麻しんの流行を繰り返さないようにするため，平成20年4月から向こう5年間に限り，これまで1回しか定期接種の機会が与えられていなかった世代である以下の者が新たに定期接種の対象者に位置づけられることとなった。　(3)　学校においては平時から麻しん流行が起きないよう対策を講じることが重要である。

【5】(1)　ウ　　(2)　ア　　(3)　ウ

解説 (1)　間代性けいれんが特徴であるのは強直間代発作(大発作)であるため，ウは誤りである。　(2)　がん化するヒトパピローマウイルスと尖圭コンジローマになるヒトパピローマウイルスは型が異なるため誤り。　(3)　視床下部には，体温調節中枢，下垂体ホルモンの調節中枢，浸透圧受容器などがある。また，摂食行動や飲水行動，性行動，睡眠などの本能行動の中枢，及び怒りや不安などの情動行動の中枢でもある。機能とともに位置も確認しておくとよい。

【6】③

解説 ガラス片はそのままにして，清潔なガーゼで覆い，ただちに医療機関へ搬送する。

【7】(1)　甲状腺　　(2)　下垂体前葉　　(3)　卵巣　　(4)　副腎皮質

解説 ホルモンは，生体内の特定の器官の働きを調節するための情報伝達を担う物質であり，栄養分などとは違って，ホルモンの体液中の濃度は非常に微量であるのが特徴である。内分泌器官と各ホルモンを対応させて覚えておくとよい。

【8】(1)　①　アスペルガー症候群　　②　注意欠陥多動性障害 ③　脳機能　　④　低年齢　　⑤　発達障害者　　⑥　社会生活 ⑦　18歳未満　　⑧　医療的　　(2)　学習障害とは，基本的には全般

的な知的発達に遅れはないが，聞く，話す，読む，書く，計算する又
は推論する能力のうち特定のものの習得と使用に著しい困難を示す
様々な状態を指すものである。

|解|説| 発達障害を持つ児童生徒には校内全体で，あるいは専門機関と
の連携によって支援していく。また自尊心を傷つけるようなかかわり
をしない，本人が肯定されるような体験を増やす，わかりやすく，見
通しが持てるような指示や提示を行う等の点に配慮したかかわりをす
る。

【9】(1) ・同様の症状で欠席している生徒数の確認　・出席している生
徒で同様の症状を呈している生徒数の確認　・数日前からの欠席者数
の推移　　**(2)**　次亜塩素酸ナトリウム　　**(3)**　①　1　感染源対策
2　感染経路対策　　3　感受性対策　　②　1　出席停止　　2　安全
な飲食物の提供　　3　予防接種

|解|説| ノロウィルスによる集団感染が疑われたときに養護教諭がとる
べき対応として，・欠席率に注意し，患者の早期発見に努める。・学
校医や保健所から地域の感染症の情報を得る。・学校医，学校薬剤師，
教育委員会，保健所に連絡し，患者の措置に万全を期す。・学校医，
その他の意見を聞き，健康診断，出席停止，臨時休業，消毒，その他
の事後措置の計画を立て，これに基づき予防処置を行う。・学校給食
の中止については，保健所の指導，学校医・教育委員会の助言を総合
的に判断し決定する。・保健所，教育委員会が行う調査や検便に協力
する。・児童生徒，保護者に状況を説明し，予防措置や食生活につい
て注意を呼びかける。等がある。

【10】①　基本的生活習慣(食事・運動・休養・睡眠)　　**②**　自然治癒力
③　薬の効果と弊害

|解|説| 小学校の保健指導の目標は，児童が健康な生活を営むために必
要な事柄を体得できるようにし，積極的に健康を保持増進できる能力
や態度を育てることである。「薬と病気をなおす力」の指導内容とし
ては，①子どもの体調不良の原因は基本的生活習慣の乱れによること
が多いことから，基本的生活習慣が健康な生活のもとになることをお

さえる。②人間には本来，身体を健康な状態に維持するための仕組みである自然治癒力が備わっていることに触れる。具体的には，ホメオスタシス(恒常性維持)，自己防衛(病原菌と戦う機能)，自己再生(傷ついた細胞を修復する機能)の3本柱があることに触れる。③薬の使用はあくまでも，自然治癒力を補うものであること，したがって正しく使用することの必要性について触れる。以上の3点について，1年生から6年生の発達段階の違いに配慮して，パネルや視聴覚教材を活用して，わかりやすく，興味を持たせ，行動につながるように指導する。なお，評価については，保健室に来室した際の児童の様子や担任からの情報を得て判断する。

【11】(1) ① **g** ② **k** ③ **e** ④ **h** ⑤ **b** **(2)** **・けがの有無を確認し，必要に応じて手当てをする　・パニック状態をクールダウンさせる　・話をしっかり聞く　・どうすればよかったか一緒に考える　・学級担任に状況を報告する　・今後，どのように指導していくか，共通理解を図る　などから3つ**

解説 (1)　中学校学習指導要領(平成20年3月告示)第1章「総則」，および同解説を確認すること。　(2)　「教職員のための健康観察の方法と問題への対応」(文部科学省，平成21年3月)や『学校保健実務必携』第1部 第2編 第9章「健康診断時に注意すべき疾患及び異常」において，発達障害(LD，ADHD，高機能自閉症など)の定義及び特徴，対応について確認しておこう。

【12】 ① **血糖検査** ② **心電図検査** ③ **6** ④ **20歳以上** ⑤ **内臓脂肪** ⑥ **身長(m)²** ⑦ **喀痰検査** ⑧ **胃部エックス線検査** ⑨ **血色素量** ⑩ **血清トリグリセライド**

解説 職員の健康診断については第12条(時期)，第15条(健康診断票)，第16条(事後措置)，第17条(臨時の健康診断)も同時に確認しておきたい。また，児童生徒等の健康診断の検査項目(第6条)と比較し，差異を検討してみるのもよい。

【13】(1)　ODともいう。学童期から思春期にかけて，身体の発達が顕著な時期に起こる自律神経失調症の一種である。特に立つことによって

血液循環をコントロールする自立神経が失調を起こすために起こる。大症状としては，立ちくらみ，めまい，少し動くと動悸，息切れ，朝起きれない等があり，小症状としては，食欲不振，疲れやすい等の症状がある。　(2)　生涯にわたって健康に生きるために，「人々が自らの健康をコントロールし，改善することができるようにするプロセスである。」WHOオタワ憲章(1986年)において考え方が提言された。

(3)　被害の大きい災害に遭遇した被害者には強いストレスが加わり様々な健康問題を呈する。一般に被害が生じてから徐々に症状は消失されるが，1年後や2年後に災害発生日が近づいた時に被害者が不安定になったり種々の反応をすること。追悼式等災害に関連した行事を行う時には，こうしたことを念頭に置く必要がある。

解 説 (1)　診断基準は，①大症状3項目以上，②大症状2項目小症状1項目以上，③大症状1項目小症状3項目以上あり，器質的疾患が他に認められなければ診断する。　(2)　ヘルスプロモーションは健康の実現のための環境づくり等を含む包括的な概念である。平成9年保体審答申においても冒頭部でとりあげられている。　(3)　災害が発生した日が近づいた時に，子どもが不安定になったり種々の反応をすること。その日が近づいた頃に，どのような反応が生じる可能性があるか子どもや保護者に伝えておく。不安定になった場合の対応方法をあらかじめ考え，周囲の連携を図る。非常災害発生時の心の健康問題については頻出であり，関連してPTSDについてもまとめておきたい。

 **Part3**

【1】 学校保健計画の作成にあたり，主に保健室の活動で得られる情報について内容を5つ記せ。

【2】 次の(A)~(D)にあてはまる語句の組み合わせとして正しいものを，下の①~⑤からそれぞれ1つずつ選べ。

(1) 換気及び保温等の揮発性有機化合物の検査については，児童生徒等がいない教室等において，(A)以上換気の後(B)以上密閉してから採取し行う。

① A：5分　　B：1時間

② A：10分　B：2時間

③ A：20分　B：8時間

④ A：30分　B：5時間

⑤ A：60分　B：3時間

(2) 水泳プールに係る学校環境衛生基準において，水質のpH値は，(C)以上(D)以下である。

① C：2.8　　D：7.8

② C：3.6　　D：5.8

③ C：4.5　　D：6.8

④ C：5.8　　D：8.6

⑤ C：6.5　　D：9.4

【3】 学校保健安全法第18条において「学校の設置者は，この法律の規定による健康診断を行おうとする場合その他政令で定める場合においては，保健所と連絡するものとする。」とあるが，「その他政令で定める場合」を2つ書け。

【4】感染性胃腸炎について，次の各問いに答えよ。

(1) 次の文中の各空欄に適する語句を答えよ。

感染性胃腸炎の原因となる病原体のうち，代表的なウイルスには（ ア ）や（ イ ）があり，感染経路は，ほとんどが（ ウ ）であるが，ウイルスが大量に含まれる（ エ ）や嘔吐物からの（ オ ）によりまん延することがある。

(2) 嘔吐物の処理方法について，留意すべきことを具体的に4つ述べよ。

【5】アレルギー性疾患について，次の各問いに答えよ。

(1) アトピー性皮膚炎に対する治療には3つの柱がある。それぞれ簡潔に書け。

(2) アトピー性皮膚炎の子どもが，屋外プールで水泳をする際に配慮すべきことを2つ書け。

(3) 気管支ぜん息は，死亡する危険性のある疾患で，また，それは重症の児童生徒のみに起こるとは限らない。気管支ぜん息による死亡の要因として，一番多いのはどんな場合か，書け。

【6】右上腕部の開放性骨折の児童の救急処置について<u>正しくないもの</u>はどれか。次の①〜⑤から1つ選べ。

① 滅菌ガーゼを幾層にも当てて圧迫し，包帯をする。

② 骨折端が屈曲しているので，元に戻してから副子で固定する。

③ 骨折部分を確認後，すぐに救急車を要請する。

④ 冷や汗などのショック症状を起こしやすいので，ショックを防ぐ処置をする。

⑤ 救急隊員に引き渡すときに，受傷の状況，出血状態，開放創に対する応急手当ての概要等を伝達する。

【7】脳の構造について，次の各問いに答えよ。

(1) 大脳皮質は新皮質，旧皮質，古皮質に分けられる。次の部分を何というか，書け。

① 旧皮質，古皮質から成り，人間の本能的な情動をつかさどるところ

② 大脳皮質の下部にあり，運動機能のコントロールや顔の筋肉の調節をするところ

(2) 脳は3層の膜で包まれているが，それぞれの名称を外層から順に書け。

(3) 大脳は次の4つの領域に分けられる。①〜④の名称を答えよ。

① 主に感覚にかかわる領域

② 主に視覚にかかわる領域

③ 精神活動や運動性言語にかかわる領域

④ 聴覚や嗅覚にかかわる領域

(4) 大脳と小脳・脊髄の間にある，生命を維持するために重要な働きをしている部位は何と呼ばれているか。

【8】メンタルヘルスに関する次の文章を読んで，下の各問いに答えよ。

小学校6年生の女子Aは，友人関係の問題があり，情緒が不安定であったので健康相談を行っていた。その中で家族から暴言を常に言われているなど，a虐待の事実が明らかになった。

(1) 下線部aの虐待の分類と定義を答えよ。

(2) 児童虐待の防止等に関する法律において，学校及び教職員に求められている役割を4つ答えよ。

(3) 児童虐待への対応を行う際の養護教諭の役割について，職務の特質を詳しく述べた上で答えよ。

【9】健康相談活動で，児童虐待を受けたと思われる児童が確認された場合，「児童虐待の防止等に関する法律」で通告しなければならないと定められている機関を2つ記せ。

【10】保健教育の基本的な考え方について，文中の各空欄に適する語句をあとのア〜サから1つずつ選び，記号で答えよ。

(1) 保健学習は，心身の健康を保持増進するための(①)事項の理解を通して，思考力，判断力，意思決定や行動選択等の(②)の育成を図ることをめざして行われる。(③)に示された教科としての(④)な心身の健康に関する内容について，体育，保健体育また関連する教科において計画的に実施する。実施に当たっては，(⑤)に基づき，実践的な理解が図られるよう問題解決的，体験的な学習を展開する。

(2) 保健指導は，(⑥)における健康問題について自己決定し，対処できる能力や態度の育成，(⑦)を図ることをめざして行われる。各学校の児童生徒が当面している，または近い将来に当面するであろう健康に関する内容について，(⑧)の学級活動，ホームルーム活動を中心に(⑨)を通じて行われる。実施に当たっては，(⑩)時間数を定め，計画的，継続的に実践意欲を誘発しながら行う。実施の対象は集団または個人を対象とした指導に大別できる。

ア　年間指導計画	イ　学習指導要領	ウ　基礎的・基本的
エ　習慣化	オ　実践力	カ　実態に応じた
キ　教育活動全体	ク　特別活動	ケ　日常の生活
コ　一般的で基本的	サ　総合的	

【11】平成20年告示の小学校学習指導要領の「体育」に関して，次の各問いに答えよ。

(1) 次の文は[第5学年及び第6学年]の2の「G保健」の一部である。(①)～(⑥)に当てはまる語句を書け。

---

(2) けがの防止について理解するとともに，けがなどの簡単な手当ができるようにする。

　ア　(①)や身の回りの(②)が原因となって起こるけがの防止には，(③)に気付くこと，(④)の下に安全に行動すること，(⑤)を安全に整えることが必要であること。

　イ　けがの簡単な手当は，(⑥)行う必要があること。

---

(2)　指導計画の作成に当たって，「G保健」に配当する授業時数については，効果的な学習が行われるよう，どのような事項に配慮することと示されているか答えよ。

【12】次の文は，ある法律の条文の一部である。下の各問いに答えよ。

第1条　この法律は，学校における児童生徒等及び職員の健康の（　ア　）を図るため，学校における（　イ　）に関し必要な事項を定めるとともに，学校における教育活動が安全な環境において実施され，児童生徒等の安全の確保が図られるよう，学校における（　ウ　）に関し必要な事項を定め，もつて（　エ　）の円滑な実施とその（　オ　）の確保に資することを目的とする。

第5条　学校においては，児童生徒等及び職員の（　カ　）の健康の保持増進を図るため，児童生徒等及び職員の健康診断，（　キ　），児童生徒等に対する指導その他保健に関する事項について（　ク　）を策定し，これを実施しなければならない。

第7条　学校には，健康診断，健康相談，（　ケ　），救急処置その他の保健に関する措置を行うため，保健室を設けるものとする。

第19条　（　コ　）は，感染症にかかつており，かかつている疑いがあり，又は（　サ　）のある児童生徒等があるときは，（　シ　）で定めるところにより，出席を停止させることができる。

(1)　この法律名を正しく書け。

(2)　文中の（　ア　）～（　シ　）にあてはまる語句を答えよ。

(3)　（　ケ　）について具体的に書かれているのは，この法律の第何条か書け。

【13】語句の説明として誤っているものはどれか。次の①～⑤から1つ選べ。

①　ヘルスプロモーション…人々が自らの健康をコントロールし，改善することができるようにするプロセスのこと。

②　マルトリートメント…人生の質には，多くの社会的役割を実行できる能力だけではなく，自分の生活への満足感や幸福感も含まれる

という考え方。

③　トリアージ…多数の傷病者が同時に発生した場合に，傷病者の緊急度や重症度に応じた適切な手当や，医療機関へ搬送を行うための傷病者の優先順位を決定する行為のこと。

④　ブースター効果…1回だけの接種では効果が落ちる予防接種をある程度の間隔をあけて追加接種することにより，より長期に高い抗体価を維持させる効果をいう。

⑤　ホスピス…延命のための治療よりも，病気による苦しみを和らげることを目的とした施設。

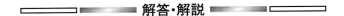
解答・解説

【1】・児童生徒の健康状態や体格，体力，疾病，栄養状態に関する実態
　　・心の健康に関する実態　・学校環境衛生に関する実態
　　・保健室利用状況　・学校保健組織活動の活動状況

解説 養護教諭の職務と保健室の機能を照らし合わせ，保健室の活動で得られる情報は何か把握し，その中で学校保健計画作成に必要とされる情報として適切なものを答える。保健主事は，学校における保健に関する事項の管理の要として，学校保健計画の策定等の保健に関する企画立案，連絡調整，学校保健委員会など保健に関する組織活動の推進など役割を持つ。保健主事に養護教諭を充てることができるようになったことは，いじめ問題や学校保健における養護教諭の積極的なかかわりへの期待といえるだろう。

【2】(1)　④　　(2)　④

解説 (2)は学校環境衛生基準の第4に規定されている。検査回数は，使用日の積算が30日以内ごとに1回である。基準は，5.8以上8.6以下である。また，〈第2 飲料水等の水質及び施設・設備に係る学校環境衛生基準〉(1)，(3)，(4)のpH値における基準も同様，5.8以上8.6以下である。

【3】出席停止が行われた場合，学校の休業を行つた場合

解説 学校保健安全法施行令第5条(保健所と連絡すべき場合)では「法

第19条の規定による出席停止が行われた場合」「法第20条の規定による学校の休業を行つた場合」としている。

【4】(1)　ア，イ　ノロウイルス・ロタウイルス・腸管アデノウイルスから2つ　　ウ　経口感染　　エ　ふん便(便も可)　　オ　二次感染
(2)　・手袋・マスクを着用する。　　・新聞紙等で嘔吐物を覆う。
・次亜塩素酸ソーダ溶液を直接嘔吐物にまんべんなくかけ，新聞紙等で覆いをした状態で10〜20分程度放置し，嘔吐物や新聞紙等をビニール袋に入れて密封し捨てる。　　・嘔吐した場所を次亜塩素酸ソーダを染みこませた新聞紙等で再度覆った後ふき取り，ビニール袋に入れて密封し捨てる。

解説 (1)　これらは第3種の感染症である。学校で予防すべき感染症，病原体，主な症状，感染方法，潜伏期間をよく確認し覚えておくこと。
(2)　ノロウイルスの吐物の処理方法は，少人数で，大人が行い，マスクと手袋を着用する。吐物に新聞紙をかけ，次亜塩素酸ナトリウムを60倍程度に稀釈したものをふりかけ，ウイルスの拡散を防ぐ。新聞紙でそのまま取り，さらにペーパータオルや雑巾で拭き取る。汚染された床は，換気しながら，0.05〜0.1％の次亜塩素酸ナトリウムで消毒する。拭き取った吐物，ペーパータオル，雑巾，手袋，マスクはビニール袋などに入れ，密閉して廃棄する。処理後の手洗いはトイレ等に決め，蛇口や手栓の消毒を行う。

【5】(1)　原因・悪化因子を除く，スキンケア(皮膚の清潔と保湿でもよい)，薬物療法　　(2)　長時間強い紫外線を浴びないようにすること。プール後，皮膚に付着した塩素をシャワーでよく落とすこと。
(3)　予期せぬ急激な悪化，適切な受診時期の遅れ(突然ひどい発作が起こり，対応が遅れた場合)

解説 (1)　アトピー性皮膚炎の治療の3つの柱は原因・悪化因子を除く，スキンケア，薬物療法である。原因・悪化因子は年齢や体質によって異なる。そのほかにも，重症度の目安や皮膚症状の出やすい部位についても確認しておこう。　　(2)　プールでは塩素の消毒が強いので，そのために皮膚炎が悪化することもある。また皮膚病にもかかりやす

いと言われている。プールに入る前に保湿剤を塗るなどの配慮も大切である。　(3)　気管支ぜん息は空気の通り道である気管支がアレルギーなどで炎症を起こし過敏になり，何かの刺激で腫れたり痰が出たりして狭くなり呼吸が苦しくなる慢性の病気のことである。気管支ぜん息については重症度(発作型)の分類，発作の程度，発作に対する対応についても確認しておくとよい。

【6】②

解説② 無理に正常位に戻そうとすると，鋭利な骨折端が神経，血管などを傷つける恐れがあるので，もとに戻そうとせずに固定する。

【7】(1)　①　大脳辺縁系　　②　大脳基底核　　(2)　(外層)硬膜，(中層)クモ膜，(内層)軟膜　　(3)　①　頭頂葉　　②　後頭葉　　③　前頭葉　　④　側頭葉　　(4)　脳幹

解説脳は，大脳，間脳，脳幹，小脳に分けることができる。大脳は，前頭葉，側頭葉，頭頂葉，後頭葉から成る。間脳は，視床上部，視床，視床下部から成る。視床下部は体温の調節と各種ホルモンを産生する。脳幹は，中脳，橋，延髄より成る。橋は，聴覚，咀嚼などの機能を有する。延髄は，血圧，心拍，呼吸の中枢が存在する。小脳は，体幹の平行や眼球運動，姿勢の保持や歩行，協調運動などを司る。脳の働き，部位，位置について確認しておくことが望ましい。

【8】(1)　分類…心理的虐待　定義…児童に対する著しい暴言又は著しい拒絶的な反応，子どもが同居する家庭における配偶者に対する暴力，その他の子どもに対する著しい心理的外傷を与える言動を行うこと。(2)　①児童虐待の早期発見に努めること。(第5条)，③虐待を受けたと思われる子どもについて，児童相談所等へ通告すること。(第6条)，④虐待を受けたと思われる子どもの保護・自立支援に関し，関係機関への協力を行うこと。(第8条)，②虐待防止のための子どもへの教育又は啓発に努めること。(第5条)　　(3)　養護教諭の職務は，救急処置，健康診断，疾病予防などの保健管理，健康教育，健康相談活動，保健室経営，保健組織活動など多岐にわたる。また，活動の対象は，全校の子どもであるので，入学時から経年的に子どもの成長・発達を見るこ

とができる。そして，職務の多くは担任，教職員，保護者等との連携の下に遂行される。さらに，活動の中心となる保健室は，誰でもいつでも利用できる場所にある。このような養護教諭の職務の特質から，児童虐待を発見しやすく，早期発見，早期対応ができる立場にある。

|解|説| (1)　児童虐待はほかに，身体的虐待…児童の身体に外傷が生じ，又は生じる恐れのある暴行を加えること　性的虐待…児童にわいせつな行為をすること又は児童をしてわいせつな行為をさせること　ネグレクト…児童の心身の正常な発達を妨げるような著しい減食又は長時間の放置，保護者以外の同居人による身体的・性的・心理的虐待の放置その他の保護者としての監護を著しく怠ること，と定義されている。(児童虐待の防止等に関する法律第2条)　　(2)(3)　児童虐待対応については『養護教諭のための児童虐待対応の手引』(平成19年10月，文部科学省)が必読である。

【9】 ・児童相談所　・福祉事務所

|解|説| 平成20年における児童虐待防止法及び児童福祉法の一部改正法では，児童虐待防止対策強化を図る観点から，児童の安全確認等のための立入調査等の強化，保護者に対する面会・通信制限の強化等の措置が講じられている。また，児童虐待の防止等に関する法律第5条第1項では「教職員は児童虐待を発見しやすい立場にあることを自覚し，児童虐待の早期発見に努めなければならない」と教職員に努力義務を課している。

【10】 ①　ウ　　②　オ　　③　イ　　④　コ　　⑤　ア　　⑥　ケ　⑦　エ　　⑧　ク　　⑨　キ　　⑩　カ

|解|説| 保健教育は保健学習および保健指導からなる。主な指導の機会は，保健学習は体育・保健体育科および関連する教科，また総合的な学習の時間で行い，保健指導は教育活動全体を通して行われる。

【11】 (1)　①　交通事故　　②　生活の危険　　③　周囲の危険　④　的確な判断　　⑤　環境　　⑥　速やかに　　(2)　適切な時期にある程度まとまった時間を配当すること。

|解|説| (2)　学習指導要領解説「体育編」指導計画の作成と内容の取扱

い(4)を確認する。保健領域の指導について児童の興味・関心や意欲などを高めながら効果的に学習を進めるためには，学習時間を継続的又は集中的に設定することが望ましいことを示している。なお，小学校と同様に，中学校・高等学校の学習指導要領解説において記載されている指導内容や配慮点もおさえておくこと。

【12】(1)　学校保健安全法　　(2)　ア　保持増進　　イ　保健管理　ウ　安全管理　　エ　学校教育　　オ　成果　　カ　心身　　キ　環境衛生検査　　ク　計画　　ケ　保健指導　　コ　校長　　サ　かかるおそれ　　シ　政令　　(3)　第9条

|解|説| (1)　学校保健法は名称，内容が一部改正され，学校保健安全法となり，平成21年4月より施行された。改正点についての問題も多く出題されているのできちんと確認しておくことが望ましい。　　(2)　キーワードや順序を覚えておくとよい。また，第19条(出席停止)と第20条(臨時休業)の内容を混同しないよう注意。　　(3)　第9条(保健指導)などの改定部分も頻出である。よく確認しておくこと。

【13】②

|解|説| ②　マルトリートメントとは「大人の子どもへの不適切なかかわり」を意味している。児童虐待とまではいかないが，子どもへの不適切な関わりを広く捉えた概念である。

 **Part4**

【1】学校保健委員会に関する次の各問いに答えよ。

(1) 次の文章は，学校保健委員会の活性化について述べたものである。(①)～(④)に適当な語句を記入せよ。

　　　学校における健康の問題を研究協議・推進する組織である学校保健委員会について，学校における(①)の推進の観点から，運営の強化を図ることが必要である。その際，校内の(②)の整備はもとより，外部の専門家の協力を得るとともに，家庭・地域社会の(③)を充実する観点から，学校と家庭・地域社会を結ぶ組織として学校保健委員会を(④)させる必要がある。

「平成9年保健体育審議会答申」から抜粋

(2) 学校保健委員会の構成メンバーである保健関係機関を3つ答えよ。

(3) 学校保健委員会を年3回，第1回を7月，第3回を2月に開催する場合，協議題としてふさわしいものをそれぞれ2つ答えよ。

(4) 学校保健委員会における保健主事(主任)と養護教諭の役割をそれぞれ答えよ。

(5) 学校保健委員会を円滑に運営するために必要な「7つの約束」のうち4つ答えよ。

【2】学校環境衛生検査について下線部が適切なものはどれか。次の①～⑤から1つ選べ。

① <u>校長</u>は，学校環境衛生基準に照らしてその設置する学校の適切な環境の維持に努めなければならない。

② 騒音レベルにおいて，測定結果が著しく基準値を下回る場合には，以後教室等の内外の環境に変化が認められない限り，<u>次回からの検査を省略することができる</u>。

③ 日常における点検は，<u>五感法</u>によるもののほか，学校環境衛生基準の第1から第4に掲げる検査方法に準じた方法で行うものとする。

④　プール水等を排水する際には，事前にpHを中性にし，その確認を
　　行う等，適切な処理を行うものとする。

⑤　机面の高さは，$\dfrac{座高}{4}$＋下腿長，いすの高さは，下腿長であるも
　　のが望ましい。

【3】次の文は，養護教諭の行う健康相談の各プロセスにおける対応につ
　　いて述べたものである。文中の各空欄に適する語句を下のア～タから
　　1つずつ選び，記号で答えよ。

(1)　基本的な対応の仕方は，児童生徒の(　①　)の訴え等に対しては，
　　まず(　②　)があるかどうかを見極めることが大切である。その上
　　で，(　③　)の分析を行うことが重要である。

　　　児童生徒は，自分の気持ちを十分言葉に表現することができなく，
　　(　①　)として現れることが多いことから，児童生徒の訴えや話を
　　よく聞き受け止めることが大切である。

(2)　緊急な対応が必要なものには，(　④　)，いじめ，(　⑤　)，自
　　殺念慮，(　⑥　)，災害時(事件・事故を含む)等がある。関係機関
　　と連携しつつ適切な(　⑦　)が必要である。

　　　(　④　)の早期発見に当たっては，骨折，内出血，傷跡，火傷，
　　(　⑥　)，衣服の汚れ等がある場合は注意が必要である。また，
　　(　⑧　)時の観察も大切である。

　　ア　体重減少　　　イ　健康相談　　　ウ　背景要因
　　エ　身体症状　　　オ　健康診断　　　カ　危機管理
　　キ　器質性疾患　　ク　摂食障害　　　ケ　家族要因
　　コ　神経症状　　　サ　精神疾患　　　シ　危機介入
　　ス　暴力行為　　　セ　虐待　　　　　ソ　薬物乱用
　　タ　自傷行為

【4】次の記述のうち，「学校保健安全法施行規則」(平成28年4月1日施行)
　　第19条で感染症ごとに定めた出席停止の期間の基準の条文として正し
　　くないものはどれか。次の①～⑤から1つ選べ。

①　咽頭結膜熱にあつては，主要症状が消退した後2日を経過するまで。

②　水痘にあつては，すべての発しんが痂皮化するまで。

③　百日咳にあつては，特有の咳が消失するまで又は5日間の適正な抗菌性物質製剤による治療が終了するまで。

④　麻しんにあつては，発しんの消失後3日を経過するまで。

⑤　流行性耳下腺炎にあつては，耳下腺，顎下腺又は舌下腺の腫脹が発現した後5日を経過し，かつ，全身状態が良好になるまで。

【5】次は，校内での事件・事故災害発生時の対処，救急及び緊急連絡体制の一例を示したものである。文中の各空欄に適する語句を答えよ。

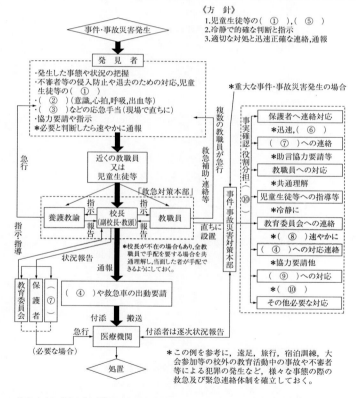

参考:安全教育参考資料「『生きる力』をはぐくむ学校での安全教育」(平成22年3月発行　文部科学省)

【6】 アレルギー疾患について，次の各問いに答えよ。

(1) アトピー性皮膚炎への対処の方法について，「原因・悪化因子を除くこと」の他の2つを書け。

(2) アナフィラキシーショックの主な症状を2つ書け。

【7】 次の文中の各空欄に適する語句を答えよ。

(1) 膵臓は膵液を分泌する以外に，ランゲルハンス島の α 細胞からは血糖値が低下すると（ ① ）が分泌され，β 細胞からは血糖値が上昇すると（ ② ）が分泌される。

(2) 肝臓では1日に500〜1,000mLの（ ③ ）を分泌するほか，物質代謝・（ ④ ）・造血などの重要な働きがある。

(3) 飲食物の消化は，口腔，咽頭，食道，胃，（ ⑤ ），空腸，回腸，上行結腸，横行結腸，下行結腸，（ ⑥ ），直腸の消化管の順に行われる。

【8】 中学生の心の健康問題に関して，次の各問いに答えよ。

(1) 生徒の心の健康問題を早期に発見するための観点を2つ書け。

(2) 悩みや不安などを抱えて保健室に来室した生徒に対して，どのように対応したらよいか，留意点を2つ書け。

【9】 保健室登校の意義について，5つ答えよ。

【10】 学校プールにおける水泳指導について，次の各問いに答えよ。

(1) 保健室では，児童生徒の健康管理に関する様々な資料を保管している。健康面で配慮を要する児童生徒を事前に把握してもらうために，どの資料を活用して情報提供をしていくか。3つ答えよ。

(2) 水泳指導が始まる前に，保健だよりを発行する。身体の衛生面に関することで，保護者にお願いしたいことを2つ答えよ。

【11】 次のア〜ケの文は，中学校学習指導要領(平成20年3月) 第5章 特別活動 第2 各活動・学校行事の目標及び内容〔学級活動〕 2 内容 (2) 適応と成長及び健康安全 に示されている9つの内容項目で

ある。文中の各空欄に適する語句を答えよ。

ア　思春期の(　①　)や悩みとその解決

イ　自己及び他者の(　②　)の理解と尊重

ウ　社会の一員としての自覚と責任

エ　(　③　)相互の理解と協力

オ　望ましい人間関係の確立

カ　(　④　)活動の意義の理解と参加

キ　心身ともに健康で安全な生活(　⑤　)や習慣の形成

ク　性的な(　⑥　)への適応

ケ　食育の観点を踏まえた学校給食と望ましい食習慣の形成

【12】次の条文は，学校保健安全法施行規則から引用したものである。文中の各空欄に適する語句を答えよ。ただし，同じ記号の空欄には，同じ語句が入るものとする。

(臨時の健康診断)

第10条　法第13条第2項の健康診断は，次に掲げるような場合で必要があるときに，必要な検査の項目について行うものとする。

一　(　ア　)又は(　イ　)の発生したとき。

二　風水害等により(　ア　)の発生のおそれのあるとき。

三　(　ウ　)における休業日の直前又は直後

四　(　エ　)，(　オ　)その他の疾病の有無について検査を行う必要のあるとき。

五　(　カ　)のとき。

【13】次の(1)～(3)の略語を，例にならって日本語表記で答えよ。

例)　ADHD：注意欠陥多動性障害

(1)　OD：

(2)　AED：

(3)　PTSD：

━━━━━ ■■■■■ 解答・解説 ■■■■■ ━━━━━

【1】(1) ① 健康教育 ② 協力体制 ③ 教育力 ④ 機能
(2) ・保健所 ・市町村保健センター ・精神保健福祉センター
・児童相談所 ・教育相談・教育センター ・警察署 などから3つ
(3) 第1回(7月)…・学校保健計画 ・定期健康診断の結果について
・水泳(プール使用)における健康管理と衛生管理について ・夏季休
業前の健康上の留意点 などから2つ 第3回(2月)…・学校保健計画の
総括 ・児童生徒の健康状況の報告 ・感染症への対策について
・次年度の学校保健計画案 などから2つ (4) 保健主事(主任)…学
校保健委員会を組織し，その運営にあたる。 養護教諭…専門的な立
場から積極的に企画調整・運営に協力する。 (5) ・始めと終わり
の時間を明確にしておく。 ・テーマに即したわかりやすい資料の提
供をする。 ・学校医等は専門的立場からの助言をする。 ・委員は出
欠を事前に連絡しておく。 ・次回のテーマ，日時・場所の確認をす
る。 ・協議内容は速やかに職員会議等に報告し，共通理解を図る。
・家庭には，「学校保健だより」等で確実に伝える。 などから4つ

解説 学校保健を担当する教職員としては，養護教諭，保健主事，学
級担任等の教諭だけではなく，学校医，学校歯科医，学校薬剤師等の
職員，栄養教諭，学校栄養職員など幅広く考える必要がある。学校に
おいては，互いの役割を明らかにし連携して組織的に学校保健に取り
組むことが重要である。 (1) 学校保健委員会での研究協議を通じて
日ごろから全教職員で児童生徒の健康課題を把握するとともに，情報
交換や研修に努めるなど，組織的な機能を発揮できるよう，指導体制
を整えることが必要不可欠である。

【2】②

解説 ①は，「校長」ではなく「学校の設置者」が正しい。学校保健安
全法第6条第2項による規定である。③は「五感法」ではなく「官能法」。
学校環境衛生基準〈第5 日常における環境衛生に係る学校環境衛生基
準〉による規定である。④は，「phを中性に」ではなく「残留塩素を

低濃度に」である〈第4水泳プールに係る学校環境衛生基準〉プール本体の衛生状況等による規定である。⑤は「$\dfrac{座高}{4}$＋下腿長」ではなく「$\dfrac{座高}{3}$＋下腿長」が適切。〈第3 学校の清潔，ネズミ，衛生害虫及び教室等の備品の管理に係る学校環境衛生基準〉机，いすの高さによる規定である。

【3】①　エ　　②　キ　　③　ウ　　④　セ　　⑤　タ　　⑥　ア
　　　⑦　シ　　⑧　オ

┃解┃説┃『新訂版 学校保健実務必携 〈第2次改訂版〉』第1部 第2編 第5章のⅧ 各プロセスにおける対応についてからの出題である。Ⅶの養護教諭の行う健康相談のプロセスのフローチャート図もおさえておくとよい。また，養護教諭の行う健康相談(健康相談活動)と学校医・学校薬剤師等が行う健康相談の違いを確認し，説明できるようにしておくとよい。

【4】④

┃解┃説┃正しくは「麻しんにあつては，解熱した後3日を経過するまで。」である。

【5】①　安全確保　　②　傷病者の症状の確認　　③　心肺蘇生法
　　　④　警察　　⑤　生命維持最優先　　⑥　誠意　　⑦　学校医
　　　⑧　逐次　　⑨　報道機関　　⑩　窓口の一本化

┃解┃説┃学校における救急処置や救急法の範囲は，医療機関に送り込むまでの処置と，一般の医療の対象にならない程度の軽微な傷病の処置である。学校での救急体制を考える際に，5年ごとに見直しが行われる心肺蘇生法のガイドライン(2015が最新)についても教職員で共通理解を図るようにするとよい。

【6】(1)　スキンケア(異常な皮膚機能の補正)，薬物療法　　(2)　血圧低下，発疹，喘鳴，呼吸困難等などから2つ

┃解┃説┃(1)　石鹸を使用して皮膚の洗浄を1日数回行うこと，皮膚の保湿をすること，爪を短く切ってなるべく掻かないようにすることなど適切なスキンケアを行うことで皮膚機能異常を補正する必要がある。強い皮疹を伴う中等症以上の患者では，ステロイド外用剤とタクロリム

ス軟膏などの抗炎症作用に優れた外用剤が必要になる。しかし，薬物療法においては不適切な使用を繰り返すことで重症化したり，副作用が大きくなることがあるため，薬剤の使用にあたっては，それぞれの副作用とその回避法を理解できるように説明することが重要である。
(2)　アナフィラキシーショックは，基本的には血管が拡張し血漿成分が漏れ出ることによる。それに加えて，気道の平滑筋が収縮したり気道のむくみを起こしたり，分泌物が増加することによる閉塞，血管運動性のむくみ，じんま疹などのI型アレルギーの症状が現れる。ハチに刺された，皮膚からハチ毒のアレルゲンが入った場合には，早いときにはハチに刺された後，数分〜15分以内には症状が出てくる。食べ物の場合は，原因食物を摂取した後15分〜1時間以内に起こることが多く，喉のはれや痛みを伴う気道閉塞，心停止，酸素欠乏，血圧低下等によって死にいたることがあるので，直ちに病院で受診して適切な治療を受けなければならない。

【7】① グルカゴン　② インスリン　③ 胆汁　④ 解毒
⑤ 十二指腸　⑥ S状結腸

解説 (1)　その他に，膵臓のδ細胞から分泌されるソマトスタチンは，14個のアミノ酸からなるペプチドである。ソマトスタチンは，インスリンやグルカゴン，ガストリンの分泌を抑制する。　(2)　胆汁の97%は水で，そのほかに胆汁酸，ビリルビン(胆汁色素)，コレステロールなどが含まれる(消化酵素は含まれていない)。胆汁酸は脂肪を乳化し，消化・吸収させやすい形に変化させたり，脂溶性ビタミンの吸収を助けたりする。

【8】(1)　・生徒の体重減少など身体の変化　・欠席，遅刻，早退，保健室への来室回数　など　　(2)　じっくり話を聞き，安心できる居場所を作る。　自立を促すために自己肯定感をもたせる。　など

解説 近年では保健室登校等にみられる心の健康問題が深刻化していることから，実際の反応法など，心の健康問題に関する問題は頻出である。　(1)　精神面だけでなく，児童生徒の様々な訴えに対して常に心的な要因や背景を念頭に置いて対応を行うことが求められる。

(2)　信頼関係ができた時，生徒は安心して自分を語り，その子らしい態度をみせ，養護教諭との人間関係の中で成長すると考えられる。自己肯定感を高め，自分は人から好かれている・必要とされている存在であることを体験させていき，他者との人間関係を上手く築ける力を育成する。

【9】・心の居場所を得て，心と身体の安定が図れる。　・養護教諭との信頼関係を図り，安心して自己を表現することができる。　・個別の支援計画に基づき，養護教諭や教職員が個別に対応することができる。・養護教諭の支援により，自信を持ち，自己肯定感を高めることができる。　・他の児童生徒や教職員等とのコミュニケーションを通し人間関係をはぐくむなど社会性が身に付くように支援できる。　・保護者を支援することができる。　・意志決定・自己判断する力を身に付けて，自立を促すことができる。　から5つ。

|解||説|保健室登校の経過として，初期(信頼関係をつくりだす)，中期(意図的に人間関係をつくる)，後期(教室へ戻る機会をつくる)がある。各段階の養護教諭の対応としては，初期…・信頼と安心感を確立する・いつでも話を聴く　・心身ともに安心していられる場所づくりを行う　・校外，校内との連携を行う　・支援計画を立てる(本人・保護者への支援，方向・目標をもつ)　中期…・人間関係を深める　・自己を表現する支援をする　・時間・場所を設定して話を聴く　後期…・意図的に保健室以外の場所へ行くことができるようにさせる　・規則を認識させる　・選択肢を決定し実行させる　・自分の気持ちを認識し，コントロールさせる，などがあげられる。

【10】(1)　健康診断票，精密検査結果(学校生活管理指導表など)，保健調査票，治療状況，健康手帳，けがや病気の記録などから3つ
(2)　耳垢の掃除，爪きり，皮膚病の治療，洗髪などから2つ

|解||説|(1)　健康管理に関する資料は，いわゆるプライバシーに係る要素が非常に強いことから取り扱いに留意が必要である。なお，健康診断票は学校保健安全法施行規則第8条規定の法定表簿である。
(2)　保健だよりは，各学校行事における事前指導としての意義ももつ。

他に，タオルを各自持参させることも伝染病予防上重要である。

【11】① 不安　　② 個性　　③ 男女　　④ ボランティア

⑤ 態度　　⑥ 発達

解説 健康の保持増進及び安全に関する教育は，教育活動全体を通じて行うものとされている。養護教諭は体育・保健体育科を中心としながら，関連教科や特別活動(学校行事，学級活動，ホームルーム，児童・生徒会活動，総合的な学習の時間など)において指導できる。

【12】ア　感染症　　イ　食中毒　　ウ　夏季　　エ　結核　　オ　寄生虫病　　カ　卒業

解説 健康診断は臨時の健康診断の他に就学時健診，児童生徒の健康診断，職員の健康診断がある。それぞれ，実施時期，実施主体，検査項目が異なるので確認しておくとよい。学校で行われる健康診断は，疾病や異常の発見だけでなく，健康の保持増進を目的とした健康状態の把握である。つまり，詳細な臨床検査をもととして，確定診断を行うのではなく，問題のあるもの，疑いのあるものを選び出すスクリーニングと位置づけられている。

【13】(1) 起立性調節障害　　(2) 自動体外式除細動器　　(3) 心的外傷後ストレス障害

解説 (1) 起立性調節障害とは，立ちくらみやめまい，朝の寝起きが悪い，頭痛，腹痛などの訴えがあるが器質的疾患をもたない症候群であり，思春期前後に発病する。診断基準は，①大症状3項目以上，②大症状2項目小症状1項目以上，③大症状1項目小症状3項目以上あり，器質的疾患が他に認められなければ診断する。　(2) 自動体外式除細動器はコンピュータによって自動的に心室細動の有無を解析し，除細動の要否を音声で指示する機器である。一次救命処置として用いられる。　(3) 心的外傷後ストレス障害とは，本人若しくは近親者の生命や身体保全に対する重大な脅威となる心的外傷的な出来事に巻き込まれたことにより生じる障害である。持続的に再体験したり，同様の出来事を回避しようとしたり，覚醒レベルの亢進した症状がみられる。

【1】学校保健委員会に関する次の各問いに答えよ。

(1)　次の文は学校保健委員会について述べている。文中の（　a　）〜（　d　）に当てはまる語を入れよ。

学校保健委員会は，学校における健康の問題を研究協議し，（　a　）を推進する（　b　）である。様々な健康問題に適切に対処するため，（　c　），地域社会等の教育力を充実する観点から，（　d　）と（　c　），地域社会を結ぶ（　b　）として学校保健委員会を機能させることが求められている。

(2)　学校保健委員会を活性化するための工夫を3つ記せ。

(3)　学校保健委員会を開催するにあたっては，地域社会との連携が大切である。次の①〜③の健康課題について，参加してもらうとよい関係機関(又は関係者)を2つずつ記せ。

①　飲酒・喫煙について

②　結核など感染症予防について

③　登下校の安全について

【2】学校における環境衛生検査について，次の各問いに答えよ。

(1)　教室等の空気の判定基準について，次の①〜⑤の下線部が正しいものには○，間違っているものには×を書け。

①　教室の最も望ましい温度は，<u>冬期では10℃以上，夏期では30℃以下</u>であること。

②　二酸化炭素は，換気の基準として室内は<u>1500ppm以下</u>であることが望ましい。

③　一酸化炭素は，<u>15ppm以下</u>であること。

④　相対湿度は，<u>30〜80%</u>であることが望ましい。

⑤　落下細菌は，1教室平均<u>15コロニー以下</u>であること。

(2)　環境衛生検査の判定基準について，文中の各空欄に適する語句ま

たは数字を答えよ。

①　教室及びそれに準ずる場所の照度の下限値は(　ア　)ルクスとする。さらに，教室及び黒板の照度は(　イ　)ルクス以上であることが望ましい。

②　教室内の等価騒音レベルは，窓を閉じているときはLAeq(　ウ　)dB以下，窓を開けているときはLAeq(　エ　)dB以下であることが望ましい。

③　換気回数は40人在室，容積180m³の教室の場合，幼稚園・小学校においては，2.2回／時以上，中学校においては，3.2回／時以上，高等学校等においては，(　オ　)回／時以上であること。

【3】「教職員のための子どもの健康観察の方法と問題への対応」(平成21年3月，文部科学省)に示されている，健康観察の主な目的を3つ書け。

【4】保健室での健康相談活動について，次の各問いに答えよ。

(1)　健康なA子が，ある日突然保健室に来室し，「がんは，治らないのですか？」と聞いてきた。養護教諭は，意外で唐突な感じを受けた。養護教諭として，まずA子にかける最初の言葉(会話)を15字以内で書け。

(2)　A子の質問から把握すべきことは何か40字以内で書け。

【5】次の文は，「教職員のための子どもの健康相談及び保健指導の手引」(文部科学省　平成23年8月)に示された学校における健康相談の基本的理解の一部抜粋である。各問いに答えよ。

(1)　健康相談の目的

　　健康相談の目的は，児童生徒の心身の健康に関する問題について，児童生徒や保護者等に対して，関係者が連携し相談等を通して問題の解決を図り，(　ア　)によりよく適応していけるように支援していくことである。

ー中略ー

(4)　健康相談実施上の留意点

① （　イ　）に健康相談を位置付け，計画的に実施する。また，状況に応じて計画的に行われるものと（　ウ　）に行われるものとがある。

② 学校医・学校歯科医・学校薬剤師等の医療的見地から行う健康相談・保健指導の場合は，事前の打合せを十分に行い，相談の結果について養護教諭，学級担任等と（　エ　）を図り，連携して支援を進めていくことが必要である。

③ 健康相談の実施について周知を図るとともに，児童生徒，保護者等が相談しやすい（　オ　）を整える。

④ 相談場所は，相談者の（　カ　）が守られるように十分配慮する。

⑤ 継続支援が必要な者については，（　キ　）及び必要に応じて関係機関と連携して実施する。

(1) 文中のア〜キに当てはまる語句をそれぞれ書け。

(2) 健康相談の主な対象者として，健康相談を希望する者や保護者等の依頼による者以外に考えられる対象を4つ書け。

(3) 健康相談を実施するに当たり，最も留意しなければならない点を書け。

【6】多量の出血の際の止血法について，次の各問いに答えよ。

人間の血液量は体重1kg当たり約（　ア　）mLで，一時に全血液量の（　イ　）以上失うと生命に危険がある。傷からの大出血は直ちに止血をしなければならない。止血法には次の2つの方法がある。

① 直接圧迫止血

出血しているきず口をガーゼやハンカチなどで直接強く押さえて，しばらく圧迫し，医師の診療を受けるようにする。

② （　ウ　）圧迫止血

きず口より心臓に近い（　エ　）を手や指で圧迫して血液の流れを止めて止血する方法。

止血は，①が基本であり，②は，ガーゼやハンカチなどを準備するまでの間など，①をすぐに行えないときに応急的に行うものである。

(1)　文中の(　　)に適する語句及び数字を答えよ。

(2)　①直接圧迫止血を実施する際の注意点を答えよ。

(3)　②(　ウ　)圧迫止血の止血をし，次に①直接圧迫の止血を始めた場合，②(　ウ　)圧迫止血の止血はどうするか，答えよ。

(4)　鼻中隔粘膜の細かい血管の外傷による鼻出血の場合にとらせる体位の注意点とその理由を答えよ。また，＿＿部位の名称を答えよ。

(5)　頭を打って鼻出血のある場合の処置を答えよ。

【7】内分泌腺及び内分泌器官について，次の各問いに答えよ。

(1)　下図の①～⑥は，内分泌腺及び内分泌器官の位置を示したものである。①～⑥の各名称を答えよ。

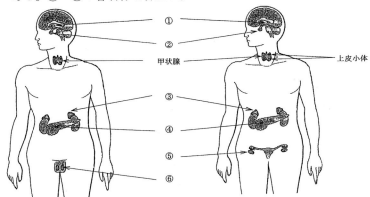

(2)　次の文は，ホルモンについて説明したものである。文中の各空欄に適する語句を答えよ。

　　ホルモンは，主として(　①　)を介して他の組織の機能を特異的に調節する物質である。そのうち，甲状腺ホルモンには，サイロキシンやトリヨードサイロニン等があり，各組織の正常な発育にとって不可欠である。甲状腺ホルモンが過剰であれば，安静にしていても，脈が速くなって動悸がしたり，たくさん食べられるのにやせてきたりなどの(　②　)の諸症状が現れることがある。

【8】次の(1)～(5)は発達障害について説明したものである。何について述べたものか，名称を答えよ。

(1)　特定のことに対するこだわりが極端に強く，言語的又は非言語的な意思伝達能力が乏しいため，人とのかかわりがうまくできない症候群の総称である。PDDと略す。

(2)　基本的には全般的な知的発達の遅れはないが，聞く，話す，読む，書く，計算する又は推論する能力のうち特定のものの習得と使用に著しい困難を示す様々な状態を指すものである。

(3)　知的発達の遅れを伴わず，かつ，自閉症の特徴のうち言語の発達の遅れを伴わないものである。

(4)　3歳位までに現れ，他人との社会的関係の形成の困難さ，言葉の発達の遅れ，興味や関心が狭く特定のものにこだわることを特徴とする行動の障害である自閉症のうち，知的発達の遅れを伴わないものをいう。

(5)　年齢あるいは発達に不釣り合いな注意力，及び衝動性，多動性を特徴とする行動の障害で，社会的な活動や学業の機能に支障をきたすものである。

【9】保護者から，「子どもの色覚異常が心配なので，どのようにしたらよいのか教えてほしい。」と相談があった。このとき，「児童生徒等の健康診断マニュアル」(平成27年8月　公益財団法人日本学校保健会)に示されている色覚検査の意義を踏まえて，養護教諭としてどのように保護者に説明するか。

【10】小学校学習指導要領解説「総則編」(平成20年6月)の「3　体育・健康に関する指導」について，次の各問いに答えよ。

(1)　児童の心身の調和的発達を図るために，「体育・健康に関する指導」で示されている現代的課題について，「健康的な生活習慣を形成することが必要である」以外の課題について2つ記せ。

(2)　肥満傾向の増加など，食に起因する健康課題に適切に対応するた

め，学校における食育の推進において重視すべき指導内容について
5つ記せ。

【11】 学校保健安全法(平成27年6月24日公布・平成28年4月1日施行)について，次の各問いに答えよ。

(1) 次の文中の各空欄に適する語句を答えよ。

第1条　この法律は，学校における児童生徒等及び職員の健康の保持増進を図るため，学校における(ア)に関し必要な事項を定めるとともに，学校における教育活動が安全な(イ)において実施され，児童生徒等の安全の(ウ)が図られるよう，学校における安全(エ)に関し必要な事項を定め，もつて学校教育の円滑な実施とその成果の確保に資することを目的とする。

第7条　学校には，(オ)，健康相談，(カ)，救急処置その他の保健に関する措置を行うため，保健室を設けるものとする。

第9条　養護教諭その他の職員は，(キ)して，健康相談又は児童生徒等の健康状態の(ク)により，児童生徒等の(ケ)を把握し，健康上の問題があると認めるときは，遅滞なく，当該児童生徒等に対して必要な指導を行うとともに，必要に応じ，その(コ)(学校教育法第16条に規定する(コ)をいう。第24条及び第30条において同じ。)に対して必要な助言を行うものとする。

(2) 学校保健計画を策定する際に，盛り込むべき事項を3つ記せ。

(3) 近年の児童生徒等の健康・安全を取り巻く状況の変化に伴い，学校保健法が「学校保健安全法」という名前に改められた。この法律が改正されるにいたった状況の変化とは何か。4つ記せ。

【12】 次の(1)，(2)の語句について説明せよ。

(1) 吃音
(2) 緘黙症

━━━━━━ 解答・解説 ━━━━━━

【1】(1)　a　健康つくり　　b　組織　　c　家庭　　d　学校

(2)　・テーマに即し，分かりやすい資料を提供し，協議の焦点をしぼ
る。　・学校医，学校歯科医，学校薬剤師は，専門的立場から提言す
る。　・家庭には，「学校だより」や「PTA通信」等で確実に伝える。

(3)　①　保健所，警察署　　②　教育委員会，保健所　　③　警察署，
道路管理者

解説 生活習慣病や心の健康問題など多様化する子どもの健康問題に
適切に対応していくためには，学校と家庭，地域社会が連携して，子
ども自身の健康的な生活行動の確立や健康な生活の向上に必要な能力
を育むことが重要である。

【2】(1)　①　×　　②　○　　③　×　　④　○　　⑤　×

(2)　ア　300　　イ　500　　ウ　50　　エ　55　　オ　4.4

解説 (1)　それぞれの誤りを正すと以下のようになる。　①　教室の
温度は，冬期では17℃以上，夏期では28℃以下であること。　③　一
酸化炭素は，10ppm以下であること。　⑤　1教室平均10コロニー以下
であること。

【3】〈解答例〉・子どもの心身の健康問題の早期発見・早期対応を図る。
・感染症や食中毒などの集団発生状況を把握し，感染の拡大防止や予
防を図る。　・日々の継続的な実施によって，子どもに自他の健康に
興味・関心をもたせ，自己管理能力の育成を図る。

解説 この資料は，「学校保健安全法」で示された児童生徒の健康観察
の重要性や目的，具体的な手順や方法，評価等をまとめたものである。
特に増加しつつある心の健康問題については，主な疾患に加え，組織
的対応の進め方を提示し，具体例を多数あげて解説している。学級担
任や養護教諭はもちろん，特別支援教育コーディネーター，スクール
カウンセラー，学校医などすべての学校関係者が健康観察について共
通理解を図り，健康問題への早期対応を行うための手引きとなるもの
である。

【4】(1)　何か心配なことがあるの？　　(2)　なぜそのような質問をするのか，家族や友人の病気を心配しているのか，その背景や要因(40字)

解説(1)　本人が気づいていない無意識の部分を言葉にして返してあげる明確化の技法を使うとよい。　　(2)　A子の真意は何か，多角的に背景や要因を探っていくようにする。その際，養護教諭に話しかける様子(表情や声の調子，まなざし)も注意深く観察することが大切である。

【5】(1)　ア　学校生活　イ　　学校保健計画　　ウ　随時　
エ　共通理解　　オ　環境　　カ　プライバシー　　キ　校内組織
(2)　・健康診断の結果，継続的な観察指導を必要とする者　・保健室等での児童生徒の対応を通して健康相談の必要性があると判断された者　・日常の健康観察の結果，継続的な観察指導を必要とする者
・修学旅行，遠足，運動会，対外運動競技会等の学校行事に参加させる場合に必要と認めた者　(その他…登下校指導を行う者やゲストティーチャー等の学校協力者からの依頼等)　　(3)　カウンセリングで解決できるものと医療的な対応が必要なものとがあるので，問題の本質を見極める必要がある。

解説(1)　健康相談の目的，健康相談の対象者，実施上の留意点など，健康相談の基本的な考え方を理解すること。　　(2)　解答例中の「日常の健康観察の結果，継続的な観察指導を必要とする者」とは，欠席・遅刻・早退の多い者，体調不良が続く者，心身の健康観察から健康相談が必要と判断された者などが含まれる。　　(3)　教育現場で直接関わる子どもたちへの対応について，本問で取り上げた手引にある具体的事例等を読み込みながら，健康相談の様々なケースを想定し，どのような留意事項があるか考察してみるとよい。

【6】(1)　ア　80　　イ　三分の一　　ウ　間接　エ　止血点(動脈)
(2)　・血液には直接触れない　・傷口は心臓よりも高くする　・ガーゼ等に血がにじみ出たら新しいガーゼを重ねていく(ガーゼは無理にとらない)　　(3)　中止する　　(4)　注意点…頭を後ろに反らせない理由…血液が喉に回り苦しくなる(飲み込んで気分が悪くなる)　名称

　　…キーゼルバッハ部位　　(5)　直ちに救急車を呼ぶ

解説 (1)　成人の総血液量は，体重の13分の1〜14分の1(7〜8％)といわれており，このうち急激に20％失うとショック症状が出現し，急激に30％失うと生命に危険を及ぼす。また，止血点は頻出であり，全身の止血点をまとめておくとよい。　　(2)　ほとんどの出血はこの方法で止血することができる。片手で止血できなければ両手で圧迫したり，体重をかけたりして圧迫し止血する。また，感染防止のため，ゴム手袋やビニール手袋などを使用することが勧められる。　　(3)　長時間の間接圧迫止血は，疲れてきて確実な止血が難しくなる。早期に三角巾や包帯等を巻いて直接圧迫止血法に切り替える。また，体幹部(首，胸，腹，背中，腰など)には止血点がないので，直ちに直接圧迫止血を判断する。　　(4)　鼻出血の際は，椅子に腰掛け，頭をやや高くし鼻翼を圧迫して止血し，鼻根部を冷やす。胃内に血液が入ると吐き気が起こるので，仰臥位にしない。　　(5)　頭部外傷の際の鼻出血は危険性があるので，直ちに医療機関を受診する。

【7】(1)　①　視床下部　　②　下垂体　　③　副腎　　④　すい臓　　⑤　卵巣　　⑥　精巣　　(2)　①　血液　　②　甲状腺機能亢進症

解説 (1)　①　視床下部とは，間脳に位置し，自律機能の調節を行う総合中枢である。　　②　下垂体は，多くのホルモンを分泌する内分泌器官であり，前葉と後葉とに分けられる。　　③　副腎は多種のホルモンを分泌する内分泌器の一つである。　　④　すい臓には外分泌機能もあるので確認しておくとよい。　　⑤　卵巣からは月経の周期などにかかわるエストロゲンやプロゲステロンが分泌される。　　⑥　精巣からは第二次性徴などにかかわるアンドロゲンが分泌される。各器官の位置と分泌されるホルモン，主作用もあわせて確認しておこう。
(2)　甲状腺機能亢進症には甲状腺がほぼ一様に腫れて眼球が突出してくるバセドウ病などがある。

【8】(1)　広汎性発達障害　　(2)　学習障害(LD)　　(3)　アスペルガー症候群(AS)　　(4)　高機能自閉症(HFA)　　(5)　注意欠陥多動性障害(ADHD)

解説 自閉症者，学習障害者，注意欠陥多動性障害者は通級による指導の対象である(学校教育法施行規則)。　(1)(3)(4)　自閉症の症状のうち，知的発達の遅れを伴わないケースを高機能自閉症とよび，知的発達の遅れや言語発達の遅れのみられないケースをアスペルガー症候群とよぶ。いずれも広汎性発達障害に含まれる。　(2)　中枢神経系の機能障害によるものとされている。　(5)　知能発達に大きな遅れはない。

【9】 色覚の検査は定期健康診断には含まれていないが，児童生徒等が自身の色覚の特性を知らないまま進学や就職等で不利益を受けることがないように，学校医による健康相談等において，必要に応じ個別に検査を行うことができる。検査の結果，「色覚異常の疑い」となった場合は，眼科の専門医の受診を勧める。

解説 平成15年4月1日より，学校における健康診断の必須項目から色覚検査が削除された。学校での色覚の検査の実施には，児童生徒等や保護者の事前の同意が求められる。その際，保護者に対して色覚の検査の意義について説明した上で，学校医と相談し，希望者を対象とした色覚の検査を行う。また色覚異常のある児童生徒等に学習指導等を行う場合，どのような支障があるか日常観察等を通じて把握するとともに，プライバシーを尊重し，劣等感を与えないように適切に配慮する。そのためすべての教職員は，色覚異常について正しく理解し，共通理解を深めることが重要である。

【10】 (1)　①児童生徒の安全・安心に対する懸念が広がっていることから，安全に関する指導の充実が必要である。　②児童生徒が心身の成長発達について正しく理解することが必要である。　(2)　①栄養のバランス，②規則正しい食生活，③食品の安全性，④自然の恩恵・勤労などへの感謝，⑤食文化

解説 (1)　養護教諭における小学校教育の目的は，健康，安全で幸福な生活のために必要な習慣を養い，心身の調和的発達を図ることであることをおさえておくこと。

【11】 (1)　ア　保健管理　　イ　環境　　ウ　確保　　エ　管理
オ　健康診断　　カ　保健指導　　キ　相互に連携　　ク　日常的な

観察　　ケ　心身の状況　　コ　保護者　　(2)　児童生徒及び職員の健康診断・環境衛生検査・児童生徒等に対する指導　　(3)　メンタルヘルスに関する問題・アレルギー疾患を抱える児童生徒等の増加・児童生徒等が被害者となる事件，事故，災害等の発生・学校給食の重要性の高まり

解説 (2)　学校保健安全法第5条にある。学校保健計画は保健教育が教育課程の基準としての学習指導要領の示すところに従って，意図的計画的に進められること，また学校における保健管理が多数の関係職員，関係機関によって進められなければならないこと，さらに学校保健や学校安全の充実には学校や地域の相違があること，そして教育課程に基づく保健教育と保健管理の調整を図る必要があること等の理由から策定する必要がある。学校保健計画は全校的な立場から年間を見通した保健に関する諸活動の総合的な基本計画として，作成する必要がある。　　(3)　文部科学省スポーツ・青少年局長通知「学校保健法等の一部を改正する法律の交布について(平成20年7月9日)」からの出題である。本通知には，改正の概要や留意点が記述されているので，確認しておくこと。

【12】(1)　言語器官の協調運動がうまくいかず，話し言葉のリズムに障害をきたす状態である。最初の音や音節を反復するもの，引き伸ばすもの，途中で急につまって出てこなくなるものなどがある。　　(2)　言葉を理解し，話す能力がありながら言葉を発しない状態をいう。あらゆる場所で話さない場合を全緘黙，特定の場面で話さない場合を選択性緘黙(場面)という。

解説 (1)(2) のほか，ADHD・LD・アスペルガー症候群・自閉症・広汎性発達障害等もまとめておくとよい。

●書籍内容の訂正等について

　弊社では教員採用試験対策シリーズ（参考書，過去問，全国まるごと過去問題集），公務員試験対策シリーズ，公立幼稚園・保育士試験対策シリーズ，会社別就職試験対策シリーズについて，正誤表をホームページ（https://www.kyodo-s.jp）に掲載いたします。内容に訂正等，疑問点がございましたら，まずホームページをご確認ください。もし，正誤表に掲載されていない訂正等，疑問点がございましたら，下記項目をご記入の上，以下の送付先までお送りいただくようお願いいたします。

> ① **書籍名，都道府県（学校）名，年度**
> 　（例：教員採用試験過去問シリーズ　小学校教諭 過去問　2025年度版）
> ② **ページ数**（書籍に記載されているページ数をご記入ください。）
> ③ **訂正等，疑問点**（内容は具体的にご記入ください。）
> 　（例：問題文では"ア〜オの中から選べ"とあるが，選択肢はエまでしかない）

〔ご注意〕

○ 電話での質問や相談等につきましては，受付けておりません。ご注意ください。

○ 正誤表の更新は適宜行います。

○ いただいた疑問点につきましては，当社編集制作部で検討の上，正誤表への反映を決定させていただきます（個別回答は，原則行いませんのであしからずご了承ください）。

●情報提供のお願い

　協同教育研究会では，これから教員採用試験を受験される方々に，より正確な問題を，より多くご提供できるよう情報の収集を行っております。つきましては，教員採用試験に関する次の項目の情報を，以下の送付先までお送りいただけますと幸いでございます。お送りいただきました方には謝礼を差し上げます。

（情報量があまりに少ない場合は，謝礼をご用意できかねる場合があります）。

◆あなたの受験された面接試験，論作文試験の実施方法や質問内容

◆教員採用試験の受験体験記

- -

| 送付先 | ○電子メール：edit@kyodo-s.jp
○FAX：03-3233-1233（協同出版株式会社　編集制作部 行）
○郵送：〒101-0054　東京都千代田区神田錦町2-5
　　　　協同出版株式会社　編集制作部 行
○HP：https://kyodo-s.jp/provision（右記のQRコードからもアクセスできます） | |

※謝礼をお送りする関係から，いずれの方法でお送りいただく際にも，「お名前」「ご住所」は，必ず明記いただきますよう，よろしくお願い申し上げます。

教員採用試験「過去問」シリーズ

富山県の
養護教諭 過去問

編　集　　Ⓒ 協同教育研究会
発　行　　令和6年3月10日
発行者　　小貫　輝雄
発行所　　協同出版株式会社
　　　　　〒101-0054　東京都千代田区神田錦町2 - 5
　　　　　電話　03－3295－1341
　　　　　振替　東京00190－4－94061
印刷所　　協同出版・POD工場

落丁・乱丁はお取り替えいたします。